산불론강의

이규태

法 文 社

머 리 말

　문제를 해결하는 가장 좋은 방안은 바로 그 문제에 직면하는 것이라고 생각합니다. 문제를 문제라고 인식하면서 똑바로 바라보아야만, 비로소 그것을 해결하는 방법을 찾을 수 있다고 믿기 때문입니다. 따라서 어쩌면 문제를 너무 가볍게 여기거나, 또는 그 반대로 의도적으로 회피하는 태도야말로 문제 해결에 있어 가장 치명적인 걸림돌이 될 수도 있다고 생각합니다.

　더군다나 산불처럼 일정한 기간에 반복적으로 발생해서 큰 피해를 주는 재난 같은 경우에는 우선 그 문제를 해결하는 데만 급급할 뿐, 그 본질에 천착해서 보다 혁신적인 해결 방안을 찾는 데는 아무래도 소홀해지기가 쉬운 것이 사실입니다. 인정하기는 싫지만, 아마도 이것이 매년 우리가 반복해서 산불의 위협에 시달리는 근본적인 원인일지도 모르겠습니다.

　이러한 관점에서 이 책이 산불에 관한 백과사전이 아니라 핵심 문제를 중심으로, 전혀 다른 시각에서 의심하고 논쟁하는 자세를 견지하려고 한 것은 당연한 일입니다. 더 깊이, 그리고 더 똑바로 산불의 본래 모습을 바라보아야 했기 때문입니다. 사실 「산불론강의」의 겉모습은 산불에 관한 것이지만, 실제로는 다양한 산림정책 과제를 해결하는 방법에 대한 고민을 속에 담고 있습니다. 이런 점에서 비록 부족하더라도 이 책이 산불만이 아니라 산림분야의 당면한 과제를 해결해 나가는 '혁신의 길'에서 쓸만한 나침반이 되기를 진심으로 소망합니다. 집에 있는 사람에게야 나침반이 무슨 소용이 있겠습니까? 모쪼록 이 「산불론강의」가 혁신을 위해 먼 바다로 나아가는 용감한 항해자에게 꼭 필요한 책이 되기만을 바랄 뿐입니다.

늘 고백하지만, 이 세상에서 혼자 할 수 있는 일은 없다고 생각합니다. 이 작은 책을 만드는 과정도 마찬가지였습니다. 너무나도 많은 분이 애정 어린 조언과 격려를 보내 주셨습니다. 모든 분에게 일일이 고마움을 전하지 못하는 안타까움을 너그럽게 이해해 주시기 바랍니다. 그럼에도 불구하고 산불과 맞설 수 있는 열정과 용기를 직접 보여주신 곽주린, 문현철님과 늘 첫 번째 독자로서 꼼꼼하게 원고를 읽고 조언해 주는 산림청의 임영석님, 그리고 언제나 든든한 한국산불방지기술협회의 장석규, 조용철, 유봉수, 김승환님과 동료들에게는 특별한 감사를 전하고 싶습니다. 또한, 변변치 못한 원고를 책으로 묶느라 수고를 아끼지 않으신 법문사의 배효선 대표님과 김용석, 김성주님께도 마음을 담아 깊은 감사를 드립니다. 만일 그런 각별한 호의가 아니었다면, 이 책은 결코 빛을 보지 못했을 것입니다. 모쪼록 이 책이 독자 여러분들에게도 읽는 기쁨을 선물하는 그런 책이 되었으면 합니다. 감사합니다.

언제나 변함없이 사랑하시는 '나의 주'(My Lord)를 위하여,

2024년 10월

이 규 태

차 례

산불의 개념에 대한 새로운 이해

I

반갑습니다. 산불론강의에 잘 오셨습니다. 우선 산불이라는 다소 특별한 주제를 다루는 강의에 참여해 주셔서 감사를 드립니다. 저도 여러분의 관심에 보답하도록 최선을 다하겠습니다.

산불에 관한 여러 주제를 다루려고 할 때 어디서부터 시작하는 것이 좋은가에 대해서는 의외로 논쟁의 여지가 많지 않음을 보게 됩니다. 이것은 산불에 관한 많은 글들이 대부분 산불의 예방에 관한 내용부터 시작해서 대비, 대응 및 복구와 같은 일반적인 재난관리 체계에 따라 서술하고 있기 때문입니다.

그러나 이런 순서를 지키는 것이 주는 논리적인 편안함에도 불구하고, 저는 기존의 틀을 따르는 대신 전혀 다른 관점에서부터 산불에 관한 강의를 시작하려고 합니다. 그것은 바로 산불이란 무엇인가라는 개념에 대한 고민입니다.

사실 어떻게 보면 산불의 개념에 관한 이러한 고민은 무의미해 보이기도 합니다. '산에서 난 불'이 산불인 것은 너무나도 명백하니까요. 그런데 도대체 여기에 무슨 쟁점이 있다는 것일까요?

학문적인 관점에서 보면 산불이란 산림화재(forest fire)와 동의어로서 "산림 내의 지피물(낙엽·잡초·고사목)과 임목 등의 산림자원이 인간의 부주의로 인한 실화 또는 방화 그리고 낙뢰 또는 기타 폭발물 등으로 인하여 일시에 연소 소실되는 것"을 말합니다.[1] 이에 따르면, 결국 산불이란 산림 내에서 임목 및 지피물이 불에 의해 소실되는 것을 의미하는 것이 됩니다.

산불을 이렇게 이해한다면 현재 우리가 살펴보고자 하는 산불의 개념을 둘러싼 논쟁은 사실상 필요가 없는 것처럼 보이기까지

---

[1] 산불에 관한 이러한 정의에 대해서는 산림청 홈페이지(www.forest.go.kr)의 행정정보 > 산림임업용어사전에서 산불이나 산림화재를 참고하기 바랍니다.

합니다. 특히 우리나라와 같이 평지가 아니라 주로 산에 숲이 많은 국가에서는 통상 산(mountain)과 산림(forest)조차 명확하게 구분하지 않는다는 점을 고려한다면, 산불의 개념을 정확하게 정의하려는 시도는 조금 지나친 것이 아닌가 하는 느낌이 들기도 합니다. 왜냐하면, 산불을 '산에서 난 불'로 이해하든 아니면 '산림[숲] 내에서 난 불'로 이해하든 이를 엄격하게 구분할 필요성은 거의 없기 때문입니다.

그러나 시야를 넓혀 국제적으로 사용하고 있는 산불이라는 용어와 개념을 살펴보면, 이러한 생각은 다소 편의적이었음을 금방 알게 됩니다. 일반적으로 산불은 영어로 표현하는 경우 'wildfire'를 포함해 다양한 용어[2]가 사용되고 있는데, 실제로 우리는 통상 이들을 서로 구분하지 않고 산불로 번역하기 때문입니다. 이러한 관점에 따르면, 산불은 산림화재나 황무지[들]에서 난 불 또는 관목이나 덤불에서 난 불과 차이가 없는 것처럼 보입니다. 국제연합(UN)도 이러한 태도[3]를 취하고 있는 것으로 여겨지는데, 이에 따르면 산불을 통칭해서 wildfire라고 한 후에 산림화재, 관목·덤불화재 또는 초목화재라고 부르기도 한다고 설명하고 있기 때문입니다.

물론 이와는 달리 산불과 다른 화재를 엄격하게 구분하는 입장도 있습니다. 이들은 산불을 '산림이나 높이가 1.8m를 넘는 식생

---

2) 산불을 의미하는 용어로는 wildfire가 가장 많이 사용되고 있으나, 이외에도 wildland fire(황무지화재 또는 들불), forest fire(산림화재), bushfire(관목화재 또는 덤불화재), vegetation fire(초목화재)와 같은 용어들도 일반적으로 사용되고 있습니다. 한편 산불을 지칭하는 용어가 국가 및 지역에 따라 이렇게 다양한 것은 그만큼 지형과 식생이 지역에 따라 다르기 때문으로 이해됩니다.

3) https://un-spider.org. 이에 따르면 "산림화재, 관목이나 덤불화재, 또는 초목화재라고도 하는 산불은 산림, 초지 및 덤불지대나 툰드라(tundra)와 같은 자연환경에서 통제되거나 의도하지 않고 식생이 연소하거나 불에 타는 것으로, 바람이나 지형과 같은 일정한 환경조건에서는 자연상태의 연료를 태우며 확산하는 것"을 의미한다고 정의하고 있습니다.

지역[4]에서 발생한 통제되지 않은 불'로 정의하는데, 이러한 시각에 따르면 산불은 황무지나 들에서 난 불과 구분될 뿐만 아니라 관목이나 덤불에서 난 불과도 분명히 다른 것이 됩니다. 물론 이에 따르면 산불의 개념적 범위도 당연히 통상의 경우보다는 축소되겠지만 말이죠.

어떻게 생각하면 산불의 개념을 둘러싼 이러한 차이는 좀 복잡해 보이기도 합니다. 그러나 우선 여기에서는 발생 장소나 연료에 따라 산불을 엄격하게 구분하지 않는 일반적인 인식처럼 포괄적으로 이해하기로 하되, 보다 구체적인 내용은 강의를 진행하면서 천천히 살펴보도록 하겠습니다.

II

사실 우리나라에서 산불이라는 용어가 법률에 사용되기 시작한 것은 꽤 오래되었습니다. 한국전쟁 중인 1951년에 제정된 구 「산림보호임시조치법 시행규칙」(제9조)[5]에서 처음으로 산림화재라는 용어를 사용한 이래 1961년에 제정된 구 「산림법」 제50조에서도 '산화예방 등'이라는 제목으로 산불에 관해 규정하고 있었으니까요.[6]

---

4) 이러한 관점은 주로 산불을 사전적으로 명확하게 정의하는 태도에 따른 것입니다. 즉 케임브리지 사전이 "산림지역에서 발생한 불로 통제하기 어렵거나 신속하게 확산되는 것"을 산불이라고 하거나, 브리태니커 사전이 "높이가 1.8m(6ft.) 이상인 식생지역에서 발생한 통제되지 않은 불"을 산불이라고 정의하는 것이 그 좋은 사례입니다.

5) 당시 시행된 구 「산림보호임시조치법 시행규칙」에 따르면 "지방장관은 보호림구 내에서 ① 산림화재 또는 병충해의 피해, ② 피해면적 단보 이상 또는 피해임목 10㎥ 이상의 피해, ③ 지역내 산림면적의 이동, ④ 보호림구 목적 달성상 지대한 영향을 미친다고 인정되는 사항이 발생했을 때에는 지체없이 농림부장관에게 보고"하도록 규정하고 있었습니다(제9조).

6) 이러한 산불개념의 변화를 포함해 우리나라의 산불정책이 시대에 따라 어떻게 달라져 왔는지에 대해서는 이창배 외 19명의 「산불 관리의 과학적 관리」(지을, 2023), 205~207면을 참고하기 바랍니다.

그러면 여기에서 잠깐 당시의 법률 내용을 살펴볼까요?

제50조 (산화예방 등) ① 산림에서 분화하거나 허가를 받지 아니하고 산림 또는 산림에 근접한 토지에 입화하지 못한다.
② 입화의 허가를 받은 자가 입화하고자 할 때에는 각령의 정하는 바에 의하여 미리 산화를 예방하는 시설을 설비하고 근접한 산림의 소유자에게 통지하여야 한다.
③ 서울특별시장 또는 도지사는 산화예방상 필요하다고 인정할 때에는 산림소유자에 대하여 산화예방선의 시설을 명할 수 있다.
④ 산화가 발생하였을 때에는 산림을 단속하는 권한이 있는 공무원은 산림소유자와 현지 주민에게 산화소방을 위한 동원 기타 필요한 조치를 명할 수 있다.

어떻습니까? 매우 단순한 내용이기는 하지만 산림이나 산림에 근접한 토지에서 불을 놓는 것을 아주 강하게 규제하려는 입법자의 의도는 충분히 느낄 수 있지 않습니까? 물론 당시 규정에서는 산불 대신 '산화(山火)'라는 용어를 사용했지만, 사실상 큰 차이는 없어 보입니다. 이것은 1990년에 개정한 구 「산림법」($^{제100조~}_{제102조의 2}$)이 큰 쟁점 없이 산화라는 용어를 산불로 바꾼 것으로도 잘 알 수 있습니다. 이처럼 산화를 산불이라는 용어로 개정한 것은 당시의 개정 이유에는 명확히 나타나 있지 않지만, 아마도 한자 대신 쉬운 한글로 표기하려는 의도였던 것으로 추정됩니다.

산불이라는 용어를 사용해 일정한 지역에서 불을 놓는 행위 등을 제한하는 이러한 규정은, 2005년 구 「산림법」을 여러 개의 법률로 나누는 '분법화' 계획에 따라 「산림자원의 조성 및 관리에 관한 법률」이 제정되면서 구 「산림법」이 폐지되고, 이후 그 내용이 2009년에 제정된 「산림보호법」에 담기기까지 거의 그대로 유지됐습니다.

당시 새로 만들어진 「산림보호법」은 산불의 예방을 위한 행위

제한에 관한 틀은 그대로 유지하면서도 이전과는 달리 산불을 다음과 같이 법적 용어로 명확하게 정의했는데, 산불에 관한 법률체계를 더욱 정교하게 다듬으려는 이러한 노력은 산불이 법률에 규정된 이래 처음으로 시도된 것이었습니다.

"산불"이란 산림이나 산림에 잇닿은 지역의 나무·풀·낙엽 등이 인위적으로나 자연적으로 발생한 불에 타는 것을 말한다(산림보호법 제2조 제7호).

그러면 저는 산불 전체를 다루는 이 귀중한 강의에서 왜 이렇게 산불이라는 용어에 집착하고 있는 것일까요? 그것은 바로 "세계에 대응하는 것은 언어"[7]라는 말처럼 용어에 대한 정확한 이해야말로 소통의 기반일 뿐만 아니라 문제를 인식하고 해결하는 출발점이기 때문입니다. 특히 법률을 '용어의 숲'으로 이해하는 저와 같은 입장에서는 해당 법률에 사용된 용어를 정확하게 이해하는 것이야말로 무엇보다도 중요한 일이니까요.[8] 이런 점에서 모든 학

---

7) 이러한 인식기반 아래에서 '말할 수 있는 것과 말할 수 없는 것을 명확하게 구분'하려고 한 철학자는 루트비히 비트겐슈타인입니다(철학 아카데미, 「처음 읽는 영미 현대철학: 비트겐슈타인부터 제임슨까지, 우리 눈으로 그린 철학지도」, 2016, 28면). 루트비히 비트겐슈타인의 이러한 철학적 입장에 대한 보다 자세한 내용은 레이 몽크(남기창 옮김)의 「비트겐슈타인 평전」(필로소픽, 2012)을 참고하기 바랍니다.

8) 이규태, 「산림법강의」, 법문사, 2021, 95~96면. 여기에서 이규태는 도로를 예로 들어 법률과 용어의 관계에 대하여 설명하고 있는데, 이에 따르면 도로란 일반적으로는 사람이나 차량 등이 다닐 수 있도록 비교적 넓게 만들어 놓은 길을 의미하지만, 「도로법」에 따른 도로의 경우에는 이러한 통상의 개념과는 달리 '차도, 보도, 자전거도로, 측도, 터널, 교량, 육교 등 대통령령으로 정하는 시설로 구성된 것으로서 제10조에 열거된 것과 그 도로의 부속물'을 포함하는 것이므로 고속국도, 일반국도, 특별시도·광역시도, 지방도, 시도, 군도 및 구도는 도로로서 「도로법」이 적용되나(제2조 제1호 및 제10조), 이와는 달리 읍이나 면지역에 시설되어 있는 농어촌도로의 경우에는 「도로법」에 따른 도로가 아니므로 「도로법」이 아니라 「농어촌도로 정비법」이 적용된다고 설명하고 있습니다. 이처럼 법률은 용어의 정확한 정의를 통해 해당 법률이 적용되는 범위를 정하고 있는데, 사실 개별법마다 해당 법률에서 사용되는 용어에 대하여 자세하게 규정하고 있는 것은 바로 이러한 이유 때

문은 용어학(terminology)이기도 하다는 말은 놀라운 통찰을 담고 있다고 할 수밖에는 없어 보입니다.

Ⅲ

그러면 산불이라는 용어에 대한 일반적인 이야기는 이 정도로 하고, 이제부터는 보다 구체적으로 그 개념을 살펴보기로 하겠습니다. 앞에서 잠깐 언급한 대로 「산림보호법」에 따르면 산불이란 "산림이나 산림에 잇닿은 지역의 나무·풀·낙엽 등이 인위적으로나 자연적으로 발생한 불에 타는 것"을 말합니다.

현재 시행 중인 법률에 따른 산불의 이러한 정의[9]는 (1) 산림이나 산림에 잇닿은 지역, (2) 나무·풀·낙엽 등, (3) 인위적으로나 자연적으로 발생한 불과 같은 하위개념을 그 내용에 포함하고 있는 것으로 이해됩니다. 이에 따르면 법적인 개념으로서의 산불은 산림이나 산림에 잇닿은 지역이라는 공간적 범위 내에서 나무·풀·낙엽 등을 연료로 하여 인위적으로나 자연적으로 발생한 불을 의미하는 것이 됩니다.

산불에 관한 이러한 정의는 우리가 알고 있는 일반적인 화재[불]와는 다른 것인데, 「소방의 화재조사에 관한 법률」에 따르면 화재란 "사람의 의도에 반하거나 고의 또는 과실에 의하여 발생하는 연소 현상으로서 소화할 필요가 있는 현상 또는 사람의 의도에 반하여 발생하거나 확대된 화학적 폭발현상"(제2조 제1호)[10]으로 산불처럼

문입니다.

9) 산불에 대한 이러한 법적 정의와는 별도로 물리화학적인 측면에서는 연료, 공기, 열을 산불의 3요소로 정의합니다(이창배 외 19명의 「산불 관리의 과학적 관리」, 33~34면). 이에 따르면, 산불은 이러한 3요소 중 하나만 제거하더라도 진화할 수 있게 됩니다.

10) 사실 이전에는 이러한 법률적 정의가 없었으므로 통상의 사회적 개념에 따

공간적 범위나 연료에 관해서는 특별히 규정하고 있지 않기 때문입니다.

그런데 도대체 왜 산불의 정의에는 일반화재에는 없는 공간적 범위나 연료에 관한 개념이 포함되어 있는 것일까요? 그것은 바로 여러분이 짐작하듯이 발생 원인, 연료, 확산 양상, 피해의 범위 및 진화방법 등에 있어 산불과 일반화재가 가지고 있는 특성이 서로 매우 다르기 때문입니다.[11] 이러한 차이점에 대해서는 앞으로 강의를 진행하면서 차츰 알아가기로 하고, 대신 여기에서는 우선 집이나 건물 등과 같은 시설물과 화학물질 등에 의한 화재로부터 산불을 구별해서 특별히 다루어야 할 필요성에는 의문이 없다는 정도만을 강조하고 싶습니다.

실제로 많은 국가가 산불과 일반화재를 구별해서 대응하는 법률 및 행정체계를 갖추고 있는 이유는 바로 이런 서로 다른 특성을 인정하기 때문인데, 우리나라도 이를 고려하여 산불은 산림청과 지방자치단체의 산림부서와 같은 산림행정기관에서 담당하도록 하면서, 일반화재에 대해서는 소방청과 소방서를 중심으로 한 소방기관에서 담당하도록 하고 있습니다.

이처럼 산불과 일반화재를 구분하여 별도의 법률과 행정체계에

라 화재라는 용어를 사용해 오고 있었으나, 2021년 6월 제정된 「소방의 화재조사에 관한 법률」에 화재의 정의가 신설되며, 비로소 그 개념이 법적으로 명확하게 되었습니다.

11) 산림청, 「산불재난특수진화대 정예화 방안에 관한 연구」(연구수행: 한국산불방지기술협회), 2022, 48면. 특히 이 보고서의 표 Ⅲ-18에서는 산불과 일반화재의 차이점에 대하여 자세하게 설명하고 있는데, 이에 따르면 산불은 주로 산림에서 발생하는 것으로 기상이나 지형 및 숲의 모습 등에 따라 지표화, 지중화, 수관화 및 비산화 등으로 그 화재형태가 다르고 그에 따라 진화방법도 달라지나, 일반화재의 경우에는 이러한 산불과는 달리 주로 주택 등 건물에서 발생할 뿐만 아니라 그 화재형태나 진압방법도 전기·가스 등 화재의 원인이나 건물의 구조 및 내장재의 종류 등에 따라 차이가 있으므로 산불과 일반화재는 '불'이라는 공통점에도 불구하고, 서로 특성이 다르다고 설명하고 있습니다.

따라 대응하는 것에 대해서는 전문성 및 효율성 등의 측면에서 의문을 제기하는 전문가들도 있는 것이 사실입니다. 그러나 의미가 있어 보이는 이러한 이론적인 논쟁과는 별개로 현행 「재난 및 안전관리 기본법」(제3조제5호의2)과 그 시행령(제3조의2별표1의3)에서는 재난 및 사고유형별로 재난관리주관기관을 정하면서, 산불과 산사태의 경우에는 산림청을, 화재·위험물사고와 다중밀집시설 대형화재의 경우에는 소방청을 각각 재난관리주관기관으로 명문화함으로써 산불과 일반화재를 별개의 재난으로 구분한 후 이에 대하여 각각 전문기관에서 대응하도록 명문으로 규정하고 있습니다. 이러한 규정은 결국 산불과 일반화재가 서로 다르다는 점을 법적으로 확정한 것으로 보이는데, 아무튼 이러한 차이점으로 인해 산불에는 일반화재와는 달리 산림이나 산림에 잇닿은 지역과 나무·풀·낙엽 등의 개념이 그 정의에 포함된 것으로 이해됩니다.

현행 법률에 따른 산불의 이러한 개념은 우리가 이미 앞에서 살펴본 것처럼 더욱 유연한 관점에서 산불을 바라볼 수 있는 여지를 제공하고 있는데, 특히 산불의 연료를 나무로 제한하지 않고 나무·풀·낙엽 등과 같이 포괄적으로 규정한 것은 이를 잘 보여주는 것입니다. 따라서 이에 따르는 경우 적어도 우리는 연료 측면에서는 산불을 산림화재나 관목·덤불화재 또는 초목화재로 엄격하게 구별하는 대신 국제연합(UN)의 정의처럼 이런 유형의 화재 전부를 포괄하는 넓은 의미의 산불(wildfire)이라는 개념을 사용하면 될 것입니다.

산불을 이렇게 넓은 개념으로 인식하는 것은 주택·공장과 같은 시설물 등에 발생한 일반화재와 산불의 개념적 차이를 분명하게 인식하게 함으로써 일관된 산불대응체계를 마련하는 데도 크게 기여할 것으로 기대됩니다. 한편 산불의 공간적 범위에 대한 고민은 이처럼 연료의 관점에서 산불을 이해하는 것보다 훨씬 복잡하고 중요해 보입니다. 왜냐하면, 결국 산불의 공간적 범위에 관한 논쟁은 산불과 일반화재의 구분을 넘어 이를 담당하는 행정기관의 업무영역에 관한 문제로 귀결되기 때문입니다. 이미 앞에서 살펴본 대로 만일 발생한 불이 산불이라면 산림청과 지방자치단체의 산림부서가, 그리고 산불이 아닌 일반화재라면 소방청이나 소방서와 같은 소방기관이 각각 그에 대한 책임을 맡아야 할 테니까요.

그러나 이러한 현실에도 불구하고 산불과 일반화재를 구분하는 실익이 단지 행정기관 간의 업무영역을 나누는 데만 있는 것처럼 이해하려는 태도는 결코 바람직해 보이지는 않습니다. 오히려 이러한 논쟁이 가지는 진정한 의미는 누가 더 효과적으로 산불이나 일반화재에 대응할 수 있는가, 또는 어떻게 해야 피해를 최소화하고 신속하게 복구할 수 있느냐에 있는 것이 분명하기 때문입니다.

산불을 「산림보호법」에 따라 산림이나 산림에 잇닿은 지역에서 인위적으로나 자연적으로 발생한 불로 정의하는 경우, 우리는 산림이란 구체적으로 어느 공간을 의미하는 것인지 또는 그 산림에 잇닿은 지역이란 실제로 어디까지를 포함하는 것인지와 같은 현실적인 문제와 마주하게 됩니다. 이것은 특히 산불을 포함해 화재가 가지는 일반적인 특성인 연소(延燒), 즉 한 장소에서 발생하여 다른 장소로 번지는 성질을 고려할 때 매우 중요한 의미가 있는데, 실제로 기상과 지형 등의 조건이 잘 맞으면 산불은 그 확산속도가 통상적인 방법으로는 대응할 수 없을 정도로 빨라지기 때문입니다.

산불이 가지는 이러한 특성은 산불을 가장 위협적인 재난[12]의

---

12) 「재난 및 안전관리 기본법」에 따르면 재난이란 "국민의 생명·신체·재산과 국가에 피해를 주거나 줄 수 있는 것"으로서 ① 자연재난(태풍, 홍수, 호우, 강풍, 풍랑, 해일, 대설, 한파, 낙뢰, 가뭄, 폭염, 지진, 황사, 조류대발생, 조수, 화산활동, 「우주개발 진흥법」에 따른 자연우주물체의 추락·충돌, 그밖에 이에 준하는 자연현상으로 인하여 발생하는 재해)과 ② 사회재난(화재,

하나로 만드는 주된 이유이기도 합니다. 예상하지 못할 정도로 급속히 확산된 산불은 끝이 보이지도 않을 정도로 광활한 산림을 태울 뿐만 아니라, 산림 주변의 국가기반시설이나 도심지역에까지 번져 막대한 인명과 재산상의 피해를 발생시키기도 합니다. 이것은 모두 산불이 산림이나 산림에 잇닿은 지역은 말할 것도 없이 이를 벗어난 지역에까지 빠르게 번질 수도 있다는 사실을 잘 알려주는 것입니다.

이러한 관점에서 울창한 숲 주변에 있는 과수원에 불이 난 경우 비록 그 과수원은 법률상 산림이 아니라고 하더라도,[13] 그 불을 도심에 있는 건물에서 발생한 일반화재와 다르게 취급할 필요가 있다는 주장은 합리적인 것으로 보입니다. 누구라도 과수원에서 발생한 불이 주변 숲을 태울 만큼 위협적인 산불이 되지는 않을 거라고 장담할 수는 없으니까요.

그러면 이런 측면에서 생각할 때, 산불의 개념요소인 산림이나 산림에 잇닿은 지역은 어디까지로 보아야 할까요? 산불을 사전에 충분히 예방하고 효과적으로 대응하기 위해서는 당연히 이들 공간을 가능한 한 확대하는 것이 좋겠지만, 산불이 발생할 위험 정도와 예상되는 발생건수 및 피해규모, 그리고 이에 효과적으로 대응하기 위한 행정력과 비용 등을 고려할 때 그 범위를 너무 넓게 설정하는 것은 오히려 비효율적일 테니까요. 더군다나 현재처럼 충

붕괴, 폭발, 교통사고(항공사고 및 해상사고를 포함), 화생방사고, 환경오염사고 및 다중운집인파사고 등으로 인하여 발생하는 대통령령으로 정하는 규모 이상의 피해와 국가핵심기반의 마비, 「감염병의 예방 및 관리에 관한 법률」에 따른 감염병 또는 「가축전염병예방법」에 따른 가축전염병의 확산, 「미세먼지 저감 및 관리에 관한 특별법」에 따른 미세먼지, 「우주개발 진흥법」에 따른 인공우주물체의 추락·충돌 등으로 인한 피해)으로 구분됩니다(제3조 제1호).

13) 「산림자원의 조성 및 관리에 관한 법률」 제2조 제1호 및 같은 법 시행령 제2조 제1항 제1호.

분하지 않은 인력으로 산불에 맞서고 있는 산림행정기관의 여건을 고려한다면, 산불의 공간적 범위를 최대한 넓게 확장하려는 시도는 현실적으로도 쉽지 않은 것은 물론이고요.

IV

그러면 이제 이러한 문제의식을 가지고 산림이나 산림에 잇닿은 지역을 구체적으로 살펴볼까요? 사실 현재 산림과 관련된 법률에서 일반적으로 사용하는 산림의 정의는 「산림자원의 조성 및 관리에 관한 법률」($^{제2조}_{제1호}$)을 따르는 것이 보통입니다. 그러므로 이에 따르면 법률상 산림이란 (1) 집단적으로 자라고 있는 입목·대나무와 그 토지, (2) 집단적으로 자라고 있던 입목·대나무가 일시적으로 없어지게 된 토지, (3) 입목·대나무를 집단적으로 키우는데에 사용하게 된 토지, (4) 산림의 경영 및 관리를 위해 설치한 도로[임도], (5) (1)~(3)까지의 토지에 있는 암석지와 늪과 연못으로 둘러싸인 습한 땅인 소택지를 말합니다. 그러나 이 경우에도 농지, 초지, 주택지, 도로, 그 밖의 대통령령으로 정하는 토지[14]에 있는 입목·대나무와 그 토지는 「산림자원의 조성 및 관리에 관한 법률」에 따라 산림에서 제외됩니다($^{제2조}_{제1호\ 단서}$).

산림에 관한 이러한 정의는 「산림자원의 조성 및 관리에 관한 법률」이 그 목적에서 선언하고 있듯이, "산림의 다양한 기능을 발휘하게 하고 산림의 지속가능한 보전과 이용"($^{제}_{1조}$)을 도모하기 위한 것이므로, 산불로부터 산림을 보호하기 위한 공간을 설정하는데

---

14) 여기에서 대통령령으로 정하는 토지란 ① 과수원, 차밭, 꺾꽂이순 또는 접순의 채취원, ② 입목·대나무가 생육하고 있는 건물담장 안의 토지, ③ 입목·대나무가 생육하고 있는 논두렁·밭두렁, ④ 입목·대나무가 생육하고 있는 하천·제방·도랑 또는 연못을 말합니다(「산림자원의 조성 및 관리에 관한 법률 시행령」 제2조 제1항).

기계적으로 적용하기에는 무리가 있어 보입니다. 산림자원을 조성하고 관리하는 것과 산불로부터 산림을 지키는 것은 다르기 때문입니다.

따라서 저는 이러한 산림의 일반적인 정의를 따르면서도, 산불의 연소성과 같은 특성을 고려할 수 있도록 산불에 적용되는 산림의 개념을 일정한 범위에서 확대할 필요가 있다고 생각합니다. 이것은 산림에 대한 일반인의 법적 인식을 훼손하지 않는 범위 안에서 산불에 효과적으로 대응하는데 필요한 공간은 산불의 개념에 포함할 필요성이 있기 때문입니다. 이러한 시각에서 저는 산불에 관한 법률이 적용되는 산림의 새로운 정의에 다음과 같은 공간이 추가되어야 한다고 생각합니다.

- 「산지관리법」에 따른 산지($^{제2조}_{제1호}$)로서 「공간정보의 구축 및 관리 등에 관한 법률」에 따른 지목($^{제67조}_{제1항}$)이 임야인 토지
- 산림이 아닌 토지에 있는 채종림(종자생산을 목적으로 하는 산림), 수형목(우량나무) 및 시험림으로서 「산림자원의 조성 및 관리에 관한 법률」 제3조가 적용되는 토지

여기에서 산림의 범위에 새롭게 추가된 공간은 (1) 2016년 「산지관리법」이 개정되면서 새로 산지의 개념에 포함된 지목이 임야인 토지를 산불의 개념이 적용되는 산림에 포함함으로써 산지를 주택 등과 같이 다른 용도로 전용하려는 경우에도 산불방지를 위해 요구되는 행위제한 등을 지키도록 할 필요가 있다는 점과 (2) 채종림, 수형목 및 시험림은 비록 산림이 아닌 토지에 있더라도 이미 「산림자원의 조성 및 관리에 관한 법률」이 적용되고 있음을 고려할 때 이를 굳이 산불의 경우에만 제외할 이유는 없기 때문입니다.

산불의 개념이 적용되는 공간적 범위의 또 다른 문제는 산림에 잇닿은 지역이 어디까지를 의미하는 것인지에 관한 것입니다. 이

에 대해서는 여러 가지 해석이 있을 수 있겠지만, 저는 산림에 잇
닿은 지역을 산림에 연접한 지역으로 해석함으로써 산림인접지역
이나 인접한 산림과는 구분해야 한다는 주장[15]이 보다 합리적이라
고 생각합니다. 잇닿은 지역은 서로 붙어있는 '연접한' 지역을 의
미하는 것이지, 주변의 '인접한' 토지까지를 포함하는 것은 아니기
때문입니다.[16]

　이와 관련하여 산림에 잇닿은 지역을 더 잘 이해하기 위해서는
산림인접지역의 개념을 분명히 하는 것이 필요해 보입니다. 여기
에서 법률상 산림인접지역이란 「산림보호법」에 따라 농림축산식품
부령으로 정하는 지역(제34조 제1항)으로서 산불예방을 위한 행위제한을 적
용받는 지역을 말합니다. 이러한 산림인접지역에서는 누구든지 불
을 피우거나 불을 가지고 들어가는 행위, 담배를 피우거나 담배꽁
초를 버리는 행위, 농림축산식품부령으로 정하는 기간[17]에 풍등 등
소형열기구를 날리는 행위가 제한되며, 이를 위반하는 경우에는 과
태료를 위주로 한 벌칙(제57조 제3항 제2~제3호 및 제4항 제2호)을 적용받게 됩니다. 이렇게
볼 때, 결국 산림인접지역이란 산불예방을 위한 공간이므로 산불의
개념 자체를 규정하는 공간과는 서로 다른 것이 분명합니다.

　사실 구 「산림법」은 산림인접지역이라는 용어 대신 '산림에 근
접한 토지'라는 표현을 사용했지만, 2005년에 제정된 「산림자원의
조성 및 관리에 관한 법률」에서 '농림부령으로 정하는 산림인접지

---

15) 이규태의 「산림법강의」, 751~752면.
16) 이처럼 현행 「산림보호법」이 산림인접지역이라는 개념과 구별하여 '산림에
　　잇닿은 지역'이라는 별도의 표현을 사용한 이유는 「정부조직법」 제37조 제5
　　항에 따라 산림에 관한 사무를 관장하는 산림청의 조직상 한계를 고려할 때,
　　법률 제정을 위한 관계부처 협의시 산림이 아닌 지역인 산림인접지역에서
　　발생한 불은 산불에서 제외하는 대신 가능한 한 산불의 개념은 확장하려는
　　의도 때문이었을 것으로 추정됩니다.
17) 여기에서 농림축산식품부령으로 정하는 기간이란 봄철과 가을철의 산불조심
　　기간을 의미합니다(「산림보호법 시행규칙」 제28조 제2항).

역'($\substack{제54조\\제1항}$)이라고 명시한 이래 현행 「산림보호법」에 이르기까지 그 구체적인 범위는 시행규칙에 위임된 형태로 규정되어 왔습니다. 여기에서 산림에 근접한 토지라는 표현을 농림부령으로 정하는 산림인접지역으로 바꾼 이유는 '근접한'이라는 추상적인 표현 대신에 농림부령이 정하는 산림인접지역이라는 개념으로 개정함으로써 불분명한 법적 용어를 분명히 하고, 법률이 적용되는 지역을 명확하게 하여 불필요한 규제를 완화하고자 했던 것으로 추정됩니다.

이것은 2005년 당시 「산림자원의 조성 및 관리에 관한 법률」에 따른 시행규칙($\substack{농림부령 제1534호\\2006.8.4. 제정}$)이 "농림부령이 정하는 산림인접지역이라 함은 산림으로부터 100미터 이내에 위치한 토지를 말한다. 다만, 건물의 부속토지는 제외한다"($\substack{제65조\\제1항}$)라고 하여, 당초 구 「산림법」상의 산림에 근접한 토지를 구체적으로 정하는 형식을 띠고 있는 것으로도 알 수 있습니다.

V

지금까지 우리는 산불의 용어와 개념에 대하여 자세하게 살펴보았습니다. 특히 저는 산불의 개념에서 공간적 범위가 가지는 중요성에 대하여 설명하면서, 이를 확대하는데 따르는 일정한 한계에도 불구하고 그 개념을 확장해 보았습니다. 이러한 관점에 따르면, 산불이란 "「산림자원의 조성 및 관리에 관한 법률」 제2조 제1호에 따른 산림(같은 법 제3조가 적용되는 산림이 아닌 토지에 있는 채종림, 수형목 및 시험림과 「공간정보의 구축 및 관리 등에 관한 법률」 제67조 제1항에 따른 지목이 임야인 토지를 포함한다)이나 이러한 산림에 잇닿은 지역의 나무·풀·낙엽 등이 인위적으로나 자연적으로 발생한 불에 타는 것"으로 새롭게 정의할 수 있을 것입니다.

하지만 어떻습니까? 이러한 제안대로 산불의 개념을 확장한다고 하더라도, 산림이나 산림에 잇닿은 지역이 아닌 공간은 산불예방을 위한 행위제한을 받는 지역일 뿐 산불의 개념 그 자체에서는 제외되어, 결국 산불과 산불예방을 위한 공간은 여전히 이원화된 채로 남고 말았습니다.

이에 대하여 어떤 사람들은 그것이 무슨 문제냐고 의문을 가질 수도 있겠지만, 산불의 개념이 적용되는 공간과 산불예방을 위한 공간이 서로 다른 것은 매우 중요한 의미가 있다고 생각합니다. 왜냐하면, 산불의 예방을 위한 공간은 그야말로 예방만을 위한 지역으로서 행위제한을 통해 산불의 발생을 방지하고, 이를 위반한 때에는 과태료와 같은 벌칙을 부과하는 공간일 뿐 근본적으로 산불에 대비하거나 대응하기 위한 공간은 아니기 때문입니다.

사실 산불과 산불예방을 위한 공간이 이처럼 분리되어 있는 것은 효율적인 산불방지체계를 구축하는 데에 있어서 심각한 제한요소로 작용하고 있는 것으로 우려되는데, 특히 최근 급격하게 증가하고 있는 귀촌이나 여가활동 인구는 물론 산지에 주로 개발되고 있는 전원주택과 심각할 정도로 지역주민이 감소하고 고령화되어 가는 농산촌 지역을 생각한다면, 이러한 우려가 현실화할 가능성은 크다는 것이 제 생각입니다. 결국, 산불의 개념을 확장하는 것과는 별도로 산림주변지역에 대한 고민은 여전히 숙제로 남겨진 것입니다.

이러한 관점에서 저는 산불예방을 위한 행위제한에 기반을 둔 산림인접지역이 아니라 보다 효율적으로 산불에 대응할 수 있는 또 다른 공간을 설정하고, 이를 관리하는 방안에 대하여 다음 강의에서 살펴보려고 합니다. 첫 강의에 보여준 관심이 이어지는 새로운 주제에서도 계속되기를 희망합니다.

산림주변지역에 대한 새로운 관리전략

I

산불에 효과적으로 대응하기 위해서는 산불의 법적 개념을 최대한 확장하는 것이 필요하다는 적극적인 입장을 따르더라도, 산불을 '산에 난 불'로 인식하는 일반 국민의 통상적인 인식과 이를 담당하는 산림행정기관의 현실적인 역량 및 여건 등을 고려할 때 이러한 노력에는 분명한 한계가 있어 보이는 것이 사실입니다.

따라서 산불의 개념이 적용되는 지역과 산불예방을 위한 지역은 이원적으로 구분될 수밖에 없다는 현실을 인정하면서, 산불에 대응하기 위한 공간적 범위에 대한 논쟁을 현재 산불의 개념이 적용되고 있는 산림이나 산림에 잇닿은 지역에서 벗어나 「산림보호법」에 따른 산림인접지역과 이를 넘어선 주변 지역으로까지 확장하려는 시도는 매우 합리적인 것으로 보입니다.

산림 주변의 이러한 지역은 일반적으로 '산림인접지'라고 불리는 지역입니다. 산림인접지는 산림청 소속 연구기관인 국립산림과학원에 따르면 '산불에 취약해 이로 인한 피해가 빈발한 지역'을 의미하는데,[1] 이는 당연히 「산림보호법」에 따른 산림인접지역보다는 확대된 개념으로 이해됩니다.

한편 산림인접지에 대하여 미국산림청 등이 고시[2]한 내용은 이러한 포괄적인 정의와는 달리 매우 구체적입니다. 이에 따르면 미국산림청 등은 산불위험이 큰 연방소유의 토지 주변에 있는 산림인접지를 건물이나 가옥 또는 인구 등을 기준으로 경계지역, 혼합

---

1) 국립산림과학원, 「산불지도 작성 알고리즘 개발 및 제작기법 연구」, 2015, 97~100면.
2) A Notice by the Forest Service, USDA; the Indian Affairs Bureau, the Land Management Bureau, the Fish and Wildlife Service, and National Park Service, USDI., 「Urban Wildland Interface Communities within the Vicinity of Federal Lands that are at high risk from Wildfire」, 66FR751, 2001.1.4., 751~777.

지역 및 고립지역으로 구분하고 있는데, 여기에서 경계지역(inter-
face)이란 산림과 같은 식생과 건물 사이가 확연하게 구분되는 지
역을 말하고, 혼합지역(intermix)이란 산불연료는 있으나 건물은
적은 지역을 의미하며, 고립지역(occluded)이란 건물이 산림으로
완전히 둘러싸여 있는 지역을 말합니다.

그러나 산림인접지에 대하여 미국산림청 등이 고시한 이러한 내
용은 산림으로부터의 이격거리에 대한 기준을 따로 정하고 있지는
않다는 점에서 산림으로부터 떨어진 거리를 추가해 산림인접지를
정하고 있는 학문적 입장[3]과는 분명한 차이를 보여주고 있습니다.

이러한 산림인접지와 관련하여 최근에는 특히 '산림도시경계지
역'(Wildland Urban Interface)이 큰 관심의 대상이 되고 있는데,
여기에서 산림도시경계지역이란 일반적으로 산림에서 발생한 불길
이 도시로 확산될 위험이 있는 지역을 의미하는 것입니다.[4] '도시
형 산불'이라고 불리기도 하는 이러한 지역에서의 산불이 특별한
관심을 끌게 된 것은 밀집된 인구와 건축물 등으로 인해 일단 산
불이 발생하면 대규모의 인명 및 재산상의 피해가 초래될 우려가
크기 때문입니다.

따라서 이러한 산림도시경계지역의 경우에는 산불에 대한 특별

---

3) 국립산림과학원의 「산불지도 작성 알고리즘 개발 및 제작기법 연구」, 97면에
따르면, 스튜어트 등은 미국산림청 등의 고시에 따른 기준에 산림으로부터의
이격거리 2.4㎞를 기준으로 산림인접지를 정의하고 있으며(Stewert SI,
Radeloff VC, Hammer RB., *Characteristics and location of the wildland-
urban interface in the United States*, 2nd International Wildland, Fire
Ecology and Fire Management Congress, 2003.11.19.), 테오볼드와 롬은
0.8㎞, 1.6㎞ 및 3.2㎞의 이격거리를 기준으로 이를 정의하고 있습니다
(David M. Theobald and William H. Romme, *Expansion of the US
wildland-urban interface*, Landscape and Urban Planning vol. 83,
Issue4, 2007.12.7., pp.340~354).
4) 산림-도시인접지역이라고도 하는 산림도시경계지역의 산불에 관한 이러한
정의에 대해서는 이시영의 「산불방재학」(도서출판 동화기술, 2024), 209면을
참고하기 바랍니다.

한 대응체계를 갖추는 것이 요구되는데, 예를 들어 서울특별시의
토지이용별 특성 등을 분석한 후 이에 따라 산불의 위험성을 평가
해서 대응방안을 제시한 사례5)나 미국 동부지역을 중심으로 산림
도시경계지역으로 지정된 주변의 공유지에 대한 지방정부의 산불
대응 정책을 연구6)한 내용은 이에 대한 좋은 단서를 제공하고 있
다고 생각합니다. 이와 함께 산림도시경계지역을 대상으로 하는
산불저감계획의 목표와 제약요인 및 효과적인 전략에 관하여 정책
입안자들을 대상으로 광범위한 설문을 진행한 특별한 시도7)도 매
우 의미 있는 것으로 평가됩니다.

　그러나 이러한 사례에도 불구하고 산림 측면에서는 아직까지
산림으로부터의 거리만을 기준으로 산림인접지를 정의하고 있는
것으로 보입니다. 이것은 앞에서 살펴본 대로 2005년에 제정된
「산림자원의 조성 및 관리에 관한 법률」이 산림인접지역의 범위를
농림부령이 정하는 산림인접지역(제54조제1항)으로 하면서, 세부적으로는
산림으로부터 100m 이내에 위치한 토지로 정한 이후 현재 시행되
고 있는 「산림보호법」에까지 동일한 내용이 유지되고 있는 것으로

5) 김진근, 「서울특별시 대도시권 산림－도시인접지역(WUI: Wildland－Urban Interface) 도시형 산불대응체계 개선방안」, 소방학교(SFA journal vol. 36), 2021. 한편 이와 관련하여 산림인접시설물에 대한 산불방지 방안에 대해서는 산림청과 지방자치단체 및 소방서의 공무원 등을 대상으로 산림인접시설물에 대한 산불위험성 인식을 분석한 후에 그 대응방안을 제시한 염찬호의 「산림인접시설물들의 산불방지에 관한 연구」(강원대학교 방재전문대학원 공학박사학위논문, 2019)를 참고하기 바랍니다.
6) Stephanie A. Grayzeck－Souter, Kristen C. Nelson, Rachel F. Brummel et al., *Interpreting federal policy at the local level: the wildland－urban interface concept in wildfire protection planning in the eastern United States*, International Journal of Wildland Fire 18(3), 2009, pp.278~289.
7) Margaret A. Reams, Terry K. Haines, Cheryl R. Renner et al., *Goals, obstacles and effective strategies of wildfire mitigation programs in the Wildland－Urban Interface*, Forest Policy and Economics 7, 2005, pp.818~826.

분명합니다. 우리 법령이 취하는 이러한 입장이 가진 한계에 대해서는 뒤에서 자세히 설명하겠지만, 일정한 거리만을 기준으로 산림인접지역을 설정한 후에 산림인접지의 범위를 이에 한정하는 것은 지나치게 형식적이라는 비판을 피하기는 어려워 보입니다.

한편 이러한 산림인접지와는 다소 다른 개념이지만 건축물이나 마을과 같은 거주지역을 산불로부터 보호하기 위해 일정한 면적을 보호구역으로 설정하기도 하는데, 예를 들어 미국소방안전협회(National Fire Protection Association)가 화재로부터 가옥과 마을을 보호하기 위해 거리를 기준으로 각각 가옥방호구역(30.5m~61m)과 마을안전구역(61m~487m)을 구분하고, 이에 따라 화재예방프로그램(Firewise Program)이 가옥방호구역(9.1m~30.5m)을 구체적으로 정한 후 이 구역 내에서는 화재의 연료가 되는 가연성 물질을 제거하도록 권고하고 있는 것은 그 좋은 사례입니다.[8]

이처럼 화재의 위험으로부터 특정한 건축물이나 시설을 보호하기 위해 이격거리를 설정하고 있는 것은 우리나라도 마찬가지입니다. 특히 우리나라에서는 이에 관하여 주로 소방관계법령에서 정하고 있는데, 예를 들어 「위험물안전관리법」과 이에 따른 시행규칙에서는 석유류를 포함한 인화성 및 자연발성화성 물질을 취급하는 제조소의 경우에는 학교, 병원, 국가유산,[9] 고압가스시설 및 특고압가공전선 등으로부터 일정한 안전거리와 공지를 보유하도록 강

---

8) 국립산림과학원의 「산불지도 작성 알고리즘 개발 및 제작기법 연구」, 97면.
9) 2024년 5월 17일부터 「국가유산기본법」이 시행됨에 따라 그동안 사용하던 문화재라는 용어는 문화유산, 자연유산 및 무형유산을 포함하는 국가유산으로 그 용어가 변경되었습니다. 이것은 문화재라는 용어가 재화적 가치와 사물적 관점에 치우친 것이라는 그동안의 반성을 토대로 새롭게 국가유산을 정의함으로써 그 미래가치를 반영하고, 국제사회의 기준에 맞게 관리하고자 하는 정부의 노력으로 이해됩니다. 한편 이러한 새로운 법률체계에 따라 「정부조직법」도 개정되었는데, 그 결과 「국가유산기본법」의 시행일에 맞추어 문화재청이 국가유산청으로 명칭을 바꾸어 새로 출범했습니다.

제하고 있습니다($\substack{\text{제5조 제4항 및} \\ \text{시행규칙 제28조 이하}}$).[10]

Ⅱ

그러면 산불에 효과적으로 대응하는데 있어 산림인접지라는 공간적 개념은 왜 중요한 것일까요? 이미 우리 현행 「산림보호법」이 산림인접지역이라는 특정한 공간적 범위를 확정해 놓고 있는데 말이죠.

이에 대한 의문은 「산림보호법」에 따라 지정된 농림축산식품부령으로 정하는 산림인접지역을 살펴보면 쉽게 이해할 수 있습니다. 왜냐하면, 현행 규정에 따른 산림인접지역은 불을 피우거나 불을 가지고 들어가는 행위, 담배를 피우거나 담배꽁초를 버리는 행위 및 일정한 기간에 풍등 등 소형열기구를 날리는 행위를 규제하고 이를 어긴 경우에는 벌칙($\substack{\text{제57조 제3항 제2호~} \\ \text{제3호 및 제4항 제2호}}$)을 부과할 수는 있지만, 산불을 근본적으로 예방하거나 이에 대비하기 위한 식생 및 영농부산물과 같은 연료의 제거, 전기시설과 같은 위험요인의 관리, 소화전이나 살수시설과 같은 산불소화시설의 설치 및 해당 지역 내의 시설물에 대한 내화·방염 등과 같은 예방적 조치는 기대하기가 어렵기 때문입니다.

이뿐만이 아니라 만일 산불이라도 발생하게 된다면 더욱 복잡한 문제가 생길 수도 있는데, 실제로 산불의 개념에 따른 지역을 대상으로 하는 산림행정기관의 대응과 이를 벗어난 지역에서 이루어지는 소방기관 등의 활동을 현장에서는 엄밀히 구분할 수 없을

---

10) 이에 따르면, 예를 들어 주거용은 10m 이상, 학교·병원·극장 등 다수인을 수용하는 시설은 30m 이상 안전거리를 두어야 하며, 고압가스나 액화석유가스 또는 도시가스를 저장하거나 취급하는 시설은 20m 이상, 그리고 사용전압이 35,000V를 초과하는 특고압가공전선은 5m 이상의 안전거리를 두어야 합니다.

뿐더러, 설사 이를 구분할 수 있다고 하더라도 긴박한 재난적 상황에서 두 공간을 통합해 서로 긴밀하게 협조하며 효율적으로 대응하는 것은 생각만큼 쉽지 않을 수도 있기 때문입니다.

그런데 이보다 더욱 중요한 사실은 현재의 산림인접지역 개념이 이전보다 더 자주 발생하고 극심해지는 최근의 산불 상황을 충분히 반영하고 있지 못할 뿐만 아니라, 이러한 산불로부터 생명과 재산을 보호하려는 우리 정부와 국민의 노력을 왜곡할 위험마저 있다는 점입니다. 예를 들어, 산림 주변의 농경지를 경작하고 있는 고령의 농민이나 도시에서 내려온 지 얼마 되지 않은 사람이 정착한 숲속의 외딴집을 생각해 봅시다. 이들은 사실 산림이나 산림에 잇닿은 지역에서 영농활동을 하거나 생활하는 것은 아니므로, 만일 그 농경지나 주택 주변이 현행 「산림보호법」에 따라 산불예방을 위해 일정한 행위가 제한되는 산림인접지역이 아니라면, 영농부산물을 소각하거나 집에서 불을 피우고 남은 재를 주변에 버리는 위험행위를 하더라도 「폐기물관리법」의 적용$^{(제68조 제3항}_{제1호)}$ 여부와는 별개로 「산림보호법」은 적용되지 않는 문제가 생기게 됩니다.

또한, 이들은 현행 「산림보호법」에 따른 산림인접지역이라고 하더라도 산림 주변에서 불을 피우는 것과 같은 특정한 행위를 하지 않을 의무만을 부담할 뿐, 적극적으로 산불을 예방하거나 대비할 의무는 없을 뿐만 아니라 산불로부터 영농시설이나 거주지를 보호하기 위한 구체적인 의무를 부담하지도 않게 됩니다. 결국, 현재의 법률체계에 따른다면 산림이나 산림에 잇닿은 지역이 아닌 그 주변지역은 산불의 위험에 그대로 노출될 수밖에 없는 것입니다.

이런 측면에서 저는 산불에 보다 효율적으로 대응하기 위해서는 지금까지와는 다른 각도에서 바라보는 별개의 공간적 개념이 필요하다고 생각합니다. 이러한 공간은 앞에서 살펴본 것처럼 미국산림청 등이 고시한 내용에 따른 경계지역, 혼합지역 및 고립지역의 개념을 산림인접지 속에 발전적으로 수용한 개념으로서 기존의 산림인접지역을 배제하는 것이 아닌 보완하는 공간으로, 넓은 의미에서는 산림인접지에 속하면서도 기존의 산림인접지역과는 또 다른 공간이어야 합니다.

만일 여러분이 동의한다면, 저는 이러한 공간을 미국산림청 등의 고시에 따른 산림인접지나 현행 「산림보호법」에서 정하고 있는 산림인접지역의 개념과 구별하기 위해 '산불특별관리구역'이라는 새로운 이름으로 부르고 싶습니다. 왜냐하면, 이 새로운 공간은 넓은 의미의 산림인접지 중에서 산불에 효과적으로 대응하기 위해 설정된 특별한 구역으로 산림인접지역에서의 행위제한을 넘는 능동적인 산불관리가 적용될 공간이기 때문입니다.

물론 산불을 방지하기 위한 이런 새로운 공간이나 용어는 어느한 사람의 의지만으로 설정될 수 있는 것은 아니라고 생각합니다. 그래서 저는 이러한 논의를 위한 방향으로 다음과 같은 몇 가지 원칙을 제안하고자 합니다.

- 새롭게 설정되는 공간은 산림으로부터의 거리를 기준으로 하기보다는 산불의 위험성을 우선해서 설정할 필요가 있다.
- 새로운 공간은 현재의 산불개념에 따른 산림 및 산림인접지역을 보완하는 것은 물론, 산림도시경계지역 등을 포함한 산림인접지에 대한 그동안의 논의성과를 반영할 수 있도록 설정해야 한다.
- 새로운 공간은 최근의 산불동향과 토지이용을 포함한 지역의 사회·경제적 변화추세 및 산림의 특성 등을 반영하고, 이를 통해 산불의 위험성을 낮출 수 있도록 설정해야 한다.
- 새롭게 설정되는 공간에 대한 책임은 행정적 관행과 조직이론이 아니라 산불의 연소성에 대응하는 연대와 협업을 기반으로 해야 한다.

Ⅲ

그러면 이러한 원칙을 반영한 산불특별관리구역은 어떻게 설정할 수 있을까요? 첫째, 산불특별관리구역은 산불의 위험성에 대한 평가를 기반으로 설정되어야 합니다. 이를 위해서는 우선 산림 및 산불전문가 등이 참여하는 '산불위험평가'를 실시한 후 그 결과를 반영해 지역별로 구체적인 구역을 설정해야 할 것입니다. 이런 점에서 산불특별관리구역은 산림으로부터의 거리를 기계적으로 반영한 물리적 개념이 아니라, 일정한 기준에 따라 새로운 공간을 설정하는 사회과학적 개념이어야 합니다.

그러면 이러한 산불위험평가는 누가 실시해야 할까요? 이것은 현재 산림을 산불 측면에서 평가할 수 있는 전문가의 수가 극히 제한되어 있다는 사실을 고려할 때 매우 현실적인 문제이기도 합니다. 이에 대해서는 현행 「산림기술 진흥 및 관리에 관한 법률」에 따른 산림기술자 중 산불의 예방 및 진화를 위한 사업을 업무로 하는 산림공학기술자$\binom{\text{제8조 및 시행령}}{\text{제10조 별표3}}$를 활용할 수도 있겠지만, 산불위험평가에 요구되는 높은 수준의 객관성과 정확성을 갖추기 위해서는 광범위한 범위에 걸친 기준과 지표를 사용해야 할 것이므로, 장기적으로는 기존의 산림기술자를 활용하기보다는 별도로 '산불안전관리자'와 같은 새로운 자격증 제도[11]를 신설하는 것이 더 효과적이라고 생각합니다.

둘째, 새롭게 도입되는 산불위험평가는 현재 제한적으로 실시

---

11) 산림청, 「전국산불방지 장기대책 수립을 위한 용역(2023~2027년)」(연구수행: 한국산불방지기술협회), 2022, 33면. 이에 따르면 산불안전관리자는 소방안전관리자(「화재의 예방 및 안전관리에 관한 법률」 제30조)와 유사한 제도로서 산림 및 산불 관련 학위취득자 등을 자격 기준으로 하며, 산불위험평가와 함께 산불조사 및 산불대응을 위한 교육훈련 등을 그 업무 범위에 포함하도록 하고 있습니다.

하고 있는 '산불위험지조사'를 기초로 하되, 산림의 상태와 지형만이 아니라 지역 내의 영농활동과 주택·공장 등 시설물은 말할 것도 없이, 등산과 같은 휴양활동 및 귀농·귀촌을 포함한 사회·경제적 활동 등을 포함해 조사한 다음 이를 산불위험 측면에서 평가하도록 해야 할 것입니다.[12] 이와 관련해서는 시설물까지의 접근경로, 식생, 지붕의 자재 및 소방자원과 같은 세부항목을 점수화해 구체적으로 제시한 국립산림과학원의 산불위험에 대한 평가기준과, 특히 산림인접지에서의 시설물에 대한 위험성 평가에 활용할 수 있도록 표준화한 기준표가 좋은 길잡이가 될 것입니다.[13]

한편 산불위험평가와 관련된 이러한 기술적인 부분 외에 제도적 측면에 관해서는 비록 산불이 아닌 일반화재를 대상으로 하는 것이기는 하지만, 2021년에 제정된 「화재의 예방 및 안전관리에 관한 법률」에 따른 화재안전조사 등과 같은 제도[14]($\binom{제7조~제16조,}{제21조 및 제41조}$)가

---

12) 산림청의 「전국산불방지 장기대책 수립을 위한 용역(2023~2027년)」, 33면. 이러한 관점에서 산불위험평가에는 산불취약지와 연료량에 대한 분석 및 산불확산예측 등 기존의 연구성과가 통합적으로 반영되어야 할 것입니다.

13) 국립산림과학원의 「산불지도 작성 알고리즘 개발 및 제작기법 연구」, 139~151면. 이와 함께 국립산림과학원의 「대형산불 기작 구명 및 맞춤형 피해저감 관리기술 개발: 주요 시설물 주변 산불환경 분석 및 취약요인 구명」(2019), 62면도 참고하기 바랍니다.

14) 「화재의 예방 및 안전관리에 관한 법률」은 화재예방과 안전관리를 위해 화재안전조사, 화재예방안전진단 및 화재안전영향평가 등과 같은 다양한 제도적 장치를 마련하고 있습니다. 이에 따르면 '화재안전조사'란 소방청장, 소방본부장 또는 소방서장이 소방대상물, 관계지역 또는 관계인에 대하여 소방시설 등이 소방관계 법령에 적합하게 설치·관리되고 있는지와 소방대상물에 화재의 발생위험이 있는지 등을 확인하는 활동(제2조 제3호)을 말하며, '화재예방안전진단'이란 화재가 발생할 경우 사회·경제적으로 피해규모가 클 것으로 예상되는 소방대상물에 대하여 화재위험요인을 조사하고 그 위험성을 평가하여 개선대책을 수립하는 것(제2조 제5호)을 말합니다. 또한 '화재안전영향평가'란 화재발생 원인 및 연소과정을 조사·분석하는 등의 과정에서 법령이나 정책의 개선이 필요하다고 인정되는 경우 그 법령이나 정책에 대한 화재위험성의 유발요인 및 완화 방안에 대하여 소방청장이 평가하는 제도(제21조)를 말합니다.

좋은 입법례가 될 것이라고 생각합니다.

셋째, 산불특별관리구역은 「산림자원의 조성 및 관리에 관한 법률」에 따른 산림을 벗어난 지역을 포함해서 설정해야 합니다. 이러한 지역에는 산림인접지의 농경지와 귀촌인의 주택 등은 말할 것도 없고, 산불에 대한 대비가 시급하며 혹시라도 산불이 발생하면 큰 피해가 예상되는 숲속에 있는 단독주택이나 주택단지 또는 주요 시설물 구역 등도 필요하다면 산불위험평가를 거친 다음 포함되어야 할 것입니다. 이런 점에서 산불특별관리구역은 미국산림청 등이 고시한 내용에 따른 경계지역, 혼합지역 및 고립지역의 개념을 발전적으로 수용한 별개의 공간이 될 것이며, 따라서 우리는 산림인접지를 더는 정교하게 구분하지 않아도 될 것입니다.

산불특별관리구역이 「산림자원의 조성 및 관리에 관한 법률」에 따른 산림을 벗어난 지역에 설정될 수 있다고 해서 의구심을 가질 필요는 없습니다. 왜냐하면, 이미 「소나무재선충병 방제특별법」은 산림이 아닌 지역이라도 "재선충병의 방제 및 확산방지를 위하여 발생지역과 발생지역으로부터 5킬로미터 이내의 범위로 대통령령으로 정하는 일정거리 이내인 지역에 대하여" 소나무류반출금지구역(제9조)을 지정하도록 하고 있으며, 또한 「사방사업법」의 경우에도 산림과 산림이 아닌 지역을 구분하지 않고 "자연적 또는 인위적인 원인으로 산지(그 밖의 토지를 포함한다. 이하 같다)가 붕괴되거나 토석·나무 등의 유출 또는 모래의 날림 등이 발생하는 지역으로서 국토의 보전, 재해의 방지, 경관의 조성 또는 수원의 함양을 위하여 복구공사가 필요한 지역"을 황폐지로 정의한 후 이에 대한 실태조사에 관하여 규정하고 있기 때문입니다(제2조 제1호, 제3조의3).

이와 유사한 규정은 현행 「산림보호법」에서도 찾아볼 수 있는데, 이에 따르면 산림에 해당하는지와는 상관없이 "산사태로 인하여 인명 및 재산피해가 우려되는 지역으로 제45조의8에 따라 지정·고시한 지역"을 산사태취약지역[15]이라고 정의하면서, 이처럼 산사태가 발생할 우려가 있는 지역에 대해서는 전국을 대상으로 일정한 기간마다 조사를 시행할 수 있도록 하고 있습니다(제2조 제13호 및 제45조의7).

이러한 입법례는 현행 산림법이 그 적용 범위를 정할 때 일반적으로는 산림에 한정하는 원칙을 고수하면서도, 소나무재선충병의 방제나 황폐지에 대한 사방 및 산사태 방지와 같이 산림재해에 대비하는 일에 필요하다면, 산림만이 아니라 이를 벗어난 공간에까지 관련 법률을 적용하는 것에 주저하지 않고 있음을 잘 보여주고 있는 것입니다. 따라서 소나무재선충병이나 산사태와 동일하게 취급되는 산림재난으로서 특별히 구분할 필요가 없는 산불에 대하여, 산림을 벗어난 일정한 공간을 대상으로 산불특별관리구역을 설정하는 것은 오히려 합리적인 입법 태도라고 할 것입니다.

한편 산불특별관리구역은 산림인접지역을 포함하기도 하지만 이를 제외하고 설정할 수도 있을 것입니다. 왜냐하면, 산림인접지역은 주로 산불예방을 위한 행위제한에 목적이 있지만, 산불특별관리구역의 경우에는 산불에 효율적으로 대응하기 위한 일련의 규제와 활동이 종합적으로 고려되는 공간으로서 그 제도적 취지가 서로 다르기 때문입니다. 따라서 이 두 개의 공간은 설령 어떻게 구획되더라도 서로 대립하는 것이 아니라, 산불방지를 위해 서로 보완하는 관계에 있다는 것은 의심할 여지가 없을 것입니다.

넷째, 산불특별관리구역은 산림으로부터의 거리와 같은 물리적인 개념이 아니라, 산불위험평가에 기초한 가치평가에 기반을 둔

---

15) 다만, 이 경우에도 「급경사지 재해예방에 관한 법률」에 따른 급경사지 및 붕괴위험지역(제2조 제1호~제2호), 「도로법」에 의한 도로(제10조), 「시설물의 안전 및 유지관리에 관한 특별법」상의 시설물(제2조 제1호)에 관해서는 이러한 규정이 적용되지 않으므로 주의가 필요합니다(「산림보호법」 제2조 제13호 단서).

개념이므로 우선순위에 따라 관리가 가능한 범위 안에서 설정해야
합니다. 사실 현행 「산림보호법 시행규칙」에 따라 산림으로부터
100m 이내에 위치한 토지를 의미하는 산림인접지역($^{제28조}_{제1항}$)은 매우
광범위한 지역이므로, 현장의 행정역량을 고려할 때 산불의 예방
을 위한 행위제한 여부를 단속하는 데 어려움이 있는 것이 사실입
니다. 특히 이러한 문제는 강원특별자치도와 경상북도 등 산림이
많은 지역일수록 더욱 심각해지는데, 실제로 국립산림과학원이 경
상북도 봉화군과 경주시 및 울진군을 대상으로 조사한 것에 따르
면, 전체 시설물의 70% 이상이 산림으로부터 100m 이내에 위치
한 것으로 나타나기도 했습니다.[16] 이러한 현실은 법률의 엄격한
집행을 어렵게 함으로써 결국에는 산불방지 정책의 신뢰성까지 의
심하게 만들 우려가 있습니다. 그러므로 산불특별관리구역은 이러
한 산림인접지역의 개념과는 완전히 달라야 합니다.

　이러한 관점에서 산불특별관리구역은 산림 및 산불전문가 등에
의한 산불위험평가를 거쳐 우선순위에 따라 지정되어야 하며, 그
공간적 범위는 어떠한 경우라도 산림청과 지방자치단체의 행정력
이 엄정하게 집행될 수 있는 범위 내에 한정되어야 할 것입니다.
어쩌면 각각의 행정역량을 고려해서 너무 넓거나 좁은 면적이 아
닌 적절한 공간을 지정해 엄격하게 관리하는 것이야말로 산불특별
관리구역의 제도적 운명을 좌우할 열쇠일지도 모르기 때문입니다.

Ⅳ

　산불특별관리구역과 관련해서는 지금까지 논의한 이러한 사항
이외에도 따로 검토해야 할 내용이 많이 남아있습니다. 그중 중요

---

16) 국립산림과학원의 「산불지도 작성 알고리즘 개발 및 제작기법 연구」, 102면.

한 것으로는 누가 산불특별관리구역을 지정할 것인가, 그리고 이를 지정하는 경우에 지역주민 등 이해관계자와의 협의는 어떤 절차를 따를 것인가, 또한 산불특별관리구역 내에서 제한되는 행위를 포함해 더욱 효과적으로 산불에 대응하기 위한 구체적인 정책수단은 무엇인가 하는 것 등입니다.

그러면 이러한 내용을 포함해 산불특별관리구역을 제도화하는 방법은 무엇일까요? 당연히 가장 쉬운 방법은 산림청과 지방자치단체가 이에 관한 행정규칙이나 자치법규를 제정해서 운영하는 방법일 것입니다. 그러나 법률에 그 근거를 명확하게 마련하지 않는 이러한 방법은 산불특별관리구역이 가지는 중요성과 제도의 안정성 및 국민에게 새로운 의무를 부과할 가능성 등을 고려할 때 합리적인 것으로는 보이지 않습니다.

그러므로 산불특별관리구역을 제도화하는 가장 좋은 방법은 역시 법률에 그 내용을 명문화하는 것이라고 생각합니다. 그러나 문제는 산불특별관리구역을 어떻게 법률에 규정할 것인가 하는 점입니다. 이것은 새롭게 설정되는 산불특별관리구역이 산림만이 아니라 산림을 벗어난 지역까지를 대상으로 한다는 점에서 정부 내의 관계부처와 협의를 거쳐 법률안을 마련한다는 것 자체가 결코 쉬운 일이 아니기 때문입니다. 특히 일반화재를 책임지고 있는 소방청과는 어쩌면 기존의 소방법률과 상충하지 않도록 하는 입법상의 기술만이 아니라, 이를 넘어 그동안 산불에 대응해 오면서 전통적으로 유지해 온 두 조직 사이의 관계를 지금까지와는 전혀 다른 차원의 협력관계로 전환할 것을 강요받을지도 모릅니다.

그렇다고 해도 저는 산불특별관리구역을 법제화하는 가장 좋은 방법은 산림은 물론 산림이 아닌 마을과 일부 도시지역까지를 포함한 산림주변지역에서의 산불에 대한 예방·대비 및 대응을 주 내용으로 하는 특별법[산림 주변 특정지역의 산불방지에 관한 특별법]의 형태가 가장 바람직하다고 생각합니다. 이 경우 해당 법률의 주관기관은 산림청과 소방청이 함께 제정하고 운영할 수 있도록 공동으로 맡으면 될 것입니다. 산불방지를 위한 '연대와 협업'에 기초한 이러한 방식[17]은 두 기관이 가진 전문적인 역량을 통합해서 산불에 대처할 수 있도록 함으로써 산림주변지역에서의 산불에 대한 정부 전체의 대응역량을 한 단계 더 높이는 긍정적인 효과를 가져올 것이 분명하기 때문입니다.

만일 이러한 제안대로 산림주변지역에서의 산불을 대상으로 하는 '산림 주변 특정지역의 산불방지에 관한 특별법'을 제정한다면, 그 핵심 내용은 다음과 같은 사항이 될 수 있을 것입니다.

■ 산림 주변 특정지역의 공간적 한계를 포함한 법률의 적용 범위
■ 해당 지역에서의 산불관리를 위한 실태조사 및 산불위험평가
■ 산불특별관리구역의 지정 및 이격거리 등 산림·주택 등에 대한 특별관리방안
■ 산불특별관리구역에서의 불법소각행위 규제, 산불소화시설 등의 설치 및 산불대응센터 공동운영 등 관계기관 간의 협력체계 구축방안

산림청과 소방청 두 기관이 실제로 이러한 내용을 법률로 제정하기 위해서는 해결해야 할 과제도 결코 만만치 않을 것입니다. 그러나 이미 「산불관리통합규정」(산림청훈령 제1575호, 2023.1.4.)에 따라 산림청이 운영 중인 산불취약지역(제5조 제1항)이나, 소방청 소관의 「화재의 예방 및 안전관리에 관한 법률」에 규정되어 있는 화재예방강화지구(제2조 제4호 및 제18조)와 같은 입법례를 따른다면 충분히 현실에 적용할 수 있는 법률을 만

---

17) 현행 「산림보호법」은 산림보호의 기본원칙으로 "국가와 지방자치단체 간에 유기적인 산림보호 협조체계를 만들어서 산림피해에 신속히 대응하게 할 것"(제3조 제4호)을 선언하고 있는데, 이러한 기본원칙을 국가와 지방자치단체 사이에만 적용할 이유는 없으므로, 비록 법률에서는 국가와 지방자치단체만을 명시하고 있다고 하더라도 그 원칙만큼은 정부 내의 각 부처 사이에도 당연히 적용되어야 할 것입니다.

들어낼 수 있을 것으로 기대됩니다.[18]

그런데 사실 어쩌면 이러한 법률안에 대한 논의보다 더욱 중요한 것은 산림행정기관과 소방행정기관 간에 어떻게 실질적인 협력을 이끌어낼 수 있느냐라는 것이 아닐까 생각합니다. 전혀 쉽지 않은 일이 될 겁니다. 그러나 만일 증가하고 있는 산불의 실제적인 위협으로부터 국민의 생명과 재산을 더욱 확실하게 지키기 위해서는, 산림주변지역에서 발생하는 산불에 대한 대응체계를 공고히 확립하는 것이 얼마나 중요한지 그 문제의식을 공유할 수만 있다면, 의외로 매우 의미 있는 성과를 만들어 낼 수도 있을 것입니다. 이를 위한 두 기관의 특별한 분발과 협력을 기대해 봅니다.

---

18) 여기에서 '산불취약지역'이란 ① 산불이 자주 발생하는 지역, ② 10만㎡ 이상의 산불이 발생한 지역, ③ 입산객이 많은 등산로 및 유원지 주변, ④ 암자·기도원, 무속행위 및 약초채취 등 출입이 빈번한 산림, ⑤ 유류·가스 등 화기물 저장시설이 있는 주변산림, ⑥ 산불 발생의 위험이 높고, 대규모 침엽수림으로 구성되어 수관화로 확산될 우려가 있으며, 산불로 인한 인명 및 재산피해 위험이 높은 지역, ⑦ 산림내 또는 산림인접지역의 건축물, 시설물의 화재 또는 불씨비화에 따른 산불위험이 높은 지역, ⑧ 그 밖에 산림 내 또는 산림인접지역 중 산불위험이 높은 지역을 말합니다. 한편 「화재의 예방 및 안전관리에 관한 법률」에 따른 '화재예방강화지구'란 화재발생 우려가 크거나 화재가 발생할 경우 피해가 클 것으로 예상되는 지역에 대하여 화재예방 및 안전관리를 강화하기 위해 시·도지사가 지정·관리하는 지역으로서 시장지역, 공장·창고가 밀집한 지역, 목조건물이 밀집한 지역, 노후·불량건축물이 밀집한 지역, 산업·물류단지 및 위험물 저장처리시설이 밀집한 지역 등을 말합니다.

산불조심기간에 대한 논쟁

I

저는 이제 여러분과 함께 산불의 공간이 아니라 시간에 관한 이야기를 나누어 볼까 합니다. 산불과 관련된 시간이라고 하니까 산불로 인해 숲속의 나무와 같은 연료가 연소하는 시간을 생각할 수도 있겠지만, 제가 다루려는 내용은 그런 것이 아니라 우리 모두에게 너무나도 익숙한 산불조심기간에 관한 것입니다. 매년 봄과 가을철마다 거리에 걸려있는 수많은 플래카드나 방송·신문과 같은 언론을 통해 자주 접했던 바로 그 산불조심기간 말이죠.

사실 많은 사람들은 이러한 산불조심기간을 매년 산불의 예방을 위해 설정하는 의례적인 홍보기간 정도로 생각하기도 합니다. 이러한 인식은 실제로 산불조심기간 동안에 산불의 예방과 대응을 위한 홍보가 집중되고 있는 현실을 고려하면 어쩌면 당연할지도 모릅니다.

산불조심기간은 산불의 발생을 방지하기 위해 특별히 조심해야 할 기간으로 「산림보호법」에서 정하고 있는데, 이에 따르면 "대통령령으로 정하는 바에 따라 계절별로 산불위험지수가 높아 산불이 발생할 위험이 높은 기간"으로서 산림청장이나 지방자치단체의 장[지방자치단체장]이 정한 기간을 말합니다($^{제31조}_{제2항}$). 여기에서 산불조심기간을 정하기 위해 사용된 산불위험지수[1]란 산불위험의 심각성을 숫자로 나타낸 것으로 구체적으로는 "산림에 있는 불이 탈 가능성이 있는 물질의 상태와 기상 상태에 따라 산불 발생의 위험 정도를 나타내는 지수"($^{제31조}_{제1항}$)를 의미합니다.

---

1) 산불위험지수는 지형과 산림의 수종별 현황 및 온도, 습도와 풍속 등 산악기상 자료를 토대로 산출하는데, 국립산림과학원에서는 이러한 산불위험지수에 따라 산불위험등급을 ① 매우 높음(산불위험지수 86 이상), ② 높음(산불위험지수 66~85), ③ 다소 높음(산불위험지수 51~65), ④ 낮음(산불위험지수 51 미만)과 같이 4단계로 구분해서 산불의 위험성을 알리고 있습니다.

현재 이러한 산불조심기간은 「산림보호법 시행령」에 따르면 봄철의 경우에는 매년 2월 1일부터 5월 15일까지이며 가을철에는 11월 1일부터 12월 15일까지인데, 이 기간은 산림청장이나 지방자치단체장이 기상 상태나 지역 여건을 고려해서 조정할 수 있도록 하고 있습니다(제22조).

흔히 이러한 산불조심기간과 혼동하기 쉬운 개념으로 '산불경보'가 있습니다. 산불경보란 「재난 및 안전관리 기본법」(제38조제1항)에 따라 재난관리주관기관의 장인 산림청장이 발령하는 위기경보의 하나로서 산불재난 국가위기경보라고 불리는 것입니다.[2]

「산림보호법」에서 규정하고 있는 산불경보는 기본적으로 「재난 및 안전관리 기본법」을 따르고 있는데(제38조제2항~제4항), 만일 이에 따라 산불경보가 발령되면 산림청장, 지방자치단체장, 산림청 소속 기관장 또는 국립공원공단 소속 공원사무소장은 산불경보별로 정해 놓은 기준에 따라 입산통제와 같은 조치를 의무적으로 시행해야 합니다.

이러한 산불경보는 일정한 기간을 예상하지 않고 있다는 점에서 산불조심기간과는 명확하게 구분되지만, 다른 한편으로는 산불조심기간을 정하기 위해 사용되는 산불위험지수가 산불경보의 중요한 발령 기준[3]이 된다는 점에서 서로 밀접한 관련이 있는 것으

---

2) 이에 따르면 "재난관리주관기관의 장은 대통령령으로 정하는 재난에 대한 징후를 식별하거나 재난발생이 예상되는 경우에는 그 위험수준, 발생가능성 등을 판단해 그에 부합되는 조치를 할 수 있도록 위기경보를 발령할 수 있다"고 하면서, "다만, 제34조의5 제1항 제1호 단서의 상황인 경우에는 행정안전부장관이 위기경보를 발령"할 수 있도록 규정하고 있습니다.

3) 「산림보호법 시행령」에 따르면 산불경보의 구체적인 발령기준은 ① 관심단계(산불의 발생시기 등을 고려해 산불예방에 관한 관심이 필요한 경우로서 주의경보 발령기준에 미달되는 경우), ② 주의단계(전국의 산림 중 「산림보호법」 제31조 제1항에 따른 산불위험지수가 51 이상인 지역이 70% 이상이거나 산불발생의 위험이 커질 것으로 예상되어 특별한 주의가 필요하다고 인정되는 경우), ③ 경계단계(전국의 산림 중 산불위험지수가 66 이상인 지

로 이해해야 할 것입니다. 그러나 이러한 연관성에도 불구하고 산불경보의 발령은 산불위험지수만이 아니라, 산불발생의 위험성이나 발생건수 및 대형산불⁴⁾로 확산될 우려 등과 같이 "재난피해의 전개 속도, 확대가능성 등 재난상황의 심각성을 종합적으로 고려" $\binom{\text{재난 및 안전관리}}{\text{기본법 제38조 제2항}}$ 한다는 점에서 산불조심기간과는 서로 분명히 구별할 필요가 있어 보입니다.

　그러면 매년 특정한 기간을 정해 집중적으로 산불을 예방하고자 하는 산불조심기간은 언제부터 생긴 것일까요? 이에 대해서는 현재 시행되고 있는 「산림보호법」이 제정될 때부터 산불조심기간에 관한 규정이 있었으므로 그 연혁을 알기 위해서는 더 거슬러 올라갈 필요가 있는데, 구 「산림법」을 분법화하는 정책에 따라 제정된 당시의 「산림자원의 조성 및 관리에 관한 법률」 $\binom{\text{법률 제7678호}}{\text{2005.8.4.}}$ 에도 산불조심기간에 관한 내용이 있는 점을 고려할 때 $\binom{\text{제53조}}{\text{제3항}}$, 그 기원을 밝히기 위해서는 아무래도 현재에는 폐지된 법률인 구 「산림법」부터 살펴볼 필요가 있습니다.

　그렇지만 1961년에 제정된 당시의 구 「산림법」은 우리가 이미 알고 있듯이 산불에 관한 가장 기본적인 내용만을 정하고 있었으므로 산불조심기간에 관해서는 당연히 따로 정하고 있지 않았는데, 1980년 1월에 이를 전부개정하면서 '산화경방기간'을 명문화한 이후 1990년 구 「산림법」 $\binom{\text{법률 제4206호}}{\text{1990.1.13.}}$ 개정시 비로소 아래와 같이 산불조심기간이라는 용어가 처음으로 등장하게 됩니다.

───────────

　　역이 70% 이상이거나 발생한 산불이 대형산불로 확산될 우려가 있어 특별한 경계가 필요하다고 인정되는 경우), ④ 심각단계(전국의 산림 중 산불위험지수가 86 이상인 지역이 70% 이상이거나, 산불이 동시다발적으로 발생하고 대형산불로 확산될 개연성이 높다고 인정되는 경우)와 같습니다(제23조 제1항, 별표 1의9).

　4) 대형산불이란 「산림보호법」에 따르면 산림의 피해면적이 100만㎡ 이상으로 확산된 산불이나 24시간 이상 지속된 산불을 의미합니다(제37조 제2항 및 같은 법 시행령 제25조 제1항 제1호).

제101조 (산불조심기간의 설정 등) ① 산림청장은 산불예방과 진화를 위하여 필요하다고 인정될 때에는 산불조심기간을 설정하고, 예방에 관한 장비의 확보 등 필요한 조치를 취하여야 한다.
② 제1항의 산불조심기간 중에는 시장·군수 또는 영림서장은 당해 지역 내의 소방관서·경찰관서·민방위부서 등 공공기관과 협조하여 지역공동산불예방활동을 하여야 한다.

이 당시 산화경방기간을 이처럼 산불조심기간으로 개정한 이유는 앞에서 산불의 개념을 살펴보며 설명한 대로 아마도 '산화'를 쉬운 한글인 산불로 바꾸면서, 통일된 용어를 사용하기 위해 산화경방기간도 산불조심기간으로 함께 개정한 것으로 생각됩니다.

1980년 1월 구 「산림법」을 대폭 개정하면서 현재의 산불조심기간과 동일한 개념인 산화경방기간을 특별히 신설한 이유는 추측하건대, "산불을 낸 사람은 산불의 크고 작은 규모를 막론하고 구속을 원칙으로 하며, 동시에 산불이 일어난 지역의 군수 등 각 도의 행정책임자를 엄중 문책한다"[5]라는 산불예방에 관한 대통령 특별담화를 당시 내무부 장관이 발표할 정도로 대규모 산불이 빈발했던 영향으로 보입니다.

특히 '국토녹화'라는 국가적 과제를 달성하기 위해 1973년 산림청을 당시 농림부에서 내무부로 이관한 이래 시·도지사 중심의 지역책임분담제와 입산통제구역을 지정하고, 산불발생에 취약한 지역에는 감시원을 배치하는 등 산불방지를 위해 국가적인 노력을 기울였음에도 불구하고, 1977년 경상북도 칠곡 지역을 포함해 1978년에는 전라남도 승주와 경상북도 성주 지역 등에서 대규모 산불이 발생하자, 산불의 예방과 대응을 책임지고 있던 산림청에서는 그동안의 산불정책을 전반적으로 재검토할 필요성을 느꼈던

---

5) 산림청, 「산림청 50년사」, 2017, 354면.

것 같습니다.

그렇다면 산불조심기간을 법률로 정하는 것과 같은 정부의 이러한 대응은 얼마나 성과를 거두었을까요? 당연히 산불조심기간 때문만은 아니겠지만, 이러한 시도와 주민동원체제에 의한 진화대의 구성 및 산불실화범에 대한 벌칙의 강화 등과 같은 여러 정책을 결합한 당시 정부의 노력은 어느 정도 효과를 거두었던 것으로 생각됩니다. 왜냐하면, 1970년대의 경우 연평균 637건의 산불이 발생했던 것과는 달리, 1980년대에는 그 발생 건수가 연평균 238건으로 대폭 감소했기 때문입니다.[6]

물론 이러한 성과는 이후 1996년에 발생한 고성산불과 2000년의 동해안산불과 같은 대형산불을 겪으면서 빛이 바래긴 했지만, 기후변화를 포함한 다양한 요인으로 인해 산불의 발생건수와 피해면적이 급격히 증가하는 2015년 이전까지는 불안하게나마 유지되었던 것으로 평가할 수 있을 것 같습니다.[7]

---

6) 우리나라의 산불방지정책은 1951년 「산림보호임시조치법」에 따른 보호림구의 설정과 산불조심을 위한 국민계몽으로 시작해서 1960년대 산불책임제와 1970년대 산림보호직원의 증원 및 산불진화헬기의 도입 등을 거치면서 지속적으로 발전해 왔습니다. 특히 1980년대에는 산불조심기간의 설정, 주민동원체제에 의한 진화대의 구성 및 실화범에 대한 벌칙 강화 등과 같이 범국민적으로 산불예방을 위한 활동을 전개했는데, 산림청은 이러한 기반을 바탕으로 1990년대부터 산불방지의 선진화를 위한 초석을 다지게 되었다고 자평하고 있습니다(산림청, 「2002년도 산림과 임업 동향에 관한 연차보고서」, 2002, 189면).

7) 산림청, 「산불진화 역량 강화를 위한 공중진화대원의 효율적 운영방안에 관한 연구」(연구수행: 한국산불방지기술협회), 2023, 26면. 사실 최근의 동향을 볼 때 산불의 발생건수와 피해면적이 어느 해부터 급격하게 증가했는지에 대해서는 보다 신중한 또 다른 연구가 필요한 것이 사실입니다. 이것은 과연 산불의 발생과 피해양상이 일정한 추세를 가졌는지부터 살펴볼 필요가 있기 때문입니다. 그러나 여기에서는 이러한 한계를 인정하면서도 지금까지의 통계에 기반하여 2015년을 기준으로 의미있는 변화가 있었다는 기존의 성과를 인용했음을 밝힙니다.

$$\text{II}$$

그럼 이러한 성과를 창출하는 일에 일정한 기여를 한 것으로 평가되는 산불조심기간이 현재에도 여전히 유효한 정책적 수단으로 기능하고 있는 것일까요? 이러한 질문에 대하여 어떤 사람은 매우 의아하게 생각할지도 모르겠습니다. 어쩌면 여러분 가운데 일부는 너무나도 당연한 것에 대하여 쓸데없는 의문을 제기한다고 생각하면서 불편함을 느낄 수도 있을 것입니다.

사실 일정한 시기를 특정해서 예방활동을 전개하거나 대응역량을 결집함으로써 재난상황이 초래되는 것을 억제하고 그 피해가 확산되는 것을 방지하려는 것은 예상되는 재난에 효과적으로 대응하기 위해 취할 수 있는 일반적인 방안 중의 하나입니다. 예를 들어, 행정안전부장관이 「재난 및 안전관리 기본법」에 따라 재난을 예방하고, 국민의 안전의식을 높이기 위해 재난관리책임기관의 장의 의견을 들어 매년 설정하는 '집중안전점검기간'(^{제32조의3} ^{제1항})은 그 좋은 사례입니다. 이와 함께 화재를 예방하기 위해 1965년 이래로 매년 11월 1일부터 11월 15일까지를 '불조심(화재예방) 강조기간'으로 정했던 것이나, 이를 이어받아 1980년 이후에는 매년 11월을 '불조심 강조의 달'로 지정해서 여러 가지 예방활동을 전개하고 있는 것도 당연히 유사한 정책사례에 해당하는 것입니다. 이러한 시각에서 보면 산불조심기간을 설정해서 산불의 예방과 대응에 역량을 집중하는 것은 오히려 매우 타당해 보이기까지 합니다.

그런데 저는 도대체 무엇이 문제이기에 유독 산불조심기간의 정책적 유효성에 대해서만 의문을 제기하고 있는 것일까요? 이에 대해서는 제가 사용한 '정책적 유효성'이라는 용어 때문에 아마도 산불조심기간 중에 추진되는 다양한 정책들에 대한 비용효과분석 (cost-effectiveness analysis)과 같은 것이 먼저 생각날지도 모르겠습니다. 그러나 이러한 측면에서의 분석이나 평가가 정책학적으로 중요한 의미를 가지는 것은 별개로 하더라도, 사실 그것은 제가 생각하는 것과는 다소 차이가 있습니다.

산불조심기간의 정책적 유효성에 대한 제 의문은 지금까지 살펴본 법률이나 정책학적 관점과는 다른 보다 현실적인 입장에 따른 것인데, 그것은 바로 산불정책의 한 수단에 불과한 산불조심기간이 거꾸로 산불정책 전체를 관통하는 핵심전략인 것처럼 인식됨으로써 오히려 효과적인 예방 및 대응정책을 왜곡하고 있다는 우려 때문입니다.

그렇다면 산불조심기간과 관련하여 목적과 수단이 뒤바뀐 것과 같은 가치전도 현상이 산불정책에 나타나고 있다는 것은 무슨 의미일까요? 혹시 산불조심기간을 중심으로 산불정책이 움직이기라도 한다는 것인가요? 네, 그렇습니다! 현재의 산불예방 및 대응정책은 산불조심기간을 가장 중요한 기본 틀로 해서 운영되고 있다는 것이 제 생각입니다. 사실 이것을 가장 상징적이면서도 극명하게 보여주는 것은 바로 산불과 관련된 중앙정부와 지방자치단체의 예산구조입니다. 다소 어렵게 생각될 수도 있지만, 이제부터는 이 예산에 대하여 조금만 더 자세하게 살펴보도록 하겠습니다.

현재 산불과 관련된 예산은 크게 (1) 예방 활동, (2) 산불대응센터 등 산불방지시설의 구축, (3) 산불진화헬기와 산불진화차 등 진화장비의 운영, (4) 산불감시원 및 산불전문예방진화대 등 진화인력의 운영, (5) 산불종합상황실의 운영 등과 같이 산불을 예방하고 대비하거나 이에 대응하기 위한 시설·장비 및 인력을 운영하기 위한 비용으로 편성되어 있습니다. 그런데 이 가운데 시설이나 장비 등의 예산을 제외한 대부분 예산은 산불조심기간을 기준으로 편성되고 있는 것이 현실입니다. 예를 들어, 실제로 산불이 발생했을 때 산불진화헬기[8]와 더불어 현장에서 이를 진화하는 핵심자원인 산불전문예방진화대의 경우, 봄철과 가을철 산불조심기간에만 활동할 수 있는 예산이 편성되어 있는 것이 그 대표적인 사례입니다.

사실 이러한 경향은 지방자치단체의 예산편성에서 더욱 분명하게 드러나는데, 항상 대형산불의 위험에 노출되어 있는 어느 광역지방자치단체의 경우 산불예산의 대부분을 산불조심기간 중 산불감시원과 산불전문예방진화대원을 고용하거나, 민간의 헬기를 산불진화용으로 임차하는 데 편성[9]하고 있다는 것은 이러한 우려가 현실임을 잘 보여주고 있다고 생각합니다.[10]

이처럼 산불조심기간에 따라 예방활동과 진화인력을 운용하는 것은 물론 산불종합상황실의 운영까지 영향을 받게 되다 보니, 산불조심기간이 끝났음에도 기상여건 등으로 인해 산불이 계속 발생하는 경우에는 산불종합상황실을 운영할 예산조차 없어 이를 마련하기 위해 다른 부서로 운영비를 구하러 다니는 웃지 못할 일들도 가끔씩 일어나고는 합니다.

---

8) 일부 언론에서는 산불을 진화하는 이러한 헬기를 산불진화헬기라고 부르는 대신 소방헬기라고 부르기도 합니다. 그러나 불을 끈다는 관점에서 소방헬기라는 표현이 틀린 것은 아니라고 하더라도, 일반화재가 아닌 산불에 대응하기 위해 산림청과 지방자치단체의 산림부서가 운용하는 헬기라는 점을 감안한다면, '산불진화헬기'나 '산림청 또는 ○○시·군 산불진화헬기'라고 정확하게 그 이름을 부르는 것이 더 좋을 것 같습니다. 이렇게 직접 이름을 부르는 것만으로도 위험을 감수한 채 산불에 맞서고 있는 수많은 산림공무원과 진화인력들의 사기를 높여줄 수 있다고 생각하기 때문입니다.

9) "강원도, 올해 산불예방사업 476억원 투입", KBS, 2024.1.12. 한편 강원특별자치도 산불방지센터의 보도자료("강원특별자치도 산불대응분야 476억원 예산 투입", 2024.1.10.)에 따르면, 강원특별자치도는 산불예산 476억원 가운데 424억원을 산불조심기간 동안에 산불전문예방진화대 등을 고용(345억원)하고 산불진화헬기를 임차(79억원)하는 데 편성했다고 밝혔습니다.

10) 물론 산림청의 지침상으로는 지역별로 산불발생 및 기상여건을 고려해 인력을 선발하거나 배분해서 운영하도록 규정하고 있습니다. 그러나 이런 지침이야말로 오히려 산불조심기간 동안에만 산불감시원 등을 운영하는 것이 원칙이라는 사실을 더 잘 보여주는 것은 아닐까 생각됩니다.

Ⅲ

실제로 산림청과 전국 지방자치단체의 산림부서가 이렇게 산불조심기간을 기준으로 예산을 편성하는 관행은 꽤나 오랫동안 유지되어 온 것입니다. 그런데 일반화재를 다루는 소방기관의 경우에는 '불조심 강조의 달'과 같은 특정한 기간을 기준으로 예산을 편성하지 않는데, 왜 산불의 경우에만 산불조심기간이 이러한 기능을 하게 된 것일까요?

그것은 바로 여러분께서 짐작하듯이 소방기관은 화재를 전문으로 다루는 공무원으로 구성되어 있는 반면에 지방자치단체의 산림부서에는 산불만을 책임지는 별도의 조직이 없기 때문입니다. 사실 우리가 통상적으로 알고 있는 산림공무원 중 산불업무를 담당하는 공무원은 일부에 불과할 뿐이며, 심지어 산불에 관한 책임을 맡고 있는 중앙행정기관인 산림청도 국립산림과학원의 연구기능을 제외한다면, 산불을 담당하는 조직은 국장급 보좌기관인 산림재난통제관 아래에 산불방지과와 중앙산림재난상황실만이 있는 것이 현실입니다.[11]

산불이 발생했을 때, 마치 지방자치단체의 공무원 대부분이 산불의 예방 및 진화에 투입되고 있는 것과 같은 모습은 실제로는 언론에서만 볼 수 있는 장면인 것입니다. 당연한 일이지만, 해당 지역 전체에 재난상황을 초래할 정도로 대형산불이 발생했을 때는 예외로 하고 말이죠.

그러면 일반화재와 달리 산불의 경우에는 왜 이런 일이 벌어지게 된 것일까요? 저는 그 근본적인 원인은 1970년대 이후 지역주민에 기반한 산불방지전략의 영향 때문이 아닐까 생각합니다. 실

---

11) 「산림청과 그 소속기관 직제」 제11조 제1항·제2항 및 같은 직제 시행규칙 제9조 제2항, 제6항 및 제12항.

제로 1970년대에는 강한 규제와 이에 따른 행정상의 책임을 직접 묻는 것이 산불정책의 핵심이었는데, 이것은 앞에서 살펴본 것처럼 산불이 발생한 경우에는 산불을 낸 사람은 물론이고, 지역의 행정책임자까지 문책할 정도로 엄벌을 강조하던 대통령의 특별담화문으로도 잘 알 수 있습니다.

하지만 제 생각으로는 이보다 더 큰 영향을 미친 것은 지역주민에 의한 산불예방 및 진화체계였던 것 같습니다. 실제로 산불예방이 아닌 진화조차도 꽤 오랫동안이나 주민동원체제에 의한 비전문적인 방식으로 이루어져 왔는데,[12] 지금 돌이켜보면 이러한 정책은 산불진화에 반드시 요구되는 전문성은 말할 것도 없고, 이에 따르는 위험성조차 고려하지 않은 방식이었던 것으로 생각됩니다. 이것은 당시의 중앙집권적인 행정체제와 열악한 산불예산 및 시설·장비 등을 생각하더라도 결코 이해하기가 쉽지 않아 보입니다.

제가 보기에 산불조심기간을 중심으로 운영되는 현재의 산불대응체계는, 마치 지난 2019년에 발생하여 전 세계를 위험에 빠트린 코로나에 대응하려고 임시로 설치한 컨테이너 간이검사소를 3년이 훨씬 지나는 동안, 그 모습 그대로 유지했던 답답한 정책대응과 겹쳐 보일 만큼 안타깝게 느껴집니다. 몇 달 또는 1년도 아닌 수년 동안이나 계속되는 비상상황 아래에서, 건물을 임차해서라도 좀 더 안전하고 편의를 고려한 검사시설을 갖추는 대신 컨테이너 시설을 계속 유지한 것이나, 수십 년 동안 반복되는 산불에 대응하기 위해 일정한 기간을 정한 후에 임시로 진화인력과 장비를 운영하는 것이 비슷하게 보이기 때문입니다.

사실 산불조심기간을 중심으로 하는 현재의 산불정책이 가지고 있는 한계는 생각보다 훨씬 명확합니다. 왜냐하면, 지금처럼 일정

---

12) 산림청의 「산림청 50년사」, 354면.

한 기간을 설정해서 발생하는 산불에 대응한다는 전략개념을 유지하는 한 타고 있던 산불이 꺼지는 순간, 마치 40~50년 전에 산불을 끄기 위해 소집됐던 마을주민들이 이를 진화한 후에 손을 털면서 집으로 돌아가듯, 더는 누구도 산불에 대하여 진지하게 고민하지는 않을 것이기 때문입니다.

이것은 산불전문예방진화대와 같은 진화인력이나 산불진화헬기로 임차되어 활약한 헬기의 경우에도 마찬가지일 것입니다. 임시로 운영되던 기간이 지나고 몇 달 뒤 다시 산불조심기간이 돌아오기 전까지는 그 누구도 산불을 끄는 좀 더 효율적인 방법에 대해서는 생각하지 않을 테니까요. 마치 집으로 돌아갔다 다시 소집된 마을주민처럼 말이죠.

Ⅳ

지금까지 살펴본 대로 산불조심기간에 대한 제 생각은 매우 분명합니다. 그것은 오래된 관행으로 눌어붙은 산불조심기간을 「산림보호법」에서 삭제하는 대신 별도의 기간을 정하지 않고 일 년 내내 산불을 예방하고 대응하는 체계로 전환해야 한다는 것입니다. 이 경우, 만일 산불위험이 특히 높아 별도의 대책이 필요한 시기에는 현행 「산림보호법」이 예상하고 있듯이 '산불특별대책기간'을 설정해서 집중적으로 운영하면 될 것입니다(제31조 제2항 및 제3항). 앞에서 이미 살펴본 「재난 및 안전관리 기본법」에 따른 집중안전점검기간처럼 말이죠.

보는 시각에 따라서는 이러한 제안이 실현될 가능성은 매우 낮다고 생각할 수도 있습니다. 그러나 저는 이렇게 하는 경우에만 비로소 산불의 예방 및 진화를 위한 인력과 시설·장비들을 상시로 운영할 수 있을 뿐만 아니라, 교육훈련도 연중으로 실시할 수

있게 됨으로써 산불에 대응하는 전문성과 역량을 획기적으로 높일
수 있다고 확신합니다. 어떤 경우에도 체계적인 교육훈련이 없이
는 산불을 제대로 아는 전문성을 갖춘 인력을 양성할 수는 없다고
믿기 때문입니다.

이러한 패러다임의 변화에 대해서는 당연히 우려의 목소리도
있을 것입니다. 특히 현재 거의 최소의 인원 및 예산으로 산불에
대응하고 있는 지방자치단체가 이러한 변화를 이끌어낼 수 있을
까, 아니 변화가 시작된다면 과연 이를 감당할 수는 있을까 또는
만일 이러한 전환이 실제로 가능하다면, 그 변화가 정책적인 것에
그치는 것이 아니라 정말로 산불의 발생을 억제하고 피해를 줄이
는 데 효과가 있을까 하는 측면에서 말이죠.

저는 이러한 의문에 대해서는 당연히 고민해 볼 가치가 있다고
생각합니다. 어쨌든 그 배경에는 오랫동안 유지되어 온 산불방지
체계와 현재의 예산 및 인력상의 구조적인 한계가 투영되어 있는
것이니까요. 그러나 어떤 경우라도 일반 공무원이나 지역주민과
같은 비전문가가 아니라, 반복적인 교육훈련을 받은 전문가에게
산불을 맡겨야 한다는 생각에는 변함이 없습니다. 산불에 효과적
으로 대응하는 일은 일상적인 업무와는 다른 고도의 전문성을 요
구하는 중요하고도 위험한 임무이기 때문입니다.

그렇다면 이제 우리는 다른 무엇보다도 어떻게 하면 더 효과적
으로 산불을 예방하고 이에 대응하는 체계를 만들 것인가라는 근
본적인 문제에 우리의 관심을 집중하는 것이 타당하지 않겠습니
까? 산불조심기간과 같은 일정한 기간만이 아니라, 일 년 내내 그
문제에 대한 해답을 찾아가는 그런 정책의 틀과 같은 것 말이죠.

제4강

변화하는 산불의 모습

Ⅰ

2022년 그날, 저는 공교롭게도 정부대전청사 인근의 한 식당에서 산림청장과 함께 점심을 먹고 있었습니다. 한국산불방지기술협회의 회장으로서 봄철 산불에 관한 현안을 논의하기 위해서였습니다. 그런데 오찬을 시작한 지 채 20분도 되지 않아, 당시 함께 있던 산림보호국장의 휴대전화가 울렸습니다. 그리고 나서는 핸드폰을 통해 '화선이 3Km 정도'라든지 '강한 바람'과 같은 목소리가 들려왔습니다.

상황이 심상치 않음을 느낀 산림보호국장은 바로 산림청에 설치되어 있는 중앙산불방지대책본부 상황실로 돌아가고, 곧이어 산림청장과 저는 점심을 다 먹지도 못한 채 각각 산불 현장과 사무실로 헤어졌습니다. 3월 4일, 그렇게 어수선하게 끝나버린 점심이 이후 10일이나 계속되어 엄청난 피해[1]를 가져다준 울진·삼척산불의 시작일 줄은 상상도 하지 못한 채 말이죠.

그리고 그 다음날, 산림청장과 함께 산불 현장에 있던 저는 산불진화선을 확인하는 제 차량에까지 전해오던 그 뜨거운 열기와 매캐한 연기는 물론 2차선 포장도로를 넘어가 큰 나무와 주택을 거침없이 집어삼키는 화염을 두 눈으로 똑똑히 볼 수 있었습니다. 그렇지만 울진 읍내를 위협할 정도로 강한 산불의 기세는 이러한 경험과는 또 다른 것이었습니다. 지금까지 일부의 사례[2]를 제외하

---

1) 울진·삼척산불은 산림 16,302ha와 주택·농업시설 및 공장·창고 등을 포함해 재산상 피해액 9,085억원과 이재민 337명을 발생시킬 정도로 막대한 피해를 주었습니다. 이것은 특히 울진의 경우에는 순간 최대풍속이 26m/s에 이를 정도로 강한 바람을 타고 산불이 확산되었기 때문인데, 울진·삼척산불의 이러한 산림피해 규모는 1986년 산불통계가 집계된 이후 단일지역 피해로는 최대로 기록되었습니다(산림청, 「2022년도 산림과 임업 동향에 관한 연차보고서」, 2023, 473면).
2) 이러한 산불의 사례로는 2013년 3월 9일 발생해 학교와 아파트 밀집지역으

고는 주로 산림이나 인근 지역에만 피해를 주던 그런 산불이 아니라 주택과 상점 및 주요 시설들이 밀집해 있는 도심을 직접 위협하는 울진산불은, 단순히 대형산불로 분류될 수 있는 것이 아니라 매우 낯선 재난 그 자체였기 때문입니다.

2023년 4월 11일에 있었던 강릉산불은 산불의 이러한 변화된 모습을 가장 극적으로 보여준 사례일 것입니다. 당시 산불 상황에 대비하기 위해 비상근무 중이던 저는, 오전 8시 30분경 시작된 산불이 강풍을 타고 거침없이 확산되는 모습을 TV를 통해 지켜보았는데, 도심의 주택과 펜션 전체를 집어삼키고 국가유산을 위협하는 산불의 모습은 이전과는 확연히 다른 것이었습니다. 이날 강릉산불은 저조차도 현장에 나가볼 틈이 없이 빠르게 확산되어, 결국 사망자 1명을 포함해 240여 채의 주택과 펜션 등을 불태우는 엄청난 피해를 우리에게 남겼습니다.[3]

강릉 도심에서 발생한 이러한 산불은 그해 8월 8일부터 11일까지 미국 하와이주의 마우이섬 등에서 발생했던 하와이산불과 매우 유사한 특징을 가지고 있어 우리를 놀라게 합니다. 당시 하와이산불은 건조한 날씨와 강풍으로 급속히 확산되면서 큰 피해를 가져왔는데, 이것은 산불이 특정한 기상 상태와 결합하면 얼마나 가공할 만한 피해를 입힐 수 있는지 극적으로 보여준 사례였습니다. 미국 역사상 최악의 산불 중 하나로 기록된 이 하와이산불로 인해 최소 100명 이상의 인명피해와 수천 명의 이재민이 발생했다는 사실[4]은 이전과는 완전히 다른 모습의 산불이 가진 위험성을 잘

로 확산되어 15명의 사상자와 주택 56채가 소실되는 등 큰 피해를 주었던 포항산불을 들 수 있을 것 같습니다. 당시 포항산불은 산불을 담당하는 공무원들에게 처음으로'도시형 산불'로 인식된 것으로서 일반적인 산불과 산림도시경계지역의 산불이 전혀 다르다는 인식을 깊이 심어준 계기가 되었습니다.

3) 강릉산불로 인한 피해는 사망자 1명을 포함하여 부상자만도 18명이나 되었으며, 이외에도 산림 379ha와 주택·펜션 등 건물 240여 채가 소실되고 일부 국가유산 등이 피해를 보았습니다.

보여준 것이라고 생각합니다.

그런데 앞에서 살펴본 이러한 산불들이 우리가 겪어왔던 통상적인 산불과 다르다는 것은 무슨 의미일까요? 혹시 산불의 발생 원인이나 확산되는 모습 등에서 이전의 산불과는 확연히 다른 차이라도 있다는 것인가요? 네, 맞습니다. 제가 보기에 최근의 산불은 이전에 우리가 경험했던 산불과는 전혀 다른 양상을 보이는 것 같습니다. 물론 이러한 생각은 다소 성급해 보일 수도 있습니다. 왜냐하면, 불과 한두 세대 만에 산불의 모습이 크게 바뀌었다는 결론을 내리기 위해서는 보다 치밀한 과학적인 분석과 검토는 물론 장기적인 추세변화에 대한 증거도 필요한 것이 사실이니까요.

그렇지만 이러한 한계를 감수하더라도, 최근의 산불이 이전과는 다른 모습을 보인다는 제 생각은 크게 바뀔 것 같지 않습니다. 왜냐하면, 최근 우리가 겪고 있는 산불은 아래와 같은 측면에서 과거에 경험했던 산불과는 아주 다른 모습을 보이고 있기 때문입니다.

- 이전에는 주로 봄철에 집중되었으나, 최근에는 여름철을 포함해 거의 연중으로 발생한다.
- 한번 발생하면 걷잡을 수 없을 정도로 대형화하는 경향을 보인다.
- 산림만이 아니라 인근의 주택이나 공장 등은 물론이고, 도심과 같은 주거밀집지역에까지 확산되어 피해를 준다.

사실 산불의 이러한 변화는 산불이 발생하거나 확산되는 이유와 직접 관련된 것이라는 점에서 산불 그 자체의 변화라기보다는 산불과 관련된 여건의 변화에 따른 것으로 보는 것이 더 논리적인 것 같습니다. 따라서 우리는 최근의 산불에 대응할 때에는 물리적인 현상으로서가 아니라, 산림이나 사회재난 측면에 좀 더 관심을

---

4) "100명 목숨 앗아간 마우이 산불 6개월…이재민 5천명 고통 여전", 연합뉴스, 2023.2.9.

집중해서 살펴볼 필요가 있다고 생각합니다. 이런 점에서 비록 산불을 진화하는 측면에 국한된 것이기는 하지만, 산불의 대내·외적인 여건 변화를 (1) 기후변화적 측면, (2) 임업적 측면, (3) 사회·경제적 측면, (4) 행정·정책적 측면으로 나누어 분석한 최근의 연구는 매우 의미가 있다고 생각합니다.[5]

Ⅱ

그러면 이제부터는 최근의 산불이 왜 이전과는 다른 모습을 갖게 되었는지를 구체적으로 살펴보기로 하겠습니다. 우선, 가장 큰 이유는 산불과 직접 관련된 기상의 변화 때문인 것 같습니다. 이것은 기후변화로 인해 자연재난이 증가하고 있다는 통상의 인식과 맥락을 같이하는 것으로 최근의 산불이 달라진 양상을 주로 기후변화에서 찾는 태도입니다. 이러한 입장에서는 2021년 겨울 강수량이 기상관측 이래 역대 최저를 기록할 정도로 심했던 기후변화로 인해 그 다음해 봄철에 산불이 특히 많이 발생했다고 하면서, 우리나라의 경우에도 일반적으로 "봄철 및 여름철 고온건조 현상이 심화되고, 겨울철에는 적은 강수량 등 기후변화로 산불이 연중·대형화 추세"[6]에 있다고 주장합니다.

그러나 산불의 변화를 기후변화로부터 찾는 이러한 주장에 대해서는 동일한 위도상에 있는 일본과 중국의 산불발생 건수가 오히려 줄고 있다고 하면서, 그 원인을 기후변화가 아니라 소나무

---

5) 산림청의 「산불진화 역량 강화를 위한 공중진화대원의 효율적 운영방안에 관한 연구」, 22~28면.
6) 산림청, 「2023~2027년 전국 산불방지 장기대책」, 2022, 4면. 한편 이에 따르면 산림청은 국립기상과학원의 분석(2018년)을 인용하면서 최근 우리나라의 30년 기온은 20세기 초인 1912년보다 1.4℃가 상승했다고 강조하고 있습니다.

위주의 산림구조와 산림행정기관의 진화능력 부족과 같이 다른 데서 찾는 의견[7]도 있는 것이 사실입니다.

그렇지만 최근의 통계만을 기준으로 일본과 중국에서는 산불의 발생이 감소했다고 하는 이러한 주장은 마치 기후변화 자체를 부정하는 것처럼 보일 뿐만 아니라, 같은 위도상에 있다고 해서 산불발생의 여건이 같을 것이라는 지나치게 단순한 논리에 기반한 것으로 보입니다.[8] 덧붙여 일부 국가의 최근 통계만으로 기후변화와 산불발생 건수 사이의 인과관계에 대하여 결론을 내리는 것은 특히 산불과 같은 재난을 과학적으로 연구하는 경우라면, 더욱 치밀하고 정교한 시계열 분석에 따른 보편·객관적인 연구가 필요하다는 점에서 아무래도 수긍하기가 어려워 보입니다.

사실 기후변화의 문제는 일부의 의도적인 부정[9]에도 불구하고, 이미 현실의 문제가 되어 버렸다는 것이 일반적인 생각입니다. 따라서 이제 우리가 해야 할 일은 기후변화 자체에 대한 논쟁이 아니라, 기후변화의 속도를 늦추면서 최근 더욱 극단적이 되어 가고 있는 그 영향을 완화하기 위한 노력을 책임감 있게 실천하는 일일 것입니다.

이것은 산불에서도 마찬가지라고 생각합니다. 모두의 기억 속에 여전히 생생한 2023년 캐나다산불[10]과 2024년 칠레산불[11]을

---

7) "잦은 대형산불의 진짜 원인, 산림청이 알고도 감췄다", 오마이뉴스, 2023.4. 12.

8) 이것은 우리나라와 일본이 비슷한 위도상에 있지만, 그 기후적 특성은 각각 전혀 다른 대륙성기후와 해양성기후에 속하는 것으로도 잘 알 수 있습니다. 일반적으로 대륙성기후는 대륙의 영향으로 겨울에는 한랭건조하고 여름에는 고온다습하며 온도 차이도 큰 것으로 알려져 있으나, 해양성기후는 바다의 영향을 받아 기온의 변화가 적고 연중 습기가 많은 것으로 알려져 있습니다.

9) 마이클 만·톰 톨스(정태영 옮김), 「누가 왜 기후변화를 부정하는가」, 미래인, 2017.6.5.

10) 2023년 봄 캐나다 서부지역에서 발생해 9월까지 전국으로 번진 산불로서 캐나다 역사상 가장 심각한 산불의 하나로 기록되었습니다. 약 1,850만ha의 산

포함해 이미 「기후변화에 관한 정부간 협의체(IPCC)」나 「유엔환경계획(UNEP)」이 경고했던 것처럼, 그리스·러시아와 같은 유럽이나 호주 및 미국 등에서는 최근 거의 매년 대형산불이 반복적으로 발생하고 있기 때문입니다.[12] 생태계의 보고인 판타나우를 위협하는 브라질의 산불을 포함해서 말이죠.[13]

그러면 이러한 기후변화는 산불방지 측면에서 우리에게 어떤 점을 시사해 주고 있을까요? 이에 대해서는 산림청이 실시한 이전의 연구보고서에 그 핵심이 잘 정리되어 있으므로 이를 인용해 살펴보도록 하겠습니다.[14]

"기후변화적 측면에서 봄철 산불위험시기에 건조일수가 점차 증가한다는 것은 산불발생의 위험을 크게 높일 뿐만 아니라, 산불진화를 더욱 어렵게 하는 주요인으로 작용할 것이 예상되므로 이에 대응하

림이 피해를 본 것으로 추정되는 이 산불에 대하여 당시 캐나다 정부는 기후변화로 인한 기온상승 및 열돔현상이 그 원인이라고 밝혔습니다.

11) 2024년 2월 2일 칠레 중남부 지역에서 발생한 산불로 132명이 사망한 것으로 알려졌습니다. 칠레산불로 인한 이러한 인명피해는 2009년 호주산불과 2023년 하와이산불에 이어 산불로 인한 대규모 인명피해 사례로 기록될 만한 것이었는데, 전문가들에 따르면 당시 칠레산불은 10년 넘게 지속된 건조한 날씨와 함께 계속된 폭염과 강풍에 의한 것으로 분석되었습니다. 이에 대해서는 "서울 5배 면적 산불로 활활…우주에서 본 칠레 화재[지구를 보다]"(NOW news, 2023.2.8.) 및 "칠레 한인들, '132명 사망' 산불피해복구 성금 전달"(연합뉴스, 2024.2.26.) 등을 참고하기 바랍니다.

12) 산림청의 「산불진화 역량 강화를 위한 공중진화대원의 효율적 운영방안에 관한 연구」, 23면; 산림청의 「2023~2027년 전국 산불방지 장기대책」, 5면. 이에 따르면 「기후변화에 관한 정부간 협의체(IPCC)」는 "향후 산불은 더욱 대형화하고 빈발하는 등 지역을 넘어 국가 및 지구적 차원의 재난으로 확산할 것으로 전망"하고 있으며, 또한 「유엔환경계획(UNEP)」은 "기후변화와 토지사용 등의 변화로 극한산불이 21세기 말에는 50%로 증가할 전망"이라고 밝히고 있습니다.

13) "세계최대 습지 판타나우 최악의 화재…서울 면적 5.6배 잿더미", SBS 뉴스, 2024.6.17; "Wildfires threaten unique Brazil ecosystem", BBC News, 2024.6.10.

14) 산림청의 「산불진화 역량 강화를 위한 공중진화대원의 효율적 운영방안에 관한 연구」, 27면.

기 위해서는 산불진화에 있어서 전문성 제고와 역량강화 등 산불진
화 전반에 대한 지속적인 보완이 필요…또 다른 관점으로 산불이 연
중재난으로 변화하는 추세를 고려하면…시급히 연중 산불대응체계로
획기적인 전환을 할 필요성이 크다는 것을 잘 보여주는 것으로…"

결국, 이를 요약하면 기후변화에 따라 산불의 위험이 증가하고
있다는 현실을 인정하고 이에 기반해서 산불의 예방·대비 및 대
응·복구를 위한 체계 전반을 혁신적으로 바꾸어야 한다는 의미로
이해됩니다. 특히 최근의 산불은 산림인접지로 확산되어 산림만이
아니라 인명과 재산피해를 가져오는 경향이 있으므로 이에 대해서
도 더욱 철저히 대비해야 할 것으로 생각합니다.

Ⅲ

최근의 산불이 이전과는 다른 두 번째 이유는 우리나라의 숲이
달라졌기 때문입니다. 이것은 주로 산림 안에 있는 나무의 양[임
목축적]과 관련된 이야기이지만, 현재의 임목축적은 「제1차 국토
녹화 10개년계획(1973~1978)」이 시작되기 직전인 1972년과 비교
해서 약 15배나 많을 정도로 증가했는데, 이러한 변화야말로 과거
와 달라진 우리의 숲을 가장 잘 보여주는 것이라고 생각합니다.

사실 우리나라의 임목축적(165.2㎥/ha)은 세계적으로도 전혀 낮
지 않은 수치로 통계상으로도 OECD 회원국 38개국의 평균 임목
축적(131.3㎥/ha)을 넘는 것입니다. 우리의 숲에 있는 이러한 나무
의 양은 놀랍게도 우리가 모두 울창한 숲을 가진 나라로 알고 있
는 캐나다와 핀란드 및 노르웨이보다도 많은 것입니다.[15]

---

15) 우리나라 산림의 ha당 임목축적은 1972년 11.02㎥/ha에 불과했으나, 불과
한 세대가 지난 2002년에는 69.94㎥/ha로 성장했으며, 다시 약 20년이 지난
2020년 기준으로는 165.2㎥/ha에 이르고 있습니다(산림청, 「(개정판) 2020년

산림 내에 임목이 많이 축적되어 있다는 것은 결국 숲이 그만큼 울창해졌다는 것을 의미합니다. 이것은 산림이 제공하는 공익기능[16]이 그만큼 늘어났다는 의미로 깨끗한 공기와 물을 이전보다 더 많이 제공하고, 동식물에게도 보다 좋은 서식처가 되고 있으며, 숲이 훨씬 더 아름다워졌다는 뜻이기도 합니다. 기후변화를 일으키는 중요한 원인이라고 하는 이산화탄소와 같은 온실가스를 더욱 많이 흡수하게 된 것은 당연하고요.

그렇지만 늘어난 나무의 양으로 인해 이처럼 산림의 공익적 가치가 더 커졌다는 긍정적인 면과는 달리 산불이라는 관점에서 보면, 현재와 같이 울창한 숲은 산불에 훨씬 더 취약하고 위험해졌다는 것을 의미합니다. 왜냐하면, 임목축적이 늘어났다는 것은 결국 숲에 나무가 많아졌다는 것이고, 이것은 그만큼 산불이 나면 탈 수 있는 연료가 많다는 뜻이기 때문입니다.

바로 이것 때문입니다. 과거 1970년대부터 산불은 매년 수백 건씩 발생했으나 대부분 적은 면적의 산림에만 피해를 줄 뿐 대형산불로 확산되는 것은 예외적이었으나,[17] 2015년 이후 2023년까지

산림기본통계」, 2021, 21면 및 45면).

16) 국립산림과학원에 따르면 산림의 공익기능 평가액은 약 259조원(2020년 기준)으로 국민 1인당 연간 약 499만원에 해당하는 혜택을 제공하는 것으로 평가되었습니다. 이 가운데 가장 큰 부분은 온실가스 흡수·저장으로 약 97조 6,000억원(37.8%)이며, 그 밖에 산림경관제공기능 약 31조 8,000억원(12.3%), 산림휴양기능 약 28조 4,000억원(11.0%), 토사유출방지기능 약 26조 1,000억원(10.1%) 등입니다. 한편 이외에도 산림의 공익기능으로는 산림정수, 수원함양, 산소생산, 생물다양성보전, 토사붕괴방지, 산림치유, 대기질개선 및 열섬완화 등이 있습니다. 이러한 산림의 공익기능 평가액에 대한 더 자세한 내용은 산림청 홈페이지에서 행정정보>산림행정미디어센터>보도자료를 참고하기 바랍니다.

17) 이 시기에 발생한 대표적인 대형산불로는 1996년 고성산불(산림피해 3,834ha), 2000년 동해안산불(산림피해 23,794ha, 이재민 299세대 850명), 2002년 청양·예산산불(산림피해 3,095ha) 및 2005년 양양산불(산림피해 973ha, 이재민 191세대 412명, 낙산사 동종 소실 피해) 등이 있습니다.

최근 9년 동안 울진·삼척산불을 포함해 무려 32건[18]의 대형산불
이 발생한 것은 숲이 과거와는 달리 이처럼 매우 울창해졌기 때문
입니다. 결국, 산이 울창해지자 산불의 연료가 되는 나무와 낙엽·
풀 등이 많아졌으며, 그 결과 한번 산불이 발생하면 걷잡을 수 없
을 정도로 대형화되고 있는 것입니다. 그리고 이렇게 대형화된 산
불의 불씨는 숲속 두꺼운 낙엽층 밑에 숨어 산불진화헬기에서 아
무리 물을 부어도 며칠이 지나 다시 살아나기까지 하는 것입니다.

산불방지라는 측면에서 볼 때 숲의 이러한 변화는 결코 만만히
볼만한 과제는 아닙니다. 왜냐하면, 매우 특별한 상황을 가정하지
않는다면 앞으로도 우리 숲은 더욱 울창해질 것이고, 그에 따라
산림 내에 축적되는 산불의 연료는 지속적으로 증가할 것이기 때
문입니다. 더군다나 우리나라에는 불에 잘 타는 소나무류가 산림
과 산림주변지역에 널리 분포하고 있다는 것을 고려한다면, 이러
한 우려는 매우 현실적인 문제이기도 합니다.

숲의 이러한 변화와 관련해서는 임학적 측면에서도 다양한 방
식으로 대응하고 있는데, 그 자세한 내용은 다른 시간에 별도로
살펴보겠지만, 예를 들어 산불의 연료가 되는 나무의 양을 줄이기
위해 과감하게 숲 가꾸기를 실시한다든지 또는 산림 내에 신속히
접근해서 산불에 대응할 수 있도록 산불진화임도를 설치하는 것
등은 그 좋은 사례입니다. 이와 함께 산림주변지역에 인접한 주택
이나 시설의 경우에는 의무적으로 산불에 강한 활엽수 등을 심거
나 일정한 이격거리를 두는 것도 좋은 방법이라고 할 수 있을 것
입니다.[19]

한편 산불을 진화하는 방식에도 이러한 산림의 변화를 반영할

---

18) 산림청, 「2023년 산불통계 연보」, 2024, 148~149면.
19) 산림청, 「산불재난 임업적 대응사업지 조성 및 관리방안 연구보고서」(연구수
행: (사)한국산림기술사협회 산림기술연구소), 2019, 97~149면.

필요가 있어 보입니다. 지금까지와 같이 주로 산불진화헬기에 의
존하는 공중진화전술만으로는 숲속에 남아있는 불씨를 효과적으로
진화하는데 애로가 있으므로, 이제는 전문성을 갖춘 지상진화인력
이 산불진화헬기와 합동으로 산불을 진화하는 새로운 전술을 과감
하게 적용할 때가 되었기 때문입니다.

Ⅳ

그러면 이제부터는 최근의 산불이 왜 이전의 산불과는 다른 모
습을 보이는지 그 세 번째 이유를 살펴보기로 하겠습니다. 이것은
자연과학적인 시각에 따른 앞의 2가지 이유와는 달리, 산불에 영
향을 미치는 원인을 사회과학적인 관점에서 찾는 태도로 우리나라
의 사회·경제적인 변화가 산불에 직접 영향을 미치고 있다는 인
식에 기반한 것입니다.

사실 사회·경제적인 변화란 매우 광범위한 영역을 포괄하는
것이기 때문에 특정한 요소만을 골라 이것이 산불에 영향을 미치
는 주요 인자라고 하기에는 부담이 있는 것이 사실입니다. 잠깐이
라도 한눈을 판다면 지나치게 주관적이거나 아니면 그 반대로 그
저 그런 사실을 무미건조하게 나열할 수도 있기 때문입니다. 그런
데도 굳이 여기에서 산불이 이전과는 달라진 모습을 갖게 된 원인
가운데 하나로 사회·경제적인 변화를 들고자 하는 것은, 이러한
변화가 산불의 발생과 확산에 미치는 영향이 너무나도 분명하고
직접적이기 때문입니다. 또한, 이를 통해 산불을 물리적인 연소현
상을 넘는 사회현상의 하나로 이해함으로써 사회·경제적인 시각
에서 종합적으로 산불을 바라보는 것이 얼마나 중요한지를 강조하
기 위한 것이기도 합니다.

이러한 관점에서 우리가 겪는 사회·경제적인 변화 가운데 산

불에 영향을 미치는 주요 요인을 생각해 본다면 (1) 경제성장과 근로시간의 감소 등에 따른 산림휴양 및 등산 인구의 증가, (2) 도시화와 낮은 출산율 등으로 인해 심각하게 진행 중인 농산촌 지역의 인구감소 및 고령화, (3) 마을 외곽 산림주변지역에 거주하는 귀촌인구의 증가, (4) 주거밀집지역 주변의 산지를 이용한 개발행위의 증가 등을 꼽을 수 있을 것 같습니다. 특히 이러한 요인들은 산불발생만이 아니라 피해의 확산에도 큰 영향을 미치는 것으로 이해되는데, 한 세대 이전만 하더라도 이를 예상할 수조차 없었다는 점에서 최근에 우리가 경험하고 있는 달라진 산불을 설명하는데 있어 중요한 단서를 제공할 수 있다고 생각합니다.

사회·경제적인 변화와 관련하여 산불방지 측면에서 우리가 간과하지 말아야 할 것은, 이러한 변화에 대응해 더욱 혁신적인 산불방지체계를 구축하는 과제는 산림청과 지방자치단체 산림부서만의 노력으로는 해결할 수 없다는 사실을 인정해야 한다는 것입니다. 예를 들어, 앞에서 살펴본 내용 가운데 경제성장과 근로시간의 감소와 같은 것이나, 도시화 및 낮은 출산율 등의 문제는 산림행정기관의 주요 업무에 속하지도 않을 뿐만 아니라 겉으로 보기에는 산불과 전혀 관계가 없어 보이기 때문입니다.

이러한 문제인식은 매우 중요한 것입니다. 만일 사회·경제적인 변화가 산림행정만의 문제가 아니라면, 그로 인해 파생하는 산불의 문제도 산림행정기관만의 문제라기보다는 오히려 거대한 변화와 관련된 것으로서 정부 내의 전 행정기관이 함께 풀어야 할 과제라고 보는 것이 합리적이기 때문입니다.

이러한 관점에서 "경제용어로 환경을 이해하는 것이야말로 녹색문제를 해결하는 유용한 방법"[20]이라는 조언대로, 농산촌 지역

---

20) Frances Cairncross의 「Costing the Earth」(London: Business Books Ltd., 1991.) 17면의 내용을 이규태의 「지속가능한 발전을 위한 녹색전략」(도서출

의 불법소각행위와 산림주변지역의 주택·공장 등에 대한 특별관리 등과 같은 문제에 효과적으로 대응하기 위해서는 행정안전부, 농림축산식품부, 환경부, 국토교통부, 농촌진흥청 및 소방청 등과 같은 중앙행정기관은 물론 현장을 책임지는 지방자치단체와의 협력을 실질적으로 강화해 나가는 것이 매우 중요해 보입니다. 결국, 산불을 포함한 산림의 문제는 사회·경제적인 문제이기도 하기 때문입니다.

V

그러면 산불에 관한 재난관리주관기관인 산림청은 변화하는 산불에 대응하기 위해 이들 중앙 및 지방행정기관들과 구체적으로 어떻게 협력해 나갈 수 있을까요? 이에 대해서는 당연히 국무위원이 아닌 차관급 청 단위의 중앙행정기관으로서 가지는 한계로 인해 현실적인 어려움이 많으리라 생각합니다. 그러나 이러한 제약에도 불구하고 이미 「산림보호법」에서 규정하고 있는 산불방지협의회를 적극적으로 활용한다면, 그 한계를 넘어 분명히 일정한 성과를 거둘 수 있다고 생각합니다.

이것은 현행 「산림보호법」이 "중앙산불방지대책본부의 장과 지역산불방지대책본부의 장은 대통령령으로 정하는 바에 따라 산불유관기관으로 구성된 산불방지협의회를 구성·운영할 수 있다" (제30조 제4항)라고 하면서, 같은 법 시행령에서는 중앙산불방지대책본부의 장인 산림청장으로 하여금 산불유관기관[21]으로 구성된 '중앙산불

판 심지, 2006), 16면에서 재인용한 것입니다.
21) 산불유관기관이란 "산불방지 업무와 관련되는 중앙행정기관과 그 소속기관 등 대통령령으로 정하는 기관"으로서 ① 기획재정부 및 교육부 등과 같이 「정부조직법」에 따른 행정각부(제26조 제1항)에 속하는 중앙행정기관, ② 대검찰청, 경찰청, 소방청, 문화재청, 기상청, 농촌진흥청 및 해양경찰청, ③ 육

방지협의회'를 구성해 (1) 산불방지 활동에 관한 사항, (2) 산불발생시 이를 진화하기 위한 인력과 장비의 지원에 관한 사항, (3) 산불방지를 위한 인력, 조직 및 예산확보 협조에 관한 사항을 협의할 수 있도록 규정하고 있기 때문입니다(시행령 제21조 제1항~제2항).

다만 현실적인 문제는 이러한 중앙산불방지협의회를 어떻게 실질적으로 운영할 수 있는가 하는 점인데, 이와 관련해서는 「산림보호법」에 따른 산불방지장기대책(제28조)과 연도별 산불방지대책(제29조)을 포함한 주요 산불방지대책을 대통령과 국무회의에 보고함으로써 산불방지대책과 관련된 중앙행정기관 간에 실질적인 효력을 갖도록 하거나, 또는 중앙산불방지협의회를 「산림보호법」에 따른 중앙산불방지대책본부의 장(제30조 제3항)인 산림청장이 직접 운영[22]하도록 하는 방안이 있을 것입니다.

그러나 이와 관련하여 무엇보다 중요한 것은 앞에서 이미 강조한 것처럼 '연대와 협업'의 정신에 바탕을 둔 산림청의 노력이라고 생각합니다. 산불에 관한 전문적인 재난관리주관기관인 산림청만이 정부 전체에 속하는 다양한 방안을 조정하고 통합할 수 있기 때문입니다. 이러한 관점에서 만일 산불유관기관을 하나로 묶으려는 산림청의 노력이 결실을 보게 된다면, 산림청장이 직접 운영하는 중앙산불방지협의회는 앞에서 살펴본 '산림 주변 특정지역의

군본부, 해군본부 및 공군본부, ④ 국립공원공단, 한국전력공사, 한국도로공사 및 한국철도공사를 말합니다(「산림보호법」 제2조 제9호 및 같은 법 시행령 제2조 제1항).

22) 이것은 현재의 중앙산불방지협의회가 「정부조직법」에 따라 '부'인 중앙행정기관을 포함하여 산불과 관련된 주요 국가기관을 망라하고 있다는 사실을 고려할 때, 「산림보호법 시행령」에 규정(제21조 제3항)된 대로 산림청차장이 위원장이 되고, 산림청 소속의 고위공무원단에 속하는 공무원 중 산불방지 업무를 담당하는 일반직공무원이 부위원장을 맡는 현재의 운영체계에서는 과연 산불에 관한 주요 정책에 대한 협의가 효과적으로 진행될 수 있을지 의문이기 때문입니다.

산불방지에 관한 특별법'의 제정을 포함해 산불에 더욱 효과적으로 대응할 수 있는 정부 전체의 대책을 이끌어내는데 있어 매우 유용한 정책적 기반이 될 수 있을 것입니다.

지금까지 우리는 현재 직면하고 있는 산불의 모습이 이전과는 분명히 다르다는 사실과 함께 그 원인에 대하여 살펴보았습니다. 이러한 제 설명에 대하여 강의를 듣는 여러분의 관점에서는 당연히 어떤 부분은 좀 더 구체적인 연구가 필요하거나 자료 등을 보완해야 할 필요가 있다고 생각할 것입니다.

이러한 관점에서 이번 강의를 마치며 특별히 강조하고 싶은 것은 산불에 관한 통계의 중요성입니다. 국가 차원의 다양한 정책분야에서 통계가 가지는 중요성에 대하여 여기에서 다시 강조할 생각은 없지만, 산불업무를 담당하는 공무원의 입장에서 보면 산불이란 상황이 발생하는 경우 실시간으로 이에 대응하는데 주력해야 할 긴급한 업무로서 아무래도 통계를 작성하고 유지·관리하는 일에는 집중하기가 쉽지 않기 때문입니다. 또한, 산불은 특정 시기에 집중되어 발생하는 경향이 있으므로 특별히 관심을 두어 필요한 인력과 예산을 사전에 편성하지 않는다면, 이를 데이터베이스(DB)화하고 통계적으로 처리하는 데 소홀해질 수도 있기 때문입니다.

그러나 이러한 제약에도 불구하고, 산불의 발생 원인에 대한 정확한 조사결과와 구체적인 피해면적 및 연차별 복구상황 등에 관한 통계의 일관성과 신뢰성을 지켜나가는 것은 반드시 관철되어야 한다고 생각합니다. 이것은 결국 과학적인 통계에 기반하는 경우에만 변화하는 산불의 모습을 정확하게 찾아낼 수 있을 뿐만 아니라, 이에 효율적으로 대응할 수 있는 정책적 전문성도 갖추어 나갈 수 있기 때문입니다.

이와 관련하여 일부에서는 산불이 발생하면 해당 지방자치단체의 공무원에게 책임을 묻던 과거의 행정관행에 따라, 현재에도 산불이 발생한 것을 숨기거나 그 피해정도 등을 축소해 평가하는 경향이 있다고 주장하면서, 이러한 '감추어진 통계'를 최소화하는 노력도 통계의 신뢰성 확보에 있어 중요하다고 강조하기도 합니다. 그러나 산불통계는 통계청이 「통계법」(제18조)에 따라 승인한 국가통계로서 이미 일반화재(긴급전화 119)와 산불발생 신고를 연계하고, 드론 등 항공기를 활용해 피해면적을 산출하는 등 정확한 통계산출을 위해 이전과는 다른 통계기법을 적용해오고 있을 뿐만 아니라 산림청과 지방자치단체의 조직문화도 이전과는 많이 달라졌으므로 산불통계에 대한 과도한 의심은 지나치다는 반론은 충분한 설득력이 있는 것으로 보입니다.

따라서 과거의 경험만을 토대로 산불통계의 신뢰성에 대하여 분명한 근거도 없이 의문을 제기하기보다는, 그 중요성에 대한 공감대를 바탕으로 더욱 정확한 통계산출 기법을 모색해 나가는 것이 합리적이라고 생각합니다. 앞으로 이러한 공통된 인식을 바탕으로 산불통계를 보다 발전시킴으로써 변화하는 산불의 실체를 더욱 잘 잡아낼 수 있기를 진심으로 바랍니다.

효율적인 입산통제와 등산로 관리

I

우리는 지금까지 산불의 개념부터 시작해 산불과 관련된 공간과 시간, 그리고 현재 우리가 직면하고 있는 산불의 달라진 모습 등에 대하여 알아보았습니다.

저는 이제 여러분과 함께 이러한 총론적 인식을 공유하는 것을 넘어 산불에 대한 보다 구체적인 내용을 살펴보고자 합니다. 아무쪼록 앞으로 이어지는 다양한 주제들에도 이전처럼 계속 관심을 가지고 참여해 주셔서, 이 강의가 산불에 대한 여러분의 이해의 폭을 더욱 넓히는 계기가 되기를 희망합니다.

그러면 지금부터 그 첫 번째 내용으로 산불의 원인과 관련된 사항 중에서 특히 입산통제와 등산로 관리에 대하여 살펴보도록 하겠습니다.

2014년 이후 최근 10년간 발생한 산불의 원인에 대하여 산림청이 조사한 결과에 따르면 '입산자의 실화'로 인한 것이 가장 많았는데,[1] 산림청이 산불방지를 위해 수립한 장기대책에서 이러한 통계를 바탕으로 "산림 및 산림인접지역내 인화물질 제거, 실효성 있는 입산통제…등을 통해 산불발생 위험 저감"[2]이라는 정책방향을 제시하고 있는 것은, 산불발생의 원인 중 주된 요인에 집중해 예방활동을 강화하려는 것으로 매우 타당한 것으로 보입니다.

그렇다면 산림청의 이러한 장기정책 방향에 따라 입산자에 의한 실화를 방지하기 위한 구체적인 방안에는 어떤 것이 있을까요? 이에 대해서는 주로 「산림보호법」에 따라 산림청장이 매년 전국을

---

1) 산림청의 「2023년 산불통계 연보」, 121면. 한편 이에 따르면 최근 10년간 발생한 산불의 원인은 입산자 실화 33%, 논·밭두렁 소각 12%, 쓰레기 소각 13%, 담뱃불 실화 6%, 성묘객 실화 3%, 어린이 불장난 0.3%, 건축물 화재 6% 및 기타 27%로 조사되었습니다.
2) 산림청의 「2023~2027년 전국 산불방지 장기대책」, 12~14면.

대상으로 수립하는 산불방지연도별대책($^{제29조}_{제1항}$)[3]에 그 내용이 자세하게 규정되어 있는데, 여기에서 그 내용을 인용하면 다음과 같습니다.[4]

- 입산자 실화 방지를 위해 빅데이터 기반 산불 다발지역 엄격히 통제
  ※ 입산통제구역(183만ha, 29%) 및 등산로 폐쇄(6,887km, 24%)
- 입산통제 정보를 국민들이 편리하고 신속하게 확인할 수 있도록 웹 서비스(산림청 홈페이지, 네이버 지도)를 통해 정보제공

산림청의 이러한 대책은 입산자의 실화를 예방하기 위해 입산통제구역 등에 대한 관리를 목표로 하되, 산림에서 이루어지는 산림작업 중의 실화나 군의 사격훈련으로 인한 산불은 제외하고 주로 산림휴양과 등산 등의 활동을 위해 산림에 출입하는 국민을 대상으로 하는 것으로 보입니다. 이것은 그 대책의 내용이 입산통제와 등산로 폐쇄를 주요 수단으로 할 뿐만 아니라, 이와 관련되어 예상되는 국민의 불편을 줄이기 위해 입산통제 등의 정보를 신속히 제공하도록 하는 것으로도 알 수 있습니다.

그러나 등산객을 포함한 입산자에 의한 실화를 예방하기 위한 이러한 정책은 그 필요성에도 불구하고, 과연 현장에서 잘 적용될 수 있는지 의문이 드는 것이 사실입니다. 이것은 어떠한 정책을 마련하기보다는 결정된 정책을 어떻게 실효성 있게 집행할 수 있

---

3) 「산림보호법」에 따르면 산불방지를 위한 대책에는 산림청장이 5년마다 수립·시행하는 전국산불방지장기대책(제28조 제1항)과 매년 전국을 대상으로 수립하는 전국산불방지연도별대책(제29조 제1항)이 있습니다. 이러한 중앙행정기관의 산불방지대책과는 별도로 시·도지사 또는 지방산림청장은 5년마다 지역산불방지장기대책(제28조 제2항)을 수립해야 하며, 특히 현장에서 산불을 책임지고 있는 지방자치단체, 지방산림청 및 국유림관리소[지역산불관리기관]의 장은 지역의 특수성을 고려해서 매년 지역산불방지연도별대책(제29조 제2항)을 수립·시행해야 합니다. 한편 산불방지를 위한 이러한 대책의 성격에 대해서는 그 용어에도 불구하고, 사실상으로는 행정계획에 해당하는 것으로 보아야 할 것입니다(이규태의 「산림법강의」, 134~135면).

4) 산림청, 「2024년도 전국 산불방지종합대책」, 2024, 6면.

느냐는 관점에 따른 문제인데, 이러한 측면에서는 입산자에 의한 실화를 막기 위한 현재의 정책은 좀 더 면밀한 검토가 필요한 것으로 생각됩니다.

일반적으로 행정학자들에 따르면 정책의 집행이란 정책목표와 정책수단으로 이루어진 정책의 내용을 실현하는 과정으로서 특히 정책수단의 실현을 그 핵심으로 하는데,[5] 이러한 정책집행에는 정책결정자의 의지를 포함하여 (1) 정책목표의 명확성 및 일관성, (2) 기술적 한계를 포함한 정책수단의 현실성, (3) 정책을 집행하는 기관의 구조와 담당자들의 성향, (4) 정책집행에 따른 인센티브의 제공 여부 및 상급기관의 지원 정도, (5) 일반 대중의 지지와 이익집단의 지원 등과 같은 다양한 요인들이 영향을 미치는 것으로 알려져 있습니다.[6]

정책집행의 주요 변수에 대한 이러한 내용은 문제를 해결하기 위해 채택된 정책이 현장에서 성공적으로 집행되기 위해서는, 무엇보다도 집행에 영향을 주는 다양한 요인들에 대한 이해와 이를 극복하기 위한 수단에 대한 고려가 반드시 필요하다는 것을 잘 보여주는 것입니다.

---

[5] 정정길 외 7명, 「정책학개론」, 대명출판사, 2022, 337면.

[6] 한편 이종렬 등은 정책집행의 성공과 실패를 좌우하는 요인으로 ① 정책의 특성과 자원, ② 정책결정자 및 정책 관련 집단의 지지, ③ 집행조직과 담당자, ④ 정책집행에 대한 순응 등을 들고 있습니다(이종렬 외 12명, 「행정학 강의」, 윤성사, 2023, 359~362면). 이에 따르면 "정책목표와 이를 실현하기 위한 정책수단이 명확하고 정책내용이 바람직스러우며, 정책집행에 소요되는 물적·인적 자원이 충분히 확보"되어 있을 뿐만 아니라, "정책의 중요성이 높아 사회의 모든 측면에 광범위하게 영향을 미쳐 정책결정자나 정치지도자의 강력한 지지를 얻거나 수혜자집단의 규모가 크고 혜택이 많을수록 정책집행이 성공적으로 이루어질 가능성이 높다"고 자세하게 설명하고 있습니다.

Ⅱ

그러면 정책의 집행이라는 관점에서 볼 때, 입산자에 의한 실화를 막기 위해 입산통제구역을 지정하거나 등산로를 폐쇄하는 방안은 현실적으로 어떤 문제점을 가지고 있을까요?

첫째, 현재의 정책은 산불을 예방하기 위해 통제하는 공간, 즉 입산통제구역과 등산로 폐쇄구간의 범위가 너무 광범위하다는 것입니다. 이것은 앞에서 인용한 산림청의 자료에 따르더라도 입산이 통제되는 구역이 우리나라 산림면적의 29%에 해당할 뿐만 아니라, 폐쇄되는 등산로 또한 전체 등산로의 24%인 6,887㎞나 되기 때문입니다.[7]

둘째, 산림휴양이나 등산 등을 위해 숲을 이용하는 사람 모두를 정책의 대상으로 하므로 그 범위가 너무 넓으며, 그 내용도 인센티브를 부여하는 것이 아니라 입산자의 행위를 규제한다는 점입니다. 이것은 정책대상을 집단화하기 쉽거나 그 대상자에게 편익을 제공하는 경우에는 그렇지 않은 경우보다 정책을 성공적으로 집행하기가 용이하다는 일반론의 관점에서 볼 때, 현장에서 효과적으로 입산을 통제하고 폐쇄된 등산로를 관리하기에는 사실상 한계가 있을 수밖에 없다는 것을 충분히 짐작하게 해 줍니다.

---

7) 이처럼 광범위한 면적을 대상으로 입산통제와 등산로 폐쇄가 이루어지는 것은 추측하듯이 통제권자가 자의적으로 입산통제를 시행하고 있기 때문만은 아닙니다. 왜냐하면, 현행 「산림보호법」 제15조에 따르면 특별자치시장과 특별자치도지사 및 시장·군수·구청장이나 지방산림청장이 입산통제구역을 지정하는 경우에는 일정한 기간을 정하여 산림의 일부 지역을 지정하도록 규정하고 있을 뿐만 아니라, 특히 산불예방을 목적으로 입산통제를 하는 경우에는 ① 최근 10년간 2회 이상 산불이 발생한 산림, ② 최근 10년 이내에 10만㎡ 이상 산불이 발생한 산림, ③ 그 밖에 산불위험이 높다고 판단되는 산림을 대상으로 통제하되, 입산통제구역은 산불취약지를 중심으로 관할하는 전체 산림의 30%까지, 그리고 등산로 폐쇄구간은 관할하는 전체 등산로 중 50%까지를 지정할 수 있기 때문입니다(「산불관리통합규정」 제3조).

셋째, 집행의 실효성을 높이기 위해서는 법률의 엄정한 집행이 가장 중요한 요인 중의 하나임에도 불구하고, 현실적으로는 이를 관철하는데 상당한 애로가 있어 보인다는 것입니다. 실제로 산림 행정에 있어서 법률의 집행과 관련된 이러한 한계는 산불에만 국한된 문제는 아니지만, 특히 산불의 경우에는 그 발생 원인을 특정하기가 어렵고, 주로 과태료와 행정지도에 의존해 온정적으로 벌칙을 적용하는 관행이 있을 뿐만 아니라 산림인접지역과 같이 법령의 내용도 모호하므로, 실화자에 의한 산불을 예방하는 정책을 제대로 집행하기에는 제약이 많은 것이 사실입니다. 넓은 지역을 대상으로 이루어지는 위법행위를 단속할 인력의 부족은 말할 필요조차 없고요.

넷째, 산림을 소유자에 따라 국유림과 공·사유림으로 구분한 후 이에 따라 국유림은 지방산림청이, 공유림과 사유림은 지방자치단체의 산림부서가 각각 나누어 집행해야 하므로 현장에서 그 관할구역을 확정하기가 어려울 뿐만 아니라, 두 기관의 제한된 인력이나 역량 등을 고려할 때 각각의 책임구역에서 밀도 있게 집행 행위를 하는 것도 현실적으로는 전혀 쉽지 않아 보인다는 점입니다. 특히 등산로의 경우에는 구역이 아닌 선으로 이어져 있으므로 관할구역에 따라 나누어 집행하기가 더욱 곤란해 보이는데, 이것이야말로 국립공원공단이 책임을 전담하는 국립공원 지역보다 일반 산림 내에서의 등산로 폐쇄가 좀 더 느슨해 보이는 이유 중의 하나일 것입니다.

어떻습니까? 현실적인 관점에서 이렇게 살펴보니, 등산 등을 포함해 숲에서의 활동을 관리하는 것이 처음에 생각했던 것보다는 결코 쉽지 않다는 것을 느낄 수 있지 않습니까? 당연한 일이지만, 산림청을 포함한 현장의 산림행정기관인 지방자치단체, 지방산림청 및 국유림관리소[지역산불관리기관]도 이러한 집행상의 어려움을 충분히 인식하고 있는 것으로 보입니다. 이것은 앞에서 살펴본 대책의 내용 대부분이 입산통제구역과 등산로를 실효성 있게 관리하기 위한 방안으로 채워져 있는 것으로도 잘 알 수 있는데, 여기에서 그 내용을 요약하면 다음과 같습니다.[8]

- 산불위험이 큰 지역을 중심으로 감시인력을 집중적으로 배치한다.
- 산불취약지, 광역·산간오지 등과 감시인력이 부족한 사각지대에는 드론 및 산불감시무인카메라 등을 활용하여 감시한다.
- 인공지능(AI) 등을 활용하여 산불 여부를 실시간으로 감지·판독하는 '지능형 산불방지 ICT플랫폼 시범사업'을 전국으로 확대한다.
- 취약지역을 중심으로 드론감시단을 배치하고, 일몰 후에는 열화상카메라를 드론에 장착하여 불법행위자를 단속한다.

이러한 내용은 모두 입산자에 의한 실화를 막기 위해 입산통제구역과 폐쇄된 등산로를 철저하게 관리하려는 현재의 정책이 실제 집행상으로는 많은 한계가 있음을 시인하면서, 선택과 집중을 통해 제한된 감시인력과 장비 등을 효율적으로 운영하는 한편 첨단 기술을 이용한 전략적 감시자산도 최대한 활용하려는 것으로 보입니다.

이러한 시도들은 당연히 그럴만한 충분한 가치가 있다고 생각합니다. 그렇지만 좋은 의도와 열심만으로 산불에 대응할 수는 없는 일입니다. 결국, 우리에게 지금 필요한 것은 현장에서 제대로 집행됨으로써 입산자에 의한 실화를 실질적으로 방지할 수 있는 정책적 대안이기 때문입니다.

Ⅲ

실제로 현재 시행되고 있는 입산통제나 등산로 관리와 관련해

---

8) 산림청의 「2024년도 전국 산불방지종합대책」, 6면 및 8~9면.

서 현장의 산림행정기관이 직면하고 있는 집행상의 문제는, 너무 복잡하고 광범위한 구역을 부족한 인력과 장비로 통제하려 한다는 것에 그 근본적인 원인이 있다고 생각합니다. 더군다나 그 정책의 대상은 거의 전 국민이 해당할 만큼 포괄적인데도 이를 도와줄 특별한 이익집단조차 거의 없이 말이죠.

네, 모두 사실입니다. 절대 쉽지 않은 여건인 것은 분명합니다. 그렇지만 현실 탓만을 하기보다는 어떻게 하든 조금이라도 집행성과를 높일 수 있는 노력은 꼭 필요해 보입니다. 그렇다면 어떻게 해야 입산통제구역과 등산로를 보다 효율적으로 관리할 수 있는 대안을 찾아낼 수 있을까요?

저는 이 문제를 해결하는 방법을 찾으려면, 산림행정기관이 행정상의 한계를 스스로 시인하는 것에서부터 시작해야 한다고 생각합니다. 이것은 현재 산림행정기관이 가진 공권력의 역량으로는 우리나라 산림면적의 29%에 해당하는 입산통제구역과 전체 등산로의 24%에 이르는 등산로를 제대로 관리하기는 어렵다는 현실을 인정해야 한다는 것을 의미합니다.

일정한 기간이라면 비록 광범위한 면적이라도 공권력으로 통제할 수 있다는 생각은 분명히 행정적인 교만에서 비롯된 것입니다. 이러한 방식은 마치 어린아이의 불장난으로 인해 산불이 발생하니 전국의 어린아이들을 대상으로 학교에서 성냥이나 라이터 소지 여부를 검사하게 하는 것이나, 성묘객에 의한 산불을 방지하기 위해서라면 일정한 기간과 장소에서는 성묘를 제한해야 한다는 생각과 유사할 정도로 무모해 보이기까지 합니다.

동일한 시각에서 산불과 관련된 벌칙을 엄정하게 집행하는 일도 입산통제구역이나 폐쇄된 등산로를 관리하는 것만큼이나 어려워 보입니다. 왜냐하면, 현행 「산림보호법」에 따르면 산불에 관련된 벌칙은 폐쇄된 등산로를 포함한 입산통제구역만이 아니라, 횔

씬 더 광범위한 전체 산림과 이로부터 100m 이내에 위치한 토지인 산림인접지역까지를 그 공간적 적용 범위에 포함하고 있기 때문입니다(제53조, 제57조 제3항 제2호, 제4항 및 제5항 제1호).

목표를 달성하기 위한 정책수단으로서 행정적인 규제는 당연히 매우 유익한 것입니다. 그러나 유익하거나 필요하다고 해서 늘 타당한 것은 아닙니다. 더군다나 효율성의 측면에서 볼 때, 행정적인 규제에는 경제적 인센티브와 같은 비규제적인 수단과는 달리 더욱 엄격한 잣대가 적용되어야 할 것입니다. 결국, 규제는 매우 유용한 것이지만 그만큼 제한적이어야 할 뿐만 아니라 효율성도 담보할 수 있어야 하기 때문입니다.

IV

이러한 입장에서 저는 산불을 방지하기 위해 현재 적용하고 있는 입산통제구역이나 등산로 폐쇄와 같은 행정적인 규제를 더욱 효율적인 방식으로 개선하는 일은 매우 시급한 과제라고 생각합니다. 여기에서 제가 생각하는 '효율적인 방식'이란 산림을 대상으로 산불위험평가를 시행한 다음 그 결과에 따라 관리가 가능한 범위 안에서 입산통제구역을 지정하거나 등산로를 폐쇄하는 방식을 말합니다. 이러한 방법은 현재처럼 입산자 수와 산불발생 건수 등에 관한 빅데이터를 기반으로 입산통제구역이나 등산로 폐쇄구간을 지정하는 방식을 보완해 더욱 과학적인 평가를 거쳐 규제지역을 합리적으로 정하도록 함으로써 그 효율성을 높이고자 하는 것입니다.

이 경우 산불위험평가에 따라 지정되는 입산통제구역이나 등산로 폐쇄구간은 주로 산림 내에 지정되겠지만, 특별하게 산림 주변의 위험지역으로서 앞에서 살펴본 것처럼 산불특별관리구역에 해

당하는 구역과 중복된다면, 당연히 입산통제구역이나 등산로 폐쇄
에 관한 내용보다는 산불특별관리구역에 관한 내용이 우선해서 적
용되어야 할 것입니다. 이것은 입산통제와 등산로 폐쇄가 필요한
산림과 산림 주변의 특정지역을 대상으로 하는 산불특별관리구역
은 서로 다른 개념에 기반한 공간으로서 그 제도의 취지상 산불특
별관리구역이 우선하는데 따른 당연한 결과입니다.

그러나 입산통제구역과 등산로 폐쇄구간을 지정하는 경우에 가
장 주의해야 할 것은, 반드시 산불을 담당하는 공무원을 포함한
예방인력의 규모 및 관련 예산 등을 감안해 현장의 산림행정기관
이 성과 있게 관리할 수 있는 면적에 한정해서 제한적으로 지정해
야 한다는 것입니다.

그러나 사실 이것은 말처럼 쉬운 일이 아닙니다. 산불을 담당
하는 공무원이나 기관의 입장에서 보면, 아무리 충분한 경험을 가
지고 있다고 하더라도 자신이 책임을 맡은 넓은 면적의 산림 가운
데서 집중적으로 관리할 구역을 지정한다는 것은, 마치 중요한 시
험을 앞두고 어느 것이 출제될지 몰라 두꺼운 책을 무작정 뒤적이
는 수험생의 심정과도 같을 것이기 때문입니다. 만일 혹시라도 입
산통제구역이나 등산로 폐쇄구간이 아닌 산림에서 대형산불이 발
생한다면, 자신에게 쏟아질 엄청난 비난과 책임을 온통 떠안게 될
지도 모르니까요.

따라서 입산통제구역이나 등산로 폐쇄구간을 지정하기 위한 가
장 중요한 근거가 될 산불위험평가는 넓은 지역에 걸친 규제공간
을 합리적으로 제한하고 축소하는 데 필요한 과학적인 방법을 충
분히 갖추도록 설계되어야 할 것입니다. 물론 이를 뒷받침할 수
있도록 산불의 발생과 확산에 관한 보다 체계적인 연구와 함께 더
욱 다양한 사회·경제적 측면의 빅데이터를 활용하는 노력도 병행
하면서 말이죠. 결국, 산불예방 정책의 성공적인 집행을 위해 가

장 중요한 것은 산불을 예방하기 위한 행정역량의 범위 내에 입산
통제구역과 등산로 폐쇄구간이 들어있느냐의 여부이기 때문입니
다.

그런데 만일 매우 건조한 날씨와 강한 바람이 계속되어 산림
전체의 산불위험이 매우 커진다면 어떻게 해야 할까요? 만일, 이
경우에도 산불위험평가에 따라 지정된 입산통제구역이나 등산로
폐쇄구간에만 집착해서 산불예방 활동을 편다면 이러한 태도는 국
민으로부터 매우 관료적이라는 비난을 피할 수는 없을 테니까요.
그렇다면 이렇게 산불위험이 큰 시기, 즉 산불특별대책기간과 같
은 경우에는 이전에 해왔던 것처럼 입산통제구역이나 등산로 폐쇄
구간을 대폭 확대해야 하지 않을까요? 어쨌든, 비상상황이니까요.

하지만 이런 상황에는 입산통제구역과 등산로 폐쇄구간을 확대
하는 것이 아니라 일정한 기간, 예를 들어 산불위험이 큰 시기의
특정한 주말 등을 정해 입산을 전부 통제한 후에 예외적으로 허용
되는 등산로를 지정하는 것처럼 전혀 다른 방식의 규제를 적용하
는 것이 더 합리적일 것 같습니다.

비록 이러한 방식이 매우 엄격한 규제로서 불편함을 느끼는 국
민이 많기는 하겠지만, 적용되는 그 기간을 짧게 하거나 숲에서
허용되는 행위와 이용할 수 있는 등산로 등을 과학적인 방법에 따
라 합리적으로 지정한 다음 이를 집중적으로 관리한다면, 충분히
국민의 지지를 얻어낼 수도 있다고 생각합니다. 만일 그 규제가
필요할 뿐만 아니라 합리적이라면 말이죠.

V

우리는 지금까지 산불을 예방하기 위한 정책 가운데 하나인 입
산통제와 등산로 관리정책의 한계를 짚어보고, 이를 개선하기 위

해서는 산불위험평가를 실시한 후에 그 결과에 따라 실제 집행이 가능한 범위 안에서 입산통제구역을 지정하거나, 등산로를 폐쇄하는 것이 더욱 효율적임을 살펴보았습니다. 그러나 등산객을 포함한 입산자의 실화로부터 숲을 보호하는 방법에는 이러한 규제방식만이 있는 것은 아닙니다. 오히려 겉으로 드러나지는 않았지만, 매우 효과적인 다른 수단도 있다는 것을 잊어서는 안 됩니다.

산불조사 활동이 바로 그것입니다. 여기에서 산불조사란 「산림보호법」에 따라 산림청장이나 지역산불관리기관의 장이 모든 산불피해지에 대하여 산불의 원인과 피해현황을 조사하는 것($\frac{제42조}{제1항}$)을 말합니다. 이러한 산불조사는 「소방의 화재조사에 관한 법률」에서 정하고 있는 화재조사[9]와 유사한 것이지만, 일반화재가 아닌 산불만을 대상으로 한다는 점에서 중요한 차이가 있는 것으로 인정됩니다. 「산림보호법」에 따르면 이러한 산불조사는 (1) 산불의 발화원인, 발화지점 및 확산경로, (2) 산불로 인한 사상자 및 재산피해, (3) 산불가해자 검거를 위한 증거 등에 대하여 구체적으로 조사하는 것으로($\frac{제42조\ 제2항\ 및}{시행령\ 제30조\ 제2항}$), 산림청장이나 지역산불관리기관의 장은 이러한 조사를 위해 관련 전문가로 산불전문조사반을 구성해서 운영할 수 있도록 하고 있습니다.

그런데 이러한 산불조사가 등산객을 포함한 입산자의 실화에 의한 산불로부터 숲을 지키는데 있어 중요한 역할을 한다는 것은 무엇 때문인가요? 그것은 곧 산불조사를 통해 구체적인 산불의 원인을 정확히 알게 된다면, 그 원인에 따라 보다 효과적인 방법으

---

9) 「소방의 화재조사에 관한 법률」에 따르면 화재조사란 "소방청장, 소방본부장 또는 소방서장이 화재원인, 피해상황, 대응활동 등을 파악하기 위하여 자료의 수집, 관계인 등에 대한 질문, 현장 확인, 감식, 감정 및 실험 등을 하는 일련의 행위"(제2조 제2호)를 의미합니다. 한편 여기에서 관계인이란 건축물이나 차량 등과 같은 소방대상물의 "소유자·관리자 또는 점유자"(「소방기본법」 제2조 제3호)를 말합니다.

로 산불을 예방하고 이에 대비할 수 있기 때문입니다. 실제로 이처럼 발생 원인에 따라 정책을 수립해서 집행하는 것은 산불방지에 있어 매우 중요한 전략적 요소에 해당하는 것으로, 이미 산림청을 포함한 산림행정기관 모두가 구체적인 산불정책에 충실히 반영하고 있는 것이기도 합니다.[10)]

발생 원인에 따라 차별적으로 대응하는 이러한 전략은 산불만이 아니라 일반화재도 마찬가지인데, 「소방의 화재조사에 관한 법률」이 그 목적(제1조)에서 "이 법은 화재예방 및 소방정책에 활용하기 위하여 화재원인, 화재성장 및 확산, 피해현황 등에 관한 과학적·전문적인 조사에 필요한 사항을 규정"하기 위한 것이라고 명시하고 있는 것이나, 소방관서장이 화재조사의 결과를 중앙행정기관의 장이나 지방자치단체장 또는 관계인 등에게 통보하여 유사한 화재가 발생하지 않도록 필요한 조치를 요청(제15조)할 수 있도록 한 것은 이러한 사실을 잘 보여주는 것입니다.

이와 함께 산불조사는 언제 어떠한 원인으로 산불이 발생했는지, 처음으로 산불이 발화한 장소는 어디인지, 그리고 이에 접근할 수 있는 등산로 등은 어떻게 연결되는지 등을 특정함으로써 효율적인 입산통제구역과 등산로 폐쇄구간을 지정하는 데도 매우 중요한 기초자료의 역할을 하게 됩니다. 따라서 만일 산림행정기관이 장기간에 걸친 다양한 유형의 산불조사 결과를 가지게 된다면, 이렇게 축적된 조사결과와 산불위험평가 및 입산자 등에 관한 빅데이터 등을 결합해서 보다 효과적으로 입산통제와 등산로 관리를 시행할 수 있게 될 것입니다.

산불조사가 중요한 또 다른 이유는 등산객을 포함한 입산자에게 산불에 대한 책임을 질 수도 있다는 인식을 갖게 함으로써 실

---

10) 산림청의 「2023~2027년 전국 산불방지 장기대책」, 11~17면 및 「2022년도 산림과 임업 동향에 관한 연차보고서」, 466면.

화를 예방하는 '일반예방적 효과'[11]를 기대할 수 있기 때문입니다. 사실 현재 시행되고 있는 「산림보호법」은 실수로 산불을 낸 경우에도 3년 이하의 징역이나 3천만원 이하의 벌금(제53조 제5항)[12]에 처하도록 엄격히 규정하고 있는데, 만일 어떤 등산객이 아무도 알지 못하는 깊은 산속에서 실수로 산불을 낸 경우라도 산불조사를 거치면 그 발생 원인과 장소는 물론이고, 행위자까지 특정되어 법적 책임을 질 수도 있다고 생각하게 된다면 당연히 훨씬 더 조심할 것은 분명하기 때문입니다. 이렇게 볼 때, 산불조사는 결국 숲속에서의 행동에 윤리적 책임만이 아니라 명확한 법적 책임을 인식하게 하는 큰 역할을 담당하고 있는 셈입니다.

그런데 문제는 이러한 산불조사가 제 몫을 하려면 전문성을 갖춘 역량 있는 인력에 의해 과학적인 방법으로 제대로 조사가 이루어져야 한다는 것입니다. 현행 「산림보호법」이 산불조사를 하는 산불전문조사반의 경우 일정한 자격요건[13]을 갖춘 사람으로 구성

---

11) 일반예방이란 어떤 행위를 하면 처벌을 받는다는 것을 예고하거나 그에 해당하는 행위를 처벌함으로써 일반인들에게 경고하여 범죄를 범하지 않도록 하는 예방의 효과를 거둘 수 있다는 형법상의 이론으로서, 범죄예방의 대상을 일반인에게 두는 것을 말합니다. 이러한 일반예방이론은 형벌을 "일반인에 대한 위하[겁주기]로 파악하는 입장"으로서 그 처벌의 과정도 "형벌이 달성하고자 하는 일정한 목적, 즉 잠재적 범죄자의 범죄행위 저지로부터 원인적으로 설명하려고 시도"합니다(배종대, 「형법총론」, 홍문사, 2020, 17~20면). 한편 이러한 일반예방과는 달리 죄를 범한 특정인을 개선하는데 형벌의 중점을 두어야 한다는 이론을 형법상 '특별예방이론'이라고 합니다.

12) 이에 따르면 "과실로 인하여 타인의 산림을 태운 자나 과실로 인하여 자기 산림을 불에 태워 공공을 위험에 빠뜨린 자는 3년 이하의 징역 또는 3천만원 이하의 벌금에 처한다"라고 규정하고 있습니다. 여기에서 주의할 것은 다른 사람의 산림만이 아니라 자기의 산림이라도 과실로 산불을 내서 공공을 위험에 빠뜨리면 동일하게 처벌을 받는다는 사실입니다.

13) 「산림보호법 시행령」에 따르면 산불전문조사반원은 ① 산불의 조사·연구 및 교육 분야에서 2년 이상 근무한 경력이 있는 사람, ② 산림보호 업무에 종사하는 공무원 중 사법실무에 3년 이상 근무한 경력이 있는 사람, ③ 산림보호 업무에 3년 이상 근무한 공무원 중 산림교육원에서 1주 이상 산불 관련 전문교육을 이수한 공무원, ④ 국내외의 산불조사·감식 관련 기관에서

해 운영하도록 정하고 있는 것도 이러한 취지에 따른 것으로 이해됩니다(제42조 제2항). 그러나 이러한 규정에도 불구하고 현실적으로는 산불의 조사·연구 및 교육 분야에서 근무한 실적이나 국내외의 관계기관에서 산불조사에 관한 전문교육을 이수한 사람을 찾기가 쉽지 않으며, 특히 공무원의 경우에는 산불전문조사반원으로서 법령이 정한 자격을 갖추었다고 하더라도 잦은 인사이동 등으로 인해 필요한 조사역량을 충분히 갖추기가 어려운 것이 사실입니다.

이러한 사정을 고려해서 현재 산림청에서는 「산림보호법」에 따라 설립된 산불전문기관인 한국산불방지기술협회에 산불조사의 많은 부분을 맡기고는 있지만(제35조 의2), 민간기관인 한국산불방지기술협회가 전문성을 가지고 높은 수준의 조사를 실행하기에는 여전히 보완해야 할 사항들이 많은 것으로 보입니다.[14]

그러나 무엇보다도 전문적인 산불조사를 위해서는 이에 관한 법률적 근거를 마련하는 것이 필요해 보이는데, 이와 관련해서는 앞에서 살펴본 「소방의 화재조사에 관한 법률」이 좋은 입법례가 될 것이라고 생각합니다.

「소방의 화재조사에 관한 법률」은 그동안 화재조사에 관한 법적 기반이 미흡했다는 반성[15]에 따라 2021년에 제정된 법률로서

산불조사·감식 전문교육을 이수한 사람 가운데 산림청장이나 지역산불관리기관의 장이 임명하거나 위촉하게 되어있습니다(제30조 제1항).

14) 산림청에서는 산불이 발생한 모든 개소를 대상으로 하여 입찰방식에 따른 계약형식으로 한국산불방지기술협회에 산불조사를 맡기고 있습니다. 이에 따라 한국산불방지기술협회에서는 산불의 원인, 확산경로 및 피해범위 등을 조사한 다음 그 결과보고서를 산림청에 제출하고 있으며, 대형산불과 같이 필요한 경우에는 지방자치단체가 실시하는 합동조사에도 참여하고 있습니다. 그러나 한국산불방지기술협회가 이러한 산불조사를 더욱 효과적으로 실행하기 위해서는 민간기관임을 고려하여 타인의 토지에 출입할 권한의 부여, 조사권한을 가진 증표의 제시 및 일정한 경우 벌칙적용에서 공무원을 의제하는 것과 같은 법령의 정비와 함께 산불조사 인력 및 예산의 확충, 조사역량의 강화를 위한 전문교육 지원 등이 시급한 것으로 생각됩니다.

15) 이러한 문제점에 대해서는 「소방의 화재조사에 관한 법률」의 제정이유에 잘

(1) 화재조사의 내용, (2) 전담부서의 설치 및 합동조사단의 구성, (3) 화재현장의 보존과 출입·조사 및 화재조사 증거물의 수집, (4) 경찰공무원을 포함한 관계기관과의 협조, (5) 화재감정기관의 지정, (6) 국가화재정보시스템 구축 및 화재조사 관련 연구개발사업의 지원 등과 같은 내용을 규정하고 있어, 화재조사의 발전에 획기적인 전환점을 마련한 법률로 평가될 만합니다.

과거 화재조사와 관련해서 소방청이 직면했던 문제는 일반화재에만 국한된 것은 아니라고 생각합니다. 법적 근거의 미비, 부족한 예산과 조직, 전문인력의 확충 및 연구개발의 필요성 등은 산불조사의 경우에도 마찬가지이기 때문입니다. 이러한 관점에서 산불조사를 위한 보다 과학적이고 전문적인 조사기반을 구축하는 일에 산림청과 산림행정기관의 분발을 당부하고 싶습니다. 결국, 산불조사의 역량을 일반화재와 같은 수준으로 높이는 것이야말로 효율적인 산불방지를 위한 가장 중요한 방법 가운데 하나이기 때문입니다.

나타나 있는데, 이에 따르면 그 이유는 "「소방기본법」에 관계인 등에 대한 조사·질문권과 경찰공무원·보험회사와의 협력관계 내용 일부만 규정하고, 그 밖에 화재조사자의 자격에 관한 사항 등 주요 사항은 시행규칙과 훈령 (「화재조사 및 보고규정」)에서 규정하고 있고 화재합동조사단 운영, 감정기관지정 운영 등에 관한 규정이 없는 등 과학적이고 전문적인 화재조사를 위한 법률을 갖추지 못하여 소방관서장의 화재조사에 어려움과 한계가 있다는 지적"을 반영한 것이라고 설명하고 있습니다. 한편 이러한 제정이유에 대해서는 법제처의 국가법령정보센터(www.law.go.kr)를 참고하기 바랍니다.

제6강

소각행위와 폐기물
처리문제

I

지난 강의에서 우리는 산불의 주요 원인 중 특히 입산자에 의한 실화에 초점을 맞추어 산불예방 정책의 내용과 그 집행상의 한계 및 이를 개선하기 위한 새로운 관점에 대하여 살펴보았습니다. 이제 저는 여러분과 함께 이러한 인식을 공유하면서, 입산자에 의한 실화와 더불어 산불의 또 다른 대표적인 발생 원인 가운데 하나인 소각행위에 대하여 살펴보려고 합니다.[1]

일반적으로 소각행위란 농산촌 지역에서 논·밭두렁을 태우거나 영농부산물 및 영농폐기물과 같이 영농활동과 관련된 물질[2]을 소각하는 것은 물론 생활하면서 배출된 쓰레기를 태우는 행위를 모두 포함하는 것을 의미합니다. 그러나 이러한 넓은 의미의 소각행위 중에는 산불과 관련성이 없는 것도 있으므로, 산불의 관점에서 볼 때 소각행위는 당연히 모든 소각행위가 아니라 「산림보호법」이 적용되는 공간, 즉 산림이나 농림축산식품부령으로 정하는 산림인접지역으로서 산림으로부터 100m 이내에 위치한 토지 중 건물의 부속토지를 제외한 토지(제34조 제1항 및 시행규칙 제28조 제1항)에서의 소각행위만을 의미하는 것으로 이해해야 할 것입니다.

이러한 소각행위는 「산림보호법」에 따라 산림이나 산림인접지

---

1) 앞에서도 인용한 것처럼 산림청의 「2023년 산불통계 연보」, 121면에 따르면, 2014년 이후 최근 10년간 발생한 산불의 원인 중 직접적인 소각행위로 인한 것은 논·밭두렁 소각 12%, 쓰레기 소각 13%로서 총 25%에 이릅니다.
2) 영농부산물이란 농업을 경영하는 과정에서 생기는 고춧대나 콩대 등과 같은 물건을 말하며, 영농폐기물이란 영농활동으로 생긴 폐기물로 하우스용이나 멀칭용 폐비닐, 폐농약병, 비료포대, 모종판 등을 말합니다. 이전에는 이와 유사한 의미로 농산폐기물이라는 표현을 사용하기도 했지만, 최근에는 「2024년도 전국 산불방지종합대책」, 4~5면에서 보는 것처럼 농산폐기물 대신 영농부산물이라는 용어를 사용하는 것이 일반적입니다. 따라서 앞으로는 저도 영농활동으로 생긴 물건을 영농부산물과 영농폐기물로 구분해서 살펴보기로 하겠습니다.

역에서 산불이 발생하는 것을 예방하기 위해 금지하고 있는 행위 $\binom{\text{제34조}}{\text{제1항}}$인 (1) 불을 피우거나 불을 가지고 들어가는 행위, (2) 담배를 피우거나 담배꽁초를 버리는 행위, (3) 농림축산식품부령으로 정하는 기간에 풍등 등 소형열기구를 날리는 행위 가운데 하나로서 특히 산불의 직접적인 원인이 되는 불을 피우는 행위를 엄격하게 규제하기 위한 것입니다.

사실 산불예방을 위한 정책적 관점에서 볼 때, 이러한 소각행위에 대한 규제는 앞에서 살펴본 입산통제나 등산로 관리와는 매우 큰 차이가 있어 보입니다. 이것은 '불을 피운다'라는 행위의 본질만이 아니라, 소각행위의 목적이나 행위주체 및 소각이 이루어지는 공간 등이 입산자에 의한 실화를 방지하기 위해 실시하는 입산통제나 등산로 관리와는 확연히 다르기 때문입니다.

이러한 차이점에 대해서는 앞으로 좀 더 치밀한 연구가 필요해 보이지만, 일반적인 관점에서만 보더라도 소각행위에 대한 규제는 주로 영농활동이나 쓰레기를 처리하기 위해 농산촌 지역에 거주하는 농민이나 귀농·귀촌한 지역주민 등의 행위를 규제하는 반면에, 입산통제나 등산로 관리의 경우에는 등산과 같은 산림휴양 수요를 충족시키기 위해 숲에 들어가는 도시민 등에 의한 실화를 방지하려는 것처럼 그 행위주체나 정책목표 등이 서로 다른 것으로 잘 알 수 있습니다.[3] 또한 소각행위의 경우에는 주로 산림인접지역에서 발생하는 특성이 있으나, 입산통제나 등산로 폐쇄를 통해 규제하려는 입산자의 실화와 같은 행위는 대개 산림 내에서 벌어

---

3) 이러한 일반론에 대하여 소각행위의 경우에는 논·밭두렁이나 영농부산물과 같이 그 소각대상물에 따라 행위주체가 달라질 수 있으며, 입산자에 의한 실화도 도시민이 아닌 농산촌 지역의 주민에 의한 사례도 분석할 필요가 있다는 지적은 매우 적절해 보입니다. 따라서 이러한 논쟁을 포함해서 농산촌 지역에서의 소각행위를 더 자세하게 조사·분석하는 추가적인 연구는 꼭 필요해 보입니다.

진다는 점에서도 차이가 있어 보입니다.

사실 어떻게 보면 공간적 범위에 대한 이러한 구분은 다소 편의적으로 보이기도 하지만 숲속에서 고의로 쓰레기를 소각하는 것과 같은 매우 예외적인 사례를 제외한다면, 소각행위가 일어나는 주된 장소를 산림이 아닌 산림인접지역으로 가정하는 것은 매우 합리적인 것으로 보입니다. 소각행위가 벌어지는 주된 장소를 이처럼 산림인접지역으로 상정하는 것은 산림청의 산불방지연도별대책[4]에서도 확인할 수 있는데, 이것은 소각행위의 대상이 대체로 논·밭두렁이나 영농부산물 또는 생활폐기물임을 고려할 때 자연스러운 것으로 생각됩니다.

그렇다면 현재 산림인접지역에서 주로 발생하는 불법적인 소각행위에 대한 관리는 성공적으로 이루어지고 있을까요? 아니면 앞에서 살펴본 입산통제구역이나 등산로 폐쇄구역에서의 입산자 관리와 같이 광범위한 지역을 대상으로 비효율적으로 집행되고 있을까요? 이에 대해서는 아쉽지만, 소각행위를 금지하기 위한 규제가 입산통제나 등산로 관리보다 더 효율적으로 집행되고 있다고 보기는 어렵다는 것이 제 생각입니다.

물론 산림청의 주도로 농촌진흥청을 포함한 중앙행정기관과 지방자치단체 사이에 이전과는 차원이 다른 협업이 이루어지고는 있지만, 적어도 집행의 틀 자체가 완전히 바뀐 것같이 보이지는 않기 때문입니다. 여전히 적은 수의 인력이 불법적인 소각행위가 주로 발생하는 광범위한 산림인접지역을 대상으로 지도·단속을 하고 있을 뿐만 아니라, 인구소멸을 우려할 정도로 열악한 농산촌 지역의 여건도 실질적으로는 변한 것이 없으니까요.

그렇습니다. 저는 지금 불법적인 소각행위를 규제하는 정책이

---

4) 산림청의 「2024년도 전국 산불방지종합대책」, 4~5면.

집행의 측면에서 보면, 마치 입산통제구역이나 폐쇄된 등산로를 관리하는 경우와 크게 다르지 않게 비효율적으로 이루어지고 있을 가능성에 대하여 지적하고 있는 것입니다. 이러한 시각에서 보면, 소각행위의 금지와 입산통제 및 등산로 폐쇄는 서로 다른 정책수단임에도 불구하고, 성공적인 집행을 방해하는 제약요소들은 서로 공유하고 있는 것처럼 보이기도 합니다.

그런데 사실 산림인접지역을 중심으로 불법적인 소각행위가 끊이지 않고 있는 것은, 이러한 공통된 집행상의 문제들 때문만이 아니라 그보다 훨씬 복잡한 문제를 안고 있기 때문입니다. 그것은 바로 소각행위가 법적으로 중복된 규제를 받는 행위라는 사실입니다. 이것은 산불의 관점에서 소각행위를 볼 때에도 「산림보호법」만이 아니라 다른 법률까지 고려해야 한다는 것을 시사하는 것으로, 불법소각행위를 성공적으로 규제하기 위해서는 단순히 산림인접지역에서 불을 놓는 것을 단속한다거나 논·밭두렁 소각이 병해충예방 등에 효과가 없다는 사실을 홍보하는 것만으로는 충분하지 않다는 사실을 암묵적으로 알려주고 있는 것입니다.

다른 접근방식과는 달리 보다 근본적인 차원에서 소각행위 문제에 접근하려고 하는 이러한 입장은, 농산촌 지역이 직면한 현실에 대한 공감을 바탕으로 소각행위와 관련된 여러 법률을 살펴보면서 문제를 해결하기 위한 단서를 찾아내려는 것입니다. 그러면 이제 이러한 입장에 따라 불법적인 소각행위 문제를 어떻게 하면 해결할 수 있는지 좀 더 자세하게 알아보기로 하겠습니다.

Ⅱ

산불을 예방하는 측면에서 보면 산림과 산림인접지역에서 이루어지는 소각행위는 「산림보호법」이 금지하는 행위임이 분명합니다. 그런데 문제는 이러한 소각행위를 산불의 시각이 아니라, 쓰레기나 연소재와 같이 사람의 생활이나 사업 활동에 필요하지 않게 된 물질, 즉 폐기물의 발생과 처리에 관한 관점에서 보는 입장도 있다는 것입니다.

환경부에서 담당하는 법률인 「폐기물관리법」이 이러한 관점에 따른 법률인데, 예를 들어 "누구든지 이 법에 따라 허가 또는 승인을 받거나 신고한 폐기물처리시설이 아닌 곳에서 폐기물을 매립하거나 소각하여서는 아니 된다. 다만, 제14조 제1항 단서에 따른 지역에서 해당 특별자치시, 특별자치도, 시·군·구의 조례로 정하는 바에 따라 소각하는 경우에는 그러하지 아니하다"(제8조 제2항)라고 하면서, 이에 위반하여 생활폐기물을 버리거나 매립 또는 소각한 자에게는 100만원 이하의 과태료(제68조 제3항 제1호)5)를 부과하도록 하고 있는 것이 그 대표적인 규정이라고 할 수 있습니다.

어떻습니까? 법률로 정한 일정한 절차를 따르지 않거나, 시설을 거치지 않고 생활폐기물을 묻거나 소각하는 행위를 엄격히 제한하려는 「폐기물관리법」의 취지가 분명히 느껴지지 않습니까?6) 물론

5) 한편 「폐기물관리법」은 "누구든지 특별자치시장, 특별자치도지사, 시장·군수·구청장이나 공원·도로 등 시설의 관리자가 폐기물의 수집을 위해 마련한 장소나 설비 외의 장소에 폐기물을 버리거나, 특별자치시, 특별자치도, 시·군·구의 조례로 정하는 방법 또는 공원·도로 등 시설의 관리자가 지정한 방법을 따르지 아니하고 생활폐기물을 버려서는 아니 된다"라고 하면서(제8조 제1항), 생활폐기물의 매립이나 소각만이 아니라 투기 등에도 동일한 과태료를 적용하고 있습니다.
6) 「폐기물관리법」에 따르면 폐기물과 생활폐기물은 전혀 다른 개념이므로 주의해야 합니다. 즉 폐기물이란 "쓰레기, 연소재, 오니(汚泥), 폐유, 폐산(廢酸), 폐알칼리 및 동물의 사체 등으로서 사람의 생활이나 사업활동에 필요하지 아니하게 된 물질"로 포괄적인 개념이지만, 생활폐기물이란 이러한 폐기물의 하위개념으로서 「대기환경보전법」, 「물환경보전법」 또는 「소음·진동관리법」에 따라 배출시설을 설치·운영하는 사업장이나 그밖에 대통령령으로 정하는 사업장에서 발생하는 폐기물인 "사업장폐기물 외의 폐기물"을 의미하기 때문입니다(「폐기물관리법」 제2조 제1~3호).

법률이 정하는 특정한 지역에서는 해당 지방자치단체의 조례로 정하여, 예외적으로 소각할 수 있도록 규정하고 있지만 말이죠. 이처럼 소각행위는 환경부의 입장에서 보더라도, 생활폐기물을 처리하는 방법으로는 엄격히 제한되는 행위인 것입니다.

「폐기물관리법」에 따른 이러한 내용이 산림이나 산림인접지역에서의 소각행위에도 당연히 적용된다는 것에는 의문이 있을 수 없습니다. 물론 산불의 시각에서 보면 산림이나 산림인접지역에는 「산림보호법」이 주로 적용되는 것처럼 느껴지겠지만, 그렇다고 해서 「폐기물관리법」의 적용이 배제되는 것은 아니기 때문입니다. 법률 적용상 특별법이나 새로운 법률이 우선한다는 원칙[7]에 해당하는 것이 아니라면, 어쨌든 두 법률 사이의 효력은 우열이 없이 서로 동등한 것이 원칙이니까요. 따라서 만일 어떤 사람이 건물의 부속토지인 자기 집 마당을 벗어난 산림인접지역에서 생활폐기물을 소각한다면, 의심할 여지가 없이 「산림보호법」과 「폐기물관리법」의 해당 조항이 함께 적용되어 벌칙이 부과될 수밖에는 없을 것입니다.[8]

---

7) 이것을 법률의 적용에 있어서 '특별법 우선의 원칙'과 '신법 우선의 원칙'이라고 합니다. 여기에서 특별법 우선의 원칙이란, 예를 들어 「소나무재선충병 방제특별법」과 같이 어떤 법률이 특정한 대상이나 시간 등에 적용되는 특별법이면 일반 법률에 우선해서 적용된다는 원칙을 말하며, 신법 우선의 원칙이란 법률 사이의 내용에 상호모순이 있거나 저촉되는 경우에는 시간상으로 나중에 제정된 법률이 먼저 제정된 법률에 우선한다는 원칙을 말하는 것입니다. 한편 신법과 구법은 해당 법률의 시행일을 기준으로 하며, 특히 특별법 우선의 원칙과 신법 우선의 원칙이 충돌할 때는 신법 우선의 원칙에도 불구하고 특별법을 우선해서 적용해야 합니다.

8) 이와 관련하여 산림인접지역에서 논·밭두렁을 태우는 행위가 「산림보호법」 외에 「폐기물관리법」의 대상으로 해당 벌칙이 적용되는지에 대해서는 논란이 있는 것이 사실입니다. 이러한 논쟁의 핵심은 논·밭두렁에 있는 잡초 등을 「폐기물관리법」에 따른 폐기물(제2조 제1호)로 보아야 하는지에 관한 것인데, 논·밭두렁에 있는 생활폐기물을 함께 소각하지 않는 한 잡초만을 태웠다고 하면 「폐기물관리법」에 따른 벌칙(제68조 제3항 제1호)을 당연히 적용하는 것에는 무리가 있어 보입니다.

그러면 영농부산물을 소각할 때에도 「산림보호법」은 물론 「폐
기물관리법」이 당연히 적용될까요? 이것은 현행 「폐기물관리법」이
영농부산물에 대해서는 별도로 정의하지 않고 있을 뿐만 아니라
영농부산물이라는 용어조차 사용하고 있지 않기 때문에 드는 의문
인데,[9] 일반적으로는 영농부산물을 「폐기물관리법」에 따라 "사업
장폐기물 외의 폐기물"인 생활폐기물($^{제2조}_{제2호}$)로 보아 해당 법률이 적
용되는 것으로 보아야 할 것입니다. 그러므로 이에 따르면 벼·보
릿대, 고춧대, 깻단, 과일나무에서 전정한 가지와 같은 영농부산물
은 수거 후에 분쇄하여 퇴비화하거나 논·밭을 갈 때 로터리로
처리해야 하며, 만일 이러한 방식이 곤란한 경우에는 종량제의 기
준에 따라 배출해야 할 것입니다.[10]

그러면 이제부터 이러한 법률적 이해를 기반으로 소각행위가
가지는 문제의 핵심에 좀 더 깊이 들어가 보도록 하겠습니다. 산
불예방이라는 관점에서 볼 때 소각행위란, 통상적으로 지역주민은
감소하고 고령화는 심각한 농산촌 지역에서 논·밭두렁이나 영농
부산물 또는 생활하며 나오는 쓰레기를 산림인접지역에서 태우는
것을 말합니다. 이러한 소각행위는 앞에서 살펴본 대로 산불의 주
된 원인 가운데 하나이므로 산불예방을 책임지는 산림행정기관이
이에 대하여 규제하는 것은 당연한 일입니다. 산림인접지역에서

---

9) 「폐기물관리법」은 법률의 적용 대상인 폐기물을 발생원, 구성성분 및 유해성
등을 고려해 세부적으로 분류하도록 하고 있는데(제2조의2), 같은 법 시행규
칙에서는 이에 따라 폐기물을 ① 지정폐기물, ② 사업장 일반폐기물, ③ 생
활폐기물로 구분하면서(제4조의2 제1항 별표4), 특히 생활폐기물은 그 세부
분류에서 식물성잔재물, 폐목재 및 영농폐기물(농약용기류와 농촌폐비닐) 등
으로 명시하고 있습니다. 따라서 이러한 분류에 따르면, 영농부산물의 대부
분은 생활폐기물 중 식물성잔재물에 해당하는 것으로 보아야 할 것입니다.
10) 김유안 외 2명, 「폐기물처리 비용을 고려한 국내 영농부산물 자원화 방안의
경제성과 환경성 분석」, 한국농공학회논문집 제65권 제4호, 2023, 11면; 농
촌진흥청 농촌인적자원개발센터, 「2021 농업·농촌 미래를 주도할 핵심인력
양성(농촌진흥공무원 교육교재: 중간관리자)」, 2021, 58면.

일어나는 불법적인 소각행위를 막는 것이 곧 산불을 예방하는 것
이니까요.

그런데 여기에서 문제는 소각행위의 대상물이 대개 논·밭두렁
의 잡초 등과 영농부산물 및 생활폐기물이라는 점입니다. 일반적
으로 산불의 대상이 되는 숲속의 나무와는 달리 이러한 것들은 주
로 농산촌 지역에서 거주하거나 영농활동을 하는 것과 관련된 것
으로, 그것을 처리하거나 관리하는 일은 행정책임상 산림청이나
지방자치단체의 산림부서가 아니라 농촌진흥청과 지방자치단체 농
정부서의 소관에 속하는 것입니다. 이것은 아주 단순하게 설명하
자면 소각행위의 대상은 농업부서의 소관이지만, 그로 인해 발생
하는 산불의 책임은 산림부서에 있다는 것입니다. 결국 영농부산
물을 불법으로 소각하는 행위를 규제하는 것은 산림분야 혼자만의
일이 아닌 것입니다.

사실 이런 정도만으로도 문제를 해결하기가 쉬워 보이지 않는
데, 정작 중요한 사실은 아직 더 큰 문제가 남아있다는 점입니다.
그것은 바로 이러한 소각행위의 대상물들이 「폐기물관리법」의 규
제대상이기도 하다는 것입니다. 이러한 사실은 산림인접지역에서
일어나는 불법적인 소각행위에 환경부가 직접적으로 관련되어 있
으며, 결코 그에 대한 책임에서 자유로울 수 없다는 점을 시사하
는 것입니다.

바로 이것입니다. 지금까지 산림청과 지방자치단체의 산림부서
가 그렇게도 오랫동안 불법적인 소각행위를 없애기 위해 노력해
왔음에도 불구하고, 의미 있는 성과를 내지 못했던 근본적인 원인
은 이러한 소각행위 문제의 본질에 대한 이해가 부족했기 때문입
니다.

물론 이와 관련해서 농림축산식품부와 농촌진흥청 등에서는 소
각의 대상물인 영농부산물을 자원으로 활용하기 위해 지속적으로

노력해 왔으며, 환경부도 최근에 들어서는 농산촌 지역의 소각행위에 대하여 미세먼지와 같이 환경적 측면에서 규제를 강화하고 있는 것은 사실입니다. 그러나 그동안 농산촌 지역의 불법소각행위에 대해서는 주로 산림청과 지방자치단체의 산림부서가 지도와 단속을 집중해 왔던 것도 현실입니다. 이것은 산림청이 전국을 대상으로 매년 수립하는 산불방지대책을 통해 어렵지 않게 확인할 수 있는데, 우리는 이를 통해 산림청과 지방자치단체의 산림부서가 산림인접지역에서의 불법소각행위를 방지하기 위해 지금까지 얼마나 노심초사해 왔는지를 잘 알 수 있습니다.[11]

그러나 이것이 불법적인 소각행위를 방지하는 일에 산림행정기관만이 독자적으로 핵심적인 역할을 해왔다는 의미는 아닙니다. 왜냐하면, 시·군 단위에서는 매년 봄철마다 산림부서와 농정 및 환경부서가 공동으로 합동점검단을 운영하는 등 소각행위를 막기 위해 끊임없이 협력해 왔기 때문입니다. 비록 현장에서 이루어지던 이러한 시도가 중앙행정기관이나 산불유관기관 차원에서는 큰 성과를 거두지는 못했지만 말이죠.

사정이 이렇다 보니 산불위험이 큰 지역에서는 산림청과 지방자치단체의 산림부서에 속한 산불진화인력 등이 장비를 동원해서 영농부산물을 직접 수거하거나 파쇄하는 활동을 벌이기도 했습니다. 안타깝게도 이러한 활동을 통해 수거되거나 파쇄되는 영농부산물의 양이 실제로 현장에서 산불의 위험을 어느 정도나 낮추는지에 대한 객관적인 평가는 없이 말이죠.

---

11) 산림청, 「2022년도 K-산불방지 종합대책」, 2022, 9면 및 11면; 산림청, 「2023년도 전국 산불방지 종합대책」, 2023, 5면.

Ⅲ

이러한 관점에서 소각행위를 방지하기 위해 2024년부터 산림청을 중심으로 농촌진흥청을 포함한 관계 중앙행정기관이 실질적인 협력체계를 구축한 것은 큰 의미가 있어 보입니다.[12] 특히 이전과는 다르게 포괄적인 내용만이 아니라, 아래와 같이 세부적인 집행 부분까지도 서로 협력하기로 합의한 것은 큰 진전이라고 생각합니다.

- 영농부산물의 수거 및 파쇄를 위해 농림축산식품부(파쇄기 보급), 농촌진흥청(파쇄수거팀 운영), 산림청(진화인력을 활용한 파쇄) 및 보건복지부(노인일자리사업으로 시범실시)가 협업체계를 구축한다.
- 농촌진흥청 및 지방자치단체와 함께 '영농부산물 안전처리사업'을 신규 예산사업으로 추진한다.
- 영농부산물의 효율적인 파쇄를 위해 우선순위와 방법 및 파쇄구역 등에 관한 가이드라인을 마련하고, 산림부서와 농업부서(농업기술센터) 사이에 공동계획을 수립한다.
- 산불위험시기에는 산림특별사법경찰관과 공무원 등으로 기동단속과 집중단속을 실시하고, 시·군의 산림·농정·환경부서가 공동으로 합동점검단을 운영해 위반자에게는 과태료를 엄중히 부과한다.

어떻습니까? 이 정도로 잘 수립된 계획이라면 지금까지 고질적인 문제로 남아있던 불법적인 소각행위를 실질적으로 줄이는 성과를 거둘 수 있을 것 같지 않습니까? 그러나 이러한 대책이 비록 지금까지 수립된 기존의 정책보다 확실히 진전된 것이기는 하지만, 소각행위로 인한 산불을 근본적으로 해결하기 위해서는 보다 '현실적인 여건'을 반영해서 큰 틀을 보완할 필요가 있다는 것이 제 생각입니다.

그런데 여기에서 영농부산물을 포함한 생활폐기물을 불법적으로 소각할 수밖에 없는 농산촌 지역의 현실적인 여건이란 도대체

---

12) 산림청의 「2024년도 전국 산불방지종합대책」, 4~5면.

무엇인가요? 그것은 주변이 산으로 둘러싸인 조그마한 시골 마을
은 말할 필요도 없고, 도시지역에서 조금 벗어난 농산촌이라도 지
역소멸을 걱정할 정도로 주민들이 적을 뿐만 아니라 심각하게 고
령화되어 있는 사정을 말하는 것입니다.

형편이 이런데도 이런 지역의 주민들에게 고추나 참깨 농사 등
을 짓고 남은 부산물이나 과수원을 가꾸다가 나오는 잔가지 등을
수거해서 치우는 것을 기대할 수 있을까요? 생활폐기물조차 치우
기가 버거워 집 뒤 보이지 않는 곳에 쌓아놓을 수밖에 없는 어르
신들에게 말이죠. 더군다나 조리나 난방 등을 위해 고춧대나 콩대
와 같은 영농부산물을 태워 사용하던 전통적인 생활방식이 바뀐
상태에서 고령의 지역주민이 이러한 영농부산물을 수거해 불법적
이지 않은 방식으로 처리하거나, 생활폐기물을 집 근처에서 태우
는 대신에 돈을 주고 산 종량제봉투에 영농부산물이 포함된 생활
폐기물을 담아 마을에 하나밖에 없는 일정한 장소에 가져다 놓아
둘 가능성이 얼마나 있을까요?[13]

사실 농산촌 지역에서 영농부산물이나 생활폐기물과 관련된 이
러한 상황은 이미 오래전부터 심각한 문제가 되어 왔음에도, 어떤
농촌문제 전문가가 아래와 같이 실토한 것처럼 여전히 해결책을
찾지 못한 채 중요한 사회문제로 남아있는 것이 현실인 것 같습니
다.[14]

"도시에서는 소비자가 조금만 신경 쓰면 쓰레기를 분리해서 가까
운 배출장소에 내놓을 수 있다…그러나 농촌에서는 인구가 적고 지
역이 넓어서 쓰레기 분리배출과 수거에 많은 어려움이 따른다. 가까

---

13) 제 생각으로는 이러한 방식보다는 오히려 영농부산물을 포함한 생활폐기물
을 한 곳에 쌓아놓고 비닐 등으로 덮어둔 후에 비가 예보되어 있거나 단속
이 이루어지지 않는 늦은 저녁에 이것들을 소각할 우려가 더 많아 보입니다.
14) "농촌쓰레기문제, 찾아가는 서비스로 풀자", 한국농어민신문, 2023.1.27.

운 곳에 쓰레기 분리배출구가 잘 보이지 않고, 주민들은 수거차량이
언제 들어오는지도 잘 모른다…일부 농촌 주민들은 불에 타는 쓰레
기는 빈터나 마당에서 소각하고 빈 병, 캔, 플라스틱 용기 등 재활용
이 가능한 쓰레기는 담장이나 마당에 모아둔다. 거동이 불편한 고령
농가에서는 재활용 쓰레기를 분리수거함까지 옮길 엄두를 내지 못한
다."

IV

그렇다면 농산촌 지역의 영농부산물을 포함한 이러한 생활폐기
물 문제는 전혀 해결할 길이 없는 걸까요? 환경보전이나 자원재순
환의 관점이 아니라, 적어도 산불의 측면에서 보아 산림인접지역
에서의 불법소각행위라도 없앨 방안은 도대체 무엇일까요?

저는 이 문제를 풀기 위해서는 무엇보다도 농산촌 지역의 소각
행위를 규제하고 있는 법적 틀을 다듬는 것에서부터 시작해야 한
다고 생각합니다. 당연히 이러한 해법에는 수산부산물의 환경적
처리를 위한 「수산부산물 재활용 촉진에 관한 법률」($^{제3조}_{제1항}$)과 같이
「폐기물관리법」으로부터 농산촌 지역의 영농부산물 처리를 분리
($^{제3조}_{제3항}$)해서 농림축산식품부가 주관하는 별도의 법률에 그 근거를
마련하는 방법도 있겠지만, 여기에서는 보다 현실적인 측면에서
다음과 같은 몇 가지 방안을 살펴보려고 합니다.

첫째, 불법적인 소각행위에 대한 규제를 성공적으로 집행하는
데 장애가 되는 요소를 극복하고 그 위반행위를 관리가 가능한 최
소한의 범위 내로 두기 위해서는, 입산통제와 등산로 관리 문제를
해결할 때 사용한 방식을 불법소각행위가 주로 발생하는 산림인접
지역에도 적용할 필요가 있어 보입니다.

이러한 방식은 앞에서 이미 살펴본 것처럼 산림인접지역을 대

상으로 산불위험평가를 실시한 후 그 결과에 따라 산불에 취약한 지역을 산불특별관리구역으로 지정해서 관리하는 것으로, 만일 산림행정기관이 이를 충실히 따른다면 전국의 산림인접지역 가운데 산불예방을 위해 영농부산물을 직접 수집해서 파쇄할 장소와 같이 행정역량을 집중할 지역이 자연스럽게 도출될 것입니다.[15]

이와 함께 비록 장기적인 관점이기는 하지만, 산불특별관리구역에 관한 이러한 내용을 담은 '산림 주변 특정지역의 산불방지에 관한 특별법'이 제정된다면, 산림인접지역에서의 불법적인 소각행위를 규제하는 일에 산림이나 소방기관만이 아니라 환경부와 농촌진흥청도 함께 참여하는 법적 체계를 구축할 수 있을 것이라고 생각합니다. 이러한 방안은 현재 산림청이 매년 수립하는 산불방지대책에 기반해서 운영하는 협업체계를 법제화하는 것으로 불법소각행위를 획기적으로 줄일 수 있는 든든한 제도적 기반이 될 것입니다.

둘째, 영농부산물을 포함한 생활폐기물을 제대로 처리할 수 있도록 「폐기물관리법」을 현실에 맞게 개정하는 것입니다. 이것은 현행 「폐기물관리법」이 가지는 환경적 정당성에도 불구하고, 농산촌 지역의 냉엄한 현실을 고려할 때 「폐기물관리법」의 일부 규정은 현실을 제대로 반영하고 있지 못하다는 인식에 따른 것입니다. 현재 농산촌 지역에 살고 있는 지역주민 중 일부러 종량제봉투를 사다가 그 안에 영농부산물을 넣어 배출하거나 배달된 상품의 포장박스를 재활용하기 위해 따로 수집할 주민은 없을 테니까요?

도시지역의 아파트나 빌라 등에 사는 도시민의 대부분이 일상

---

15) 이 경우 녹조예방을 위해 4대강의 주요 지역을 대상으로 환경부가 실시하고 있는 '가축분뇨 및 퇴비 등 원인물질 제거사업'은 좋은 정책사례가 될 수 있다고 생각합니다("여름 앞두고 4대강 주변 퇴비 수거… '녹조 원인물질 최소화'", 조선일보, 2024.4.30.).

적으로 참여하고 있는 재활용품 분리수거가 농산촌 지역에서 현실
적으로 이행될 수 없는 이유는 너무나도 명백합니다. 우선 농산촌
지역에는 도시지역과는 달리 생활폐기물 수거차량이 잘 다니지 않
습니다. 물론 농산촌 지역이라고 하더라도 읍·면 지역이나 지역
주민이 밀집한 동네라면 주기적으로 수거차량이 다니기는 하지만,
이마저도 동네의 끝자락에 있는 일정한 장소에서만 생활폐기물을
가져갈 뿐입니다. 당연히 종량제봉투에 넣거나 재활용품으로 분리
해서 갖다 놓은 경우에만 말이죠.

거주하는 인구가 희소한 농산촌 지역의 경우에 모든 마을이나
농가주택에 쓰레기 수거차량을 주기적으로 배치할 수 없는 현실을
이해하지 못하는 것은 아닙니다. 그러나 「폐기물관리법 시행규칙」
에서 정하고 있는 '생활폐기물관리 제외지역'($^{제15조}_{제1항}$)[16]에 기대어 법
적으로는 문제가 없다는 인식만으로는, 결코 농산촌 지역의 폐기
물 처리 문제를 해결할 수 없는 것은 분명해 보입니다. 왜냐하면
생활폐기물관리 제외지역에 해당하는 50호 미만의 가구가 있는 지
역이나 산간·오지 및 섬지역 등에서 오히려 영농부산물을 포함한
생활폐기물 문제가 더 심각할 수 있기 때문입니다.

이와 함께 현재 시행 중인 「폐기물관리법」이 생활폐기물의 재

16) 「폐기물관리법」은 누구든지 허가 또는 승인을 받거나 신고한 폐기물처리시
설이 아닌 곳에서는 폐기물을 매립하거나 소각할 수 없도록 하면서(제8조
제2항), 다만 특별자치시장, 특별자치도지사, 시장·군수·구청장이 지정한
생활폐기물관리 제외지역의 경우에는 해당 조례로 정하는 바에 따라 소각할
수 있도록 규정하고 있습니다(제14조 제1항 단서 및 같은 법 시행규칙 제15
조 제1항). 여기에서 생활폐기물관리 제외지역으로 지정할 수 있는 지역이란
① 가구 수가 50호 미만인 지역, ② 산간·오지·섬지역 등으로서 차량의
출입 등이 어려워 생활폐기물을 수집·운반하는 것이 사실상 불가능한 지역
을 말합니다. 한편 이러한 생활폐기물관리 제외지역에 관한 조례에 대해서는
「인제군 폐기물관리에 관한 조례」 제15조, 「평창군 폐기물관리에 관한 조례」
제5조 제3항, 「완도군 폐기물관리 등에 관한 조례」 제7조 및 제8조의3 제2
항을 참고하기 바랍니다.

활용 문제에 집중하면서 영농부산물을 비료로 활용하거나, 자원으로 재이용하는 문제에 대해서는 오히려 소극적이라는 농업계의 지적은 경청할 만하다고 생각합니다. 당연히 고춧대나 깻단 또는 과수에서 전정한 가지 등을 파쇄해서 논밭에 뿌릴 수도 있지만, '쌀겨와 왕겨 논쟁'[17]에서 보는 것처럼 영농부산물을 단순히 폐기물이 아닌 부산물비료나 순환자원 또는 산림바이오매스에너지 등의 시각에서 적극적으로 활용하려는 노력은 환경 측면에서도 매우 의미가 있는 일이기 때문입니다.[18][19]

---

17) "왕겨·쌀겨, 폐기물관리법 적용대상 제외", 한국농업신문, 2021.9.8. 이러한 논쟁은 양파나 배추껍질의 경우에도 마찬가지인데, 이것은 현행 「폐기물관리법」이 "동·식물성 잔재물 등의 폐기물을 자신의 농경지에 퇴비로 사용하는 등의 방법으로 재활용하는 자로서 환경부령으로 정하는 자"의 경우 일정한 기준에 따른 시설·장비를 갖추어 시·도지사에게 신고하도록 하고 있기 때문입니다(제46조 제1항 제1호). 그러므로 이에 따르면 별도의 시설을 갖추지 않고, 양파 등을 자기 소유의 밭에 퇴비로 주는 경우 이러한 행위도 불법으로 인식될 수 있는 것이 현실입니다.

18) 이와 관련하여 부산물비료에 대해서는 「비료관리법」 제2조 제3호, 순환자원의 경우에는 「순환경제사회 전환 촉진법」 제2조 제5호, 산림바이오매스에너지에 대해서는 「탄소흡수원 유지 및 증진에 관한 법률」 제2조 제7호 및 제15조를 참고하기 바랍니다.

19) 「폐기물관리법」에 따르면 폐기물을 '생활환경 보전상 지장이 없는 방법으로 적정하게 처리하는 경우'에는 처리시설 이외의 장소에서 처리할 수 있는데(제13조 및 같은 법 시행령 제7조 제1항 제5호 단서), 예를 들어 같은 법 시행규칙(제10조)에 규정되어 있는 것처럼 ① 폐기물을 사료화·퇴비화하거나 썩혀서 익히는 것과 같은 방법으로 재활용하는 경우로서 일정한 규모 미만의 시설에서 재활용하는 경우(제4호), ② 페인트·기름·방부제 등이 묻지 아니한 목재, 산지개간이나 건설공사 등으로 발생했거나 장마나 홍수, 산사태 등으로 산지에서 쓸려 내려온 나무뿌리와 줄기 및 가지, 또는 연료나 목재산업의 원료로 사용하기 위해 산지에서 반출되었으나 해당 목적으로 사용되지 않고 배출되는 나무뿌리와 줄기 및 가지와 같은 목재류 중 폐목재류를 연료용(노천에서 태우는 것은 제외)으로 사용하는 경우(제6호), ③ 제초작업으로 발생한 초본류를 제초한 곳에서 주변 지역의 환경오염 없이 풋거름으로 재활용하거나, 잡초를 덮어 잡초의 발생을 억제하기 위한 용도로 재활용하는 경우(제10호) 등과 같은 사례는 이러한 관점에 따른 것으로 앞으로 법률을 개정하는 때에 좋은 시사점이 될 것으로 생각합니다.

결국 농산촌 지역에서 영농부산물을 포함한 생활폐기물을 불법적으로 소각하는 행위가 근절되지 않고 있는 것은, 이러한 지역의 현실은 고려하지 않은 채 「폐기물관리법」을 기계적으로 적용해 온 환경부와 지방자치단체에게 그 일차적인 책임이 있다고 할 것입니다.

저는 이러한 관점에서 지금까지 고질적으로 이루어지던 불법소각행위를 방지하기 위해서는 다음과 같이 「폐기물관리법」을 개정(제1안 또는 제2안)하는 것은 물론 영농부산물을 포함한 생활폐기물의 수집 체계를 혁신하기 위한 해당 지방자치단체의 적극적인 노력이 시급하다고 생각합니다.

- 「폐기물관리법」을 개정하여 영농부산물을 생활폐기물에서 제외하고, 이를 부산물비료나 순환자원 또는 산림바이오매스에너지 등으로 활용할 수 있도록 각 개별법에 그 처리를 위임한다(제1안).
- 영농부산물의 처리를 생활폐기물 처리방식 중 종량제봉투가 아니라 마을별로 지정된 장소에 수집한 상태 그대로 쌓아두도록 「폐기물관리법」을 완화한다(제2안). 이 경우 해당 지방자치단체에서는 인센티브를 제공하여 쌓아놓은 영농부산물을 수거한 후에 부산물비료나 바이오매스용 등으로 활용한다.[20]
- 생활폐기물 수거차량의 운행을 획기적으로 늘리고, 수거장소도 도시지역과 같이 거리를 고려해서 마을별로 다수의 장소를 지정한다. 이와 함께 주민의 요청이 있으면, 수시로 차량을 배정해서 수거할 수

---

20) 영농부산물과는 달리 영농폐기물(농약용기류와 농촌폐비닐)의 경우에는 수거 및 처리에 있어 현재 어느 정도 성과를 보이고 있는데, 이것은 수거보상금과 같은 인센티브를 제공하고, 공동집하장의 설치를 지원하는 한편 한국환경공단을 통해 이를 적극적으로 수거하고 있기 때문으로 보입니다. 한편 이와 관련하여 영농부산물을 수거·처리하는 경우에도 영농폐기물에 적용된 것과 동일한 정책을 적용할 수 있다는 점에서, "영농폐기물의 범위를 불법소각이 많은 영농부산물 등으로 확대하는 방안과 「충청남도 자연순환농업 육성 및 지원에 관한 조례」 등의 사례를 검토하여 영농부산물 활용에 대한 인센티브 지원 등에 대한 방안을 검토할 필요가 있다"라는 주장("김일수 도의원 "영농부산물을 영농폐기물로 확대해 산불 예방하자"", 경남뉴스, 2023.12.20.)은 충분히 경청할 만한 가치가 있다고 생각합니다.

있는 체계를 구축한다.

■ 생활폐기물관리 제외지역을 최소로 지정하되, 조례로 이를 지정하는 경우에는 예외적으로 소각행위가 가능한 시기와 방법 및 절차 등을 구체화해서 합법적으로 소각행위를 허용한다.

셋째, 산림인접지역에서의 불법소각행위를 성공적으로 규제하기 위해 놓치지 말아야 할 중요한 또 다른 한 가지는 엄정하게 법률을 집행하는 원칙을 세우는 일입니다. 작은 불법이라도 반드시 그에 상응하는 책임이 따른다는 원칙이 확립되지 않는다면, 더 큰 위법행위가 아무렇지도 않게 자행될 우려가 있으니까요.

그러나 법률의 집행에 관한 일반적인 논쟁은 차치하더라도, 산림인접지역에서 행해지는 불법적인 소각행위에 대하여 그 위법행위에 따른 책임을 엄격히 묻는 것은 사실 생각보다 그렇게 간단한 문제는 아닙니다. 광범위한 산림인접지역을 대상으로 제한된 인력이 단속할 뿐만 아니라, 단속공무원의 활동 시간을 고의로 피해 소각을 하는 일도 충분히 예상할 수 있기 때문입니다. 더군다나 불법으로 소각하는 위법 행위자는 대개 고령의 지역주민이거나, 아니면 자신의 행위가 가져올 결과를 충분히 예상하지 못해 선처를 구하는 사람이 대부분일 것이기 때문입니다. 이러한 여건에서 재량권을 가진 소수의 단속공무원이 법률을 엄격하게 적용한다는 것은 실제로 마음처럼 쉬운 일은 아닐 것입니다.[21)]

사실 산불에 관하여 법률에 규정된 벌칙을 살펴보면, 오히려 다른 법률보다 더 엄하게 처벌하고 있으므로 약한 벌칙이 불법소각행위에 대한 엄중한 단속에 제약요인이 되는 것 같지는 않습니다.

---

21) 정책집행자의 이러한 재량권에 관하여 정정길 등은 "집행현장의 복잡한 사정 때문에 일선 집행담당자의 재량권이 필요한 것은 사실"이지만, "문제는 재량권이 커질수록 일선 집행담당자의 횡포가능성이 커지며, 정책이 집행현장에서 변질되어 '목표의 대치'가 일어날 수 있다는 것에 주의"해야 한다고 강조하고 있습니다(정정길 외 7명의 「정책학개론」, 406~407면).

실제로 현행 「산림보호법」은 고의 또는 과실로 인해 산림에 불을 내면 일반적인 범죄행위에 적용되는 형법보다 가중해서 처벌하고 있는데, 「산림보호법」의 이러한 태도는 일반물건보다 산림을 더 엄중히 보호하려는 입법자의 의도가 반영된 것으로 보입니다. 예를 들어, 형법은 '자기 소유가 아닌 일반물건'에 대한 방화죄에 대해서는 1년 이상 10년 이하의 징역($\binom{제167조}{제1항}$)에 처하도록 하고 있음에도, 「산림보호법」의 경우에는 '타인 소유의 산림'에 불을 지른 때에는 5년 이상 15년 이하의 징역($\binom{제53조}{제2항}$)($\binom{제53조}{제2항}$)에 처하도록 규정하고 있는 것이 그 대표적인 사례입니다.

이와 함께 「산림보호법」은 산림보호구역이나 보호수에 불을 지른 경우나 자기 소유의 산림에 불을 지른 경우 또는 자기 소유의 산림에 지른 불이 타인의 산림에까지 번진 경우($\binom{제}{53조}$)를 처벌하는 등 고의적인 행위에 의한 것만이 아니라, 과실[22]로 인해 타인의 산림을 태우거나 자기 산림을 불에 태워 공공을 위험에 빠뜨린 경우에도 징역이나 벌금형에 처하도록 규정하는 등 산불에 대해서는 특히 엄격하게 처벌하는 태도를 보이고 있습니다.

---

22) 이와 관련하여 어느 정도의 행위가 산불발생에 있어 중대한 과실인가에 대해서는 논쟁의 여지가 있지만, 대법원은 "봄철 건조한 날씨로 인해 전국적으로 산불이 빈발해 건조주의보와 산불위험주의보 및 산불방지특별경계령이 내려져 있고, 언론기관에서도 산불발생을 계속 보도하고 있는 상태에서 담배꽁초를 불이 나기 쉬운 잡초에 그냥 버렸으면 그 행위에 대하여 실화로 인한 산불발생에 중대한 과실이 있다"라고 인정하고 있습니다(대판 1994.11.25. 94다35107). 한편 이보다 앞선 사례에서도 대법원은 "산림법 제120조의 산림실화죄는 과실로 인하여 산림을 소훼케 한 것을 그 구성요건으로 하고 있으므로 그 과실과 산림소훼와 사이에 상당인과관계가 있어야 한다"라고 하면서, "초지조성공사를 도급받은 수급인이 불경운작업(산불작업)을 하도급을 준 이후에 계속하여 그 작업을 감독하지 아니한 잘못이 있다 하더라도, 이는 도급자에 대한 도급계약상의 책임이지 위 하수급인의 과실로 인하여 발생한 산림실화에 상당인과관계가 있는 과실이라고는 할 수 없다"라고 판결하고 있습니다(대판 1987.4.28. 87도297).

V

어떻습니까? 이렇게 살펴보니 「산림보호법」의 벌칙 규정이 불법적인 소각행위를 포함해서 산불예방을 위해 일반예방적인 효과를 거두기에 충분해 보이지 않습니까? 그런데 불법소각행위를 방지하기 위한 시각에서 본다면, 문제는 산림방화죄와 산림실화죄 등에 적용되는 이러한 징역형이나 벌금형이 아니라 사실은 과태료 규정인 것 같습니다.

이것은 현행 「산림보호법」이 "산림이나 산림인접지역에서 불을 피우거나 불을 가지고 들어간" 경우에는 100만원 이하의 과태료(^{제57조 제3항}_{제2호})를 부과하도록 하고 있으나, 같은 법에 따른 시행령에서는 산림이나 산림인접지역에서 (1) 불을 피웠으면 그 위반 횟수에 따라 1차 위반 30만원, 2차 위반 40만원, 3차 위반 50만원을 부과하도록 하고, (2) 불을 가지고 들어갔을 때는 그 위반 횟수에 따라 각각 10만원, 20만원, 30만원을 부과하도록 하고 있기 때문입니다(^{시행령 제36조}_{별표4}).

결국, 이에 따르면 산림인접지역에서 불을 피우는 소각행위를 한 경우에 그 위반자는 법률에 규정된 과태료인 100만원이 자신에게 부과될 것으로 예상하겠지만, 실제로는 처음으로 단속에 적발된 경우라면 30만원의 과태료만을 부과받게 되는 것입니다.

「산림보호법 시행령」이 과태료에 대하여 이처럼 규정하고 있는 것은 비록 법률에서 위임한 범위 내에 해당하는 것이라고 하더라도 결코 소홀하게 여길 문제는 아니라고 봅니다. 자신의 행위에 대해서는 그에 상응하는 책임이 따른다는 원칙을 확립하는 것이야말로 실효적인 법집행을 위한 최소한의 요구이기 때문입니다.

더군다나 현행 「산림보호법 시행령」의 이러한 규정은 불법소각행위라는 동일한 행위에 대하여 「폐기물관리법」이 (1) 사업활동

과정에서 발생되는 생활폐기물을 소각했다면 그 위반 횟수와 상관없이 100만원을 부과하고, (2) 그 밖의 생활폐기물을 소각한 경우라면 위반 횟수와 상관없이 50만원을 부과하도록 시행령에서 규정 $\left(\begin{smallmatrix} \text{제68조 제3항 제1호 및} \\ \text{시행령 제38조의4 별표8} \end{smallmatrix}\right)$하고 있는 것과는 형평성 차원에서도 맞지 않는 일입니다.

　물론 현장에서 법률을 집행하는 단속공무원의 입장에서는 산림 인접지역에서 발생하는 불법소각행위의 대부분이 익명성이 보장되지 않는 지역 내의 주민이거나, 영농부산물을 포함한 생활폐기물을 불가피하게 소각할 수밖에 없는 고령의 지역주민임을 감안할 때, 법률에 규정된 과태료를 경감하지 않고 그대로 부과하는 것에는 부담을 느끼지 않을 수가 없을 것입니다. 농산촌 지역에서 과태료 100만원은 결코 적은 금액이 아니니까요.

　그러나 이러한 사정을 고려하더라도, 불법적인 소각행위를 방지하기 위해 일반예방적인 효과를 거둘 목적으로 법률에서 정한 과태료 100만원을 그 위반 횟수에 따라 시행령에서 30~50만원으로 규정한 것은 아무래도 이해하기가 쉽지 않아 보입니다. 게다가 농산촌 지역에서의 생활폐기물 소각행위라는 동일한 지역과 행동을 규제하는 「폐기물관리법」과도 다른 금액을 적용하면서 말이죠.[23]

　사실 농산촌 지역에서 관행적으로나, 또는 어쩔 수 없이 이루어지는 불법적인 소각행위를 철저하게 단속함으로써 법률이 엄정하게 집행되는 모습을 보여주는 것은 쉽지 않은 일이라고 생각합

---

23) 이와 동일한 관점에서 현행 「산림보호법」이 제57조 제5항 제1호에서 허가를 받지 않고 입산통제구역에 들어가거나, 차량을 통행했을 경우 20만원의 과태료를 부과하도록 하고 있는 규정 역시 개정이 필요해 보입니다. 왜냐하면, 비록 공원구역의 특수성을 고려하더라도 동일한 위법행위에 대하여 「자연공원법」이 최대 50만원의 과태료를 부과(제86조 제2항 제2호) 하도록 정하고 있는 것과는 아무래도 형평성 차원에서 의문이 있기 때문입니다.

니다. 이러한 관점에서 산불위험시기에 산림과 농정 및 환경부서
가 합동으로 점검단을 구성하여 일몰 전후에 집중적으로 단속하면
서, 주말에는 기동단속을 병행하고 있는 것은 매우 적절한 것으로
보입니다.

　그러나 단속만이 능사는 아니라고 생각합니다. 따라서 철저한
지도와 단속을 통해 엄정한 법집행을 확보하면서도, 앞에서 살펴
본 것처럼 소각행위에 취약한 산림인접지역을 산불특별관리구역으
로 지정해서 집중적으로 관리하는 한편 영농부산물에 관한 법적
틀을 정비하고, 그에 맞추어 생활폐기물의 수거와 처리를 지원하
는 노력도 병행해야 할 것입니다. 결국, 불법소각행위를 방지하는
문제는 산불만이 아니라 폐기물 처리에 관한 문제로서 산림과 농
업, 그리고 환경분야가 함께 풀어가야 할 공동의 문제이기 때문입
니다.

산불에 강한 숲

I

산불이라는 익숙하지 않은 주제를 가지고 여러분과의 만남을 시작한 것이 바로 얼마 전처럼 느껴지는데, 벌써 제 강의도 절반이 지나가고 있네요. 아무쪼록 남은 강의도 여러분께서 집중해서 참여할 수 있도록 더욱 최선을 다하겠습니다.

자, 그러면 일곱 번째 강의를 시작하겠습니다. 이번 강의에서 함께 살펴볼 내용은 우리의 숲을 산불에 강한 숲으로 만드는 방법에 관한 것입니다. 그런데 제가 산불에 강한 숲이라고 하니까 마치 산불에도 타지 않는 숲을 만드는 방법이냐고 오해하거나, 아니면 단순히 과장된 슬로건처럼 생각하실 수도 있을 것입니다.

실제로 얼핏 듣기에는 '산불에 강한'과 같은 수사학적인 표현은 보통의 행정문서에는 어울리지 않을 것 같은 느낌이 듭니다. 그러나 이런 수식어는 산불에 관한 공식적인 문서에서도 흔히 사용되고 있는 익숙한 표현인 것이 사실입니다.[1] 특히 최근에는 산불에 관한 재난관리주관기관인 산림청만이 아니라, 재난 및 안전에 관한 정책을 총괄$\binom{\text{정부조직법}}{\text{제34조 제1항}}$하는 행정안전부에서도 '산불에 강한 마을가꾸기'[2]처럼 이러한 표현을 공식적으로 사용하고 있을 정도니까요.

---

1) 산림청의 「2024년도 전국 산불방지종합대책」, 7면.
2) 산불에 강한 마을가꾸기란 행정안전부가 주관하여 2021년부터 시행하고 있는 사업으로 지역공동체(마을)가 주인이 되어 자발적으로 산불예방을 위한 계획과 교육훈련프로그램의 개발 등에 참여하도록 함으로써 산불에 대한 지역주민의 안전의식을 제고하고, 이를 통해 주민의 생명과 재산을 보호하기 위한 것입니다. 산불에 강한 마을가꾸기 사업은 행정안전부의 공모를 거쳐 사업대상지를 선정하는데, 이렇게 선정된 마을에는 특별교부세(1억원)를 통해 산불을 유발하는 인화물질의 수거 및 처리, 산불감시와 보호를 위한 장비의 확충 등 주민자율 진화체계의 구축, 마을주민이 참여하는 산불예방 활동 및 훈련, 마을별 사업계획 수립을 위한 전문가 컨설팅 등의 사업을 지원하고 있습니다.

이처럼 최근 일반적으로 사용하고 있는 산불에 강한 숲이라는 용어는 추정하건대, 행정적으로는 이미 2000년대 중반 이전부터 사용하기 시작한 것으로 생각됩니다. 이것은 2006년 당시에 산림청의 소속기관인 중부지방산림청이 숲가꾸기 사업을 추진하면서 그 방식의 하나로 "산불의 확산을 늦추거나 방화선 역할을 할 수 있는"[3] 숲이라는 의미로 산불에 강한 숲이라는 표현을 사용한 사실이 있기 때문입니다.

그렇다면 산불에 강한 숲이란 실제로 어떤 숲을 의미하는 것일까요? 이러한 질문이 의미를 갖는 것은 제가 산불에 관한 이 강의를 시작하면서 강조했던 것처럼, 용어에 대한 정확한 이해야말로 소통의 기반일 뿐만 아니라 문제를 인식하고 해결해 나가는 출발점이기 때문입니다.

이러한 차원에서 조심스럽게 그 의미를 정의해보면, 산불에 강한 숲이란 산불이 잘 발생하지 않을 뿐만 아니라, 만약에 산불이 발생한다고 하더라도 쉽게 확산되지 않으며, 신속하게 진화할 수 있는 숲을 의미하는 것으로 생각됩니다. 따라서 산불에 강한 숲이란 거의 20년 전에 사용했던 것처럼 산불의 확산을 늦추거나 방화선 역할을 할 수 있는 숲으로서 결국, '산불피해를 저감할 수 있는 숲'이나 '산불에 미리 대비한 숲'을 의미하는 것으로 이해됩니다.

그러면 어떻게 해야 우리의 숲을 이처럼 산불에 강한 숲으로

---

3) "산불! 숲이 막을 수 있다: 중부지방산림청은 산불피해 저감을 위한 내화수림대 조성사업을 실행한다", 대한민국 정책브리핑(www.korea.kr), 2006.6.20. 이에 따르면 당시 중부지방산림청은 산불에 강한 숲을 만드는 사업을 "국내에서 처음 시도하는 신규사업으로 사업개념이 미흡하고 관련 서적이나 연구실적이 부족"하다고 하면서도, 산불위험지역이나 주요 시설물 지역에 이 사업을 우선하여 실시할 계획임을 밝히고 있습니다. 한편 이러한 보도자료 이전에 숲가꾸기를 통해 산불에 강한 숲을 만들어야 한다는 주장에 대해서는 2005년에 발표된 오정수의 「숲가꾸기를 통한 산불에 강한 숲 만들기」(한국임업신문)를 참고하기 바랍니다.

만들 수 있을까요? 이와 관련해서는 산불에 강한 숲의 개념을 매우 넓게 생각하여 산불피해를 줄이는 것에 초점을 맞추면서 산불예방과 헬기에 의한 진화까지를 논의에 포함하는 견해[4]도 있으나, 여기에서는 통상적인 의견처럼 산불에 강한 숲의 개념적 정의에 충실할 수 있도록 숲 관리 자체에 초점을 두어 다음과 같은 3가지 방법에 대하여 살펴보겠습니다.

- 숲가꾸기
- 내화수림대
- 산불진화임도

Ⅱ

그러면 먼저 숲가꾸기부터 살펴보겠습니다. 일반적으로 숲가꾸기란 "인공조림지나 천연림이 건강하고 우량하게 자랄 수 있도록 숲을 가꾸고 키우는 것으로 숲의 연령과 상태에 따라 가지치기, 어린나무가꾸기, 솎아베기, 천연림가꾸기 등과 같은 작업[5]"을 하는 것을 말합니다. 이러한 숲가꾸기는 산림육성에 있어 매우 중요한 사업이므로 산림소유자가 임목의 성장단계에 따라 적절한 시기에 숲가꾸기를 할 때에는, 국가와 지방자치단체가 그 비용을 지원할 수 있도록 법률(산림자원의조성및관리에관한법률 제11조)로 규정하고 있습니다.

산불의 관점에서 볼 때, 이러한 숲가꾸기를 통해 산불을 줄이는 방법으로는 (1) 바닥에 있는 낙엽을 긁어내거나 키가 작은 나무인 관목을 베어내는 것, (2) 땅에서 시작한 불이 나무를 타고 올라오지 못하도록 가지치기하는 것, (3) 산불에 약한 침엽수 위

4) 이명보, 「대형 산불발생의 원인과 대응전략」, 국토연구원, 2011, 48~54면.
5) 숲가꾸기의 이러한 정의에 대해서는 산림청 홈페이지에서 분야별 산림정보>산림사업>숲가꾸기를 참고하기 바랍니다.

주로 벌채하되, 내화력이 강한 활엽수종은 남겨두는 것 등이 있습니다.[6] 물론 이러한 방법 이외에도 산불에 잘 타지 않는 활엽수종을 집단적으로 심거나 또는 산불이 잘 발생하는 지역의 침엽수림을 활엽수림으로 바꾸는 것도 넓은 의미에서는 산불을 줄이는 숲가꾸기 방법에 포함되지만, 이에 대해서는 강의의 편의를 위해 내화수림대로 구분해 뒤에서 따로 살펴보도록 하겠습니다.

산림청에서는 산불을 줄이는 방안의 하나로 이러한 숲가꾸기 사업을 적극적으로 실시하고 있는데, 특히 2021년부터는 산불취약지역과 생활권 주변을 대상으로 소나무류와 같은 침엽수의 밀도를 조절하고, 산불이 발생하는 경우 연료가 될 수 있는 벌채한 나무 등을 모두 수집해서 반출하는 '산불예방 숲가꾸기 사업'을 새로 추진하고 있습니다.[7]

산불예방을 위한 이러한 숲가꾸기는 산불의 위험요소를 제거하기 위한 것으로 우량한 목재의 생산을 목적으로 하는 통상의 숲가꾸기와는 다를 뿐만 아니라, 그 대상지도 산불위험이 큰 지역 중 밀도가 높은 침엽수림으로서 인명과 재산피해의 우려가 있는 지역에 실시한다는 점에서 일반적인 숲가꾸기와는 다른 것입니다.[8]

---

6) 이에 대해서는 한국일보가 포커스 취재를 통해 이규태와 함께 분석한 "공격적 숲 관리, 산불 막고 경제 살리는 '일석이조' 방법"(2023.5.6.)을 참고하기 바랍니다. 한편 일반적으로 침엽수는 송진(resin)이나 테르펜(terpene)과 같은 휘발성 물질이 있으므로 활엽수에 비해 발열량이 많은 것으로 알려져 있습니다. 이것은 국립산림과학원에서 실험한 결과에서도 잘 드러나는데, 이에 따르면 침엽수 낙엽을 태웠을 때는 잎이 넓은 활엽수 낙엽과 비교해 화염높이는 약 1.7배, 화염유지 시간은 2.5배나 더 긴 것으로 확인되었습니다. 이와 함께 침엽수(소나무)는 불이 붙는 온도가 활엽수보다 낮을 뿐만 아니라 낙엽층이 두껍게 퇴적되는 경향이 있고, 나무껍질도 상대적으로 얇은 특성이 있으므로 산불에 견디는 저항성이 활엽수보다는 약한 것으로 판단됩니다(이창배 외 19명의 「산불 관리의 과학적 관리」, 113~114면).
7) 산림청, 「2021년도 산림과 임업 동향에 관한 연차보고서」, 2022, 223면.
8) 이창배 외 19명의 「산불 관리의 과학적 관리」 122면. 특히 산불예방을 위한 숲가꾸기 작업 중 솎아베기와 가지치기 및 제거산물의 처리와 같은 작업방

이처럼 두 개의 숲가꾸기가 서로 다른 것은 각각의 사업이 목표로 하는 바람직한 숲의 모습이 다르기 때문입니다. 즉 통상의 숲가꾸기는 목재를 안정적으로 생산할 수 있는 숲을 만드는 것을 목표로 하지만, 산불을 줄이기 위해 추진하는 숲가꾸기의 경우에는 산불에 강한 숲, 즉 침엽수보다는 침엽수와 활엽수가 섞인 숲이나 활엽수가 주로 있는 숲을 만드는 것이 그 목표이기 때문입니다.

사실 산불에 강한 숲을 만드는 방법 중 특히 숲가꾸기가 중요한 것은 숲에 있는 나무나 풀 등이 바로 산불의 연료가 되기 때문입니다. 산불의 연료는 일반적으로 그 위치에 따라 지표연료, 공중연료 및 지중연료로 구분합니다.[9] 이에 따르면 지표연료란 높이가 1.8m 이하인 풀과 같은 초본류, 낙엽층, 키가 작은 관목류 및 덤불과 같은 것을 말하고, 공중연료란 나무높이 1.8m 이상에 위치하는 큰 가지, 나뭇잎, 나무줄기(수간), 나무 윗부분(수관), 서있는 고사목 및 나무 위의 이끼류 등을 말합니다. 또한, 지중연료란 지표면 아래에 있는 부식된 낙엽이나 뿌리 및 나뭇가지 등을 말하는데, 일반적으로는 산불의 모습에 큰 영향을 미치지는 않는 것으로 평가됩니다.

한편 관점에 따라서는 이러한 구분 외에 지표연료와 공중연료를 연결하는 연료층을 사다리연료(ladder fuels)라고 해서 별도로 구분한 다음, 이러한 사다리연료가 많을수록 불길이 거세져 나무의 윗부분이 타는 수관화가 될 가능성이 크다고 강조하기도 합니다.[10]

산불 측면에서 이러한 연료가 중요한 것은 산불이 확산되는 주요 요소인 기상, 지형 및 연료 가운데 오직 연료만이 우리가 인위

법이 일반 숲가꾸기와 비교해서 무엇이 다른지 주의해서 살펴보기 바랍니다.
9) 이시영의 「산불방재학」, 30~34면.
10) 이창배 외 19명의 「산불 관리의 과학적 관리」, 112~113면.

적으로 조절할 수 있는 것이기 때문입니다.[11] 물론 인공강우와 같은 의미 있는 시도가 이루어지고 있으므로 장래에는 기상요소도 통제가 가능한 날이 오겠지만,[12] 아직까지 상용되고 있지는 않다는 점에서 연료에 대한 이러한 관점은 여전히 유효해 보이는 것이 사실입니다. 이렇게 볼 때 숲가꾸기를 실시해서 산불에 강한 숲을 만든다는 것은, 결국 숲에 있는 산림연료를 인위적으로 제거하거나 조절하는 것을 의미한다고 할 수 있습니다.

사실 산불에 대응하기 위해 산림연료의 관리에 주의를 집중하는 것은 정책적으로도 매우 적절해 보입니다. 이미 발생한 산불을 신속히 진화하거나 그 피해를 줄이기 위한 사후수습책으로서만이 아니라, 산불에 미리 대비하는 사전예방적 측면과 함께 산림의 회복력을 증진하는 효과도 기대할 수 있기 때문입니다.

미국도 더욱 거세지는 산불의 위협에 대응하기 위해 이러한 전략을 채택하고 있는데, 특히 최근에는 그동안 주력해왔던 직접적인 산불진화에서 벗어나 솎아베기와 같이 산림연료를 줄이기 위한 노력을 강화하고 있는 것으로 알려져 있습니다. 마치 산불에 대응하기 위한 패러다임을 전환하려는 것처럼 보이는 미국 정부의 이러한 정책은, "산불 적응력을 높인 지역에서 산림연료를 줄이는 방식을 이용해 대형산불로 번지지 않는 환경을 만든다는 것이 핵심"[13]이라는 점에서 현재 우리 정부가 확대하려고 하는 산불에 강

---

11) 일반적으로 산불이 확산되기 위해서는 기상, 지형 및 연료가 큰 영향을 미치는 것으로 알려져 있습니다. 이러한 의미에서 산불연구자들은 기상과 지형 및 연료를 산불확산의 3요소라고 부르기도 합니다. 이에 대해서는 한국산불방지기술협회의 교육교재인 「산불방지 기초과정」(2023), 24~25면을 참고하기 바랍니다.

12) 이와 관련해서 KBS는 이상기후에 따라 세계 각국이 경쟁하듯이 인공강우 기술을 개발하고 있다고 전하면서, 우리나라도 기상청을 중심으로 이러한 실험을 진행하고 있으므로 이르면 2029년부터 인공강우를 통해 산불위험지역의 건조도를 낮춘다는 목표를 세우고 있다고 보도했습니다("2029년엔 비로 산불 막는다…인공강우 어디까지 왔나?", KBS, 2024.5.5.).

한 숲과 일맥상통하는 것으로 보입니다.

한편 산림연료 중심의 이러한 사고에 지나치게 집착해서 산불을 효율적으로 예방하거나 진화하려면 산림연료 측면에 정책을 더 집중하는 것이 필요하다는 주장도 있으나, 우리나라와 같이 인구밀도가 높고 산악지형이 많은 국토에서는 산림연료를 제거하기 위한 처방화입[14] 등과 같은 방법을 사용하는 것에는 일정한 한계가 있을 수밖에는 없다는 점에서, 기상이나 지형 및 진화자원의 역량 등을 종합적으로 고려하지 않고 산림연료에만 치우친 시각으로 산불을 바라볼 수는 없다는 것이 일반적인 의견이라고 생각합니다.

그러면 이제 산불에 강한 숲을 만드는 두 번째 방법으로 내화수림대를 조성하는 것에 대하여 살펴보도록 하겠습니다. 일반적으로 내화수림대란 '산불로부터 목적 임분이나 보호대상의 피해를 줄이기 위해 내화성이 있는 수종이나 산불에 강한 수종으로 조성하는 숲'[15]으로서 방화수대나 방화림[16]과 유사한 개념으로 이해됩

---

13) 김령희, 「바이든 행정부의 산불대응전략: 미연방 산불관리의 패러다임 전환」, 국회도서관 2022-12호(통권 제38호), 2022.6.23. 이와 함께 미국의 산불피해저감 숲가꾸기 사업에 대해서는 이창배 외 19명의 「산불 관리의 과학적 관리」, 131면도 함께 참고하기 바랍니다.

14) 여기에서 처방화입(prescribed fire)이란 지정된 장소에서 바람이나 습도 및 지형 등을 고려하여 계획된 절차에 따라 불을 놓아 숲을 태움으로써 산림연료를 줄이는 방법으로 계획소각이나 통제화입(controlled burning)이라고도 합니다. 이러한 처방화입에 대하여 보다 자세한 내용은 류주열 외 2명의 「산불발생 및 피해위험 저감에 관한 연구: 처방화입 사례를 중심으로」(문화방재학회 논문집 7(1), 2022.4.), 44~53면을 참고하기 바랍니다.

15) 구교상 외 2명, 「산불피해 저감을 위한 내화수림대 조성」, 수목보호 통권 14호, 2009, 43~50면. 이와 함께 내화수림대의 기본적인 내용에 대해서는 김미겸, 「한국 산불재해에 대한 종합적 고찰」(관동대학교 국토방재대학원 석사학위 논문, 2008), 33~34면을 참고하기 바랍니다.

16) 방화수대란 산불이 확산되어 손실이 커지는 것을 최소한으로 줄이기 위해 산림 내에 산불에 강한 수종으로 일부 산림을 조성하는 것을 말하며, 방화림이란 산불이 확산되는 것을 막기 위해 우거진 산림의 변두리에 상록활엽수나 낙엽활엽수 등 화재에 강한 나무를 심어서 조성한 숲을 말합니다. 방화수대와 방화림에 대한 이러한 개념에 대해서는 산림청 홈페이지의 행정정보>

니다.

산불에 대응하기 위해 내화수림대를 조성하는 것은 조선시대부터 적용된 방법으로 당시에는 주로 묘지구역을 보호하거나 도성 및 종묘와 같은 특정한 건물을 보호하기 위해 일정한 폭으로 소나무숲을 벌채하는 등 방화선 위주로 설치했던 것으로 알려져 있습니다.[17]

이웃 나라인 일본이나 중국에서도 일찍부터 내화수림대를 조성해왔는데, 특히 중국의 경우에는 1950년대 이후 남부지방의 산림지역을 중심으로 산불관리를 위한 기초시설로써 내화수림대를 조성하기도 했습니다.[18]

내화수림대는 주변의 지형이나 식생을 이용해서 임학적인 방법으로 조성해야 합니다. 예를 들면, 산불로부터 지키려는 숲의 주변에 있는 활엽수림을 자연스럽게 활용해서 내화수림대를 만드는 것은 가장 좋은 방법이 될 수 있을 것입니다.

내화수림대는 그 조성하는 방식에 따라 (1) 능선을 이용한 내화수림대, (2) 시설보호용 내화수림대, (3) 임도를 이용한 내화수림대, (4) 밤나무와 같은 유실수 조성을 통한 내화수림대, (5) 침엽수림 중 산불에 강한 낙엽송림 내화수림대 등으로 구분할 수 있

산림지식>산림임업용어사전을 참고하기 바랍니다. 이와 관련해서 산림청에서는 '불막이 숲'이라는 용어도 사용하고 있는데, 이러한 불막이 숲은 "산불 발생 위험도를 낮추거나 산불의 진행과 확산 억제를 목적으로 주요 시설물, 도로, 철도, 임도, 집단마을, 농경지, 능선 주위의 숲 또는 대형산불피해 복구대상지에 띠 모양으로 숲을 조성하거나 기존의 숲을 개선한 숲"을 의미한다고 설명하고 있습니다(산림청의 「2023~2027년 전국 산불방지 장기대책」, 19면).

17) 강영호 외 3명, 「산불 예방을 위한 방화선 및 내화수림대 조성에 관한 역사적 고찰: 조선시대부터 일제강점기를 중심으로」, 한국산림과학회지 93(7) 통권 157호, 2004, 409~416면.

18) 임주훈, 「산불피해를 줄일 수 있는 조림방안: 내화수림대 조성」, 한국기술사회 38(3), 2005, 1~5면.

습니다.[19] 이 가운데서 특히 전라북도 고창군에 있는 선운사 일대
는 동백나무림을 이용한 시설보호용 내화수림대의 대표적인 사례
로 평가되기도 합니다.

그러면 내화수림대를 구성하는 산불에 강한 나무, 즉 내화수종
에는 어떤 것들이 있을까요? 사실 이에 대해서는 산림청만큼 권위
있는 답변을 내놓을 정부기관은 없지만, 아쉽게도 산림청에 따르
면 현재 지정된 조림권장수종(78개) 가운데 내화수종으로는 황벽
나무, 굴참나무, 아왜나무 및 동백나무만이 명시되어 있을 뿐입니
다.[20]

물론 그렇다고 해서 이 4개 수종이 내화수종의 전부인 것은 아
닙니다. 학문적으로는 통상 우리나라의 기후대별 내화성 수종으로
온대지역에서는 은행나무, 상수리나무, 느티나무, 백합나무, 아까
시나무, 사철나무 등을 예시하고 있으며, 난대지역의 경우에는 가
시나무류, 후박나무, 후피향나무, 사스레피나무 등을 열거하고 있
기 때문입니다.[21]

내화수림대를 조성·관리하는 구체적인 방법은 산림청의 「지속
가능한 산림자원 관리지침」[22]에서 정하고 있는데, 이에 따르면 내
화수림대는 해당 산림의 기능[23]이 재해방지를 목적으로 하는 산지

---

19) 이시영의 「산불방재학」, 102~106면.
20) 이러한 내화수종에 대해서는 산림청 홈페이지에서 산림정책＞산림자원＞조
   림＞조림권장수종을 참고하기 바랍니다. 한편 이에 따르면 산림청은 78개
   수종을 각각 용재수종, 유실수종, 조경수종, 특용수종, 내공해수종, 내음수종
   및 내화수종 등으로 구분한 후 그 목적에 따라 해당 수종을 조림할 것을 권
   장하고 있습니다.
21) 이시영의 「산불방재학」, 102면.
22) 「지속가능한 산림자원 관리지침」(산림청훈령 제1454호, 2020.6.15.) Ⅱ. 산림
   의 기능별 조성·관리 지침 중 4. 산지재해방지림의 조성·관리(바.대형산불
   의 발생이 우려되는 지역의 침엽수 단순림) 및 Ⅲ. 산림자원 조성·관리 일
   반지침 중 7. 내화수림대의 조성·관리.
23) 「지속가능한 산림자원 관리지침」은 「산림자원의 조성 및 관리에 관한 법률」
   에 따라 전국의 산림을 관계 중앙행정기관의 장과 협의하여 기능별로 구분

재해방지림인 경우와 이에 속하지 않는 일반 산림인 경우로 구분해서 조성·관리하도록 하고 있습니다.

우선 대상지가 산지재해방지림이면서 대형산불의 발생이 우려되는 지역으로 침엽수 단순림이라면, 바람의 방향을 고려해서 내화수종으로 30m 내외의 내화수림대를 서로 번갈아 조성하되 내화수림대 사이의 간격은 30m 이상을 두어야 합니다. 그리고 이러한 원칙은 마을, 도로 및 농경지 인접지역의 산림에 내화수림대를 조성하는 경우에도 그대로 적용되어야 합니다.

다음으로 대상지가 산지재해방지림이 아닌 지역으로 (1) 대형산불피해지를 복구한 지역, (2) 대형산불의 피해가 있었거나 발생의 위험이 있는 침엽수림을 벌채한 후 조림하거나 갱신한 지역, (3) 대형산불의 피해가 있었거나 발생의 위험이 있는 침엽수림을 대상으로 숲가꾸기를 실시한 지역이라면 내화수림대의 폭을 30m가 아니라 50m 내외로 조성해야 합니다. 이 경우 조림을 할 때는 마을, 도로 및 농경지의 인접산림에 참나무류 등 활엽수종을 중심으로 내화수림대를 조성하고, 숲가꾸기를 하는 경우에는 솎아베기를 통해 침엽수와 활엽수가 섞여 있는 혼효림의 내화수림대로 전환해야 합니다.

산불에 강한 숲을 만드는 세 번째 방법은 임도를 확충하는 것입니다. 임도란 「산림자원의 조성 및 관리에 관한 법률」에 따르면, "산림의 경영 및 관리를 위하여 설치한 도로"로서 산림의 기능을 유지하고 보호하기 위한 산림관리기반시설의 하나에 속하는 것입니다(제2조 제1호 라목 및 제9조 제1항).

한 후 그 기능에 따라 해당 산림을 지속가능하게 관리하도록 정하고 있는데 (제8조 및 같은 법 시행규칙 제3조 제4항), 이에 따르면 우리나라의 산림은 ① 목재생산림, ② 수원함양림, ③ 산지재해방지림, ④ 자연환경보전림, ⑤ 산림휴양림, ⑥ 생활환경보전림과 같은 6대 기능으로 구분되어 있습니다.

이러한 임도는 숲가꾸기를 포함하여 조림 및 벌채와 같이 산림 내에서 이루어지는 산림사업에는 꼭 필요한 것일 뿐만 아니라, 그 밖에도 등산이나 트레킹과 같은 산림휴양 활동에 편의를 제공하거나, 인근 자연부락을 잇는 도로의 기능까지 복합적으로 수행하는 숲속의 혈관과도 같은 것입니다. 현재의 법체계상 외형적으로는 「도로법」에 따른 도로(제2조 제1호 및 제10조)처럼 보이는 임도를 「산림자원의 조성 및 관리에 관한 법률」이 도로가 아닌 산림(제2조 제1호)으로 취급하는 것은 바로 임도가 가진 이러한 독특한 특성 때문입니다.

임도는 법률상 간선임도, 지선임도 및 작업임도[24]로 구분할 수 있는데, 특히 산불의 관점에서 큰 의미가 있는 것은 이러한 법적 구분이 아니라 산불예방 및 진화용으로 특화된 기능을 수행할 수 있는 임도인 '산불진화임도'입니다. 여기에서 산불진화임도란 산불예방 및 진화활동에 신속하고 효율적으로 대응하기 위해 산림 내에 설치하는 임도로서 산불이 발생한 경우에는 진화를 위한 인력과 장비를 투입하는 통로로 제공될 뿐만 아니라 산불진화선의 역할도 수행할 수 있는 임도를 말합니다.

이러한 산불진화임도는 주로 대형산불의 위험이 높거나 보전가치가 높은 산림 또는 주거시설을 포함한 주요 시설물의 인접지역에 시설하는데, 그 기능을 감안해서 산불진화를 위한 차량 등이 교행할 수 있도록 통상의 임도보다 도로 폭을 넓게 하면서,[25] 일정한 간격마다 차량이 주정차하거나 산불에 대응할 수 있는 공간

---

24) 간선임도란 산림의 경영관리 및 보호에 중추적인 역할을 하는 임도로 도로와 도로를 연결하는 임도를 말하고, 지선임도란 일정 구역의 산림경영 및 산림보호를 목적으로 간선임도나 도로에서 연결해 설치하는 임도를 의미하며, 작업임도란 일정 구역의 산림사업 시행을 위해 간선임도와 지선임도 또는 도로에서 연결해 설치하는 임도를 말합니다(「산림자원의 조성 및 관리에 관한 법률 시행규칙」 제5조 제2항 제1호).

25) 예를 들어, 임도의 시설기준에 따르면 간선임도의 도로폭은 3m 이상이어야 하나, 산불진화임도는 그 유효너비를 3.5~5m로 정하고 있습니다.

및 취수장 등을 갖추도록 설치하고 있습니다.

그 결과 산불진화임도는 통상적인 임도보다 시설비가 더 들기는 하지만,[26] 산불진화헬기를 활용할 수 없는 야간이나 강풍이 부는 때에 진화인력과 장비 등을 투입해 효율적으로 산불을 진화할 수 있도록 지원한다는 측면에서 매우 중요한 산불기반시설이라고 할 수 있습니다. 실제로 이러한 산불진화임도는 2022년 울진·삼척산불 당시에는 소광리 지역의 금강송 군락지를 산불로부터 방어하고, 2023년에는 합천산불을 조기에 진화하는데도 크게 기여했던 것으로 평가되고 있습니다.[27]

물론 산불진화임도의 이러한 효용성에 대해서는 여전히 더 정교한 검증이 필요해 보이기는 하지만, 어쨌든 산불방지 정책을 책임지고 있는 산림청에서는 그동안의 산불진화 사례들을 분석한 결과, 임도가 설치된 경우에는 그렇지 않은 지역과 비교할 때 진화효율에 있어서 약 5배 가량 차이가 난다고 설명하고 있습니다.[28]

Ⅲ

그러면 산불에 강한 숲을 만들기 위해 지금까지 살펴본 이러한 방법들은 실제로 현장에서 어느 정도나 성과가 있을까요? 정말로

---

26) 실제로 간선임도는 1㎞를 시설하는데 드는 비용이 약 2억 7800만원이나, 산불진화임도의 경우에는 약 3억 3400만원이 소요되는 것으로 알려져 있습니다.
27) "산불 덮친 금강송…숲길이 지켜냈다.", 동아일보, 2024.5.1; "산불 예방·초기대응 위해 임도확충 필수", 한국농어민신문, 2023.10.11.
28) 산림청 E-숲 News, "산불재난 신속대응 위해 산불진화임도 확충한다!", 2024.4.11. 한편 산림청의 이러한 설명에 대해서는 강원특별자치도 강릉시 난곡동의 산불피해지역을 대상으로 임도의 역할을 검증했으나, 산림 내부나 인접한 도로가 산불진화에 효과적이라는 데이터는 없는 것으로 확인했다는 주장(홍석환 외 2명, 「산림내 도로의 확대는 대형산불을 막을 수 있는가?」, 한국환경생태학회지 37권(6호), 2023, 439~449면)도 있음을 참고하기 바랍니다.

우리의 숲이 숲가꾸기와 내화수림대 조성 및 산불진화임도의 확충
과 같은 방법을 통해 조금이라도 더 산불에 강한 숲으로 변화되어
가고 있는 것일까요?

　사실 이러한 성과를 분석하는 작업은 결코 만만해 보이지는 않
습니다. 왜냐하면, 어떤 숲을 산불에 강한 숲으로 만들려면 숲가
꾸기를 얼마나 해야 하는지, 또는 일정한 숲이나 시설물을 지키려
면 내화수림대는 어느 정도의 규모로 조성해야 하는지 등을 판단
하는 일은 단지 몇 개의 단순한 기준과 지표에 기반해 평가할 수
있는 것은 아니기 때문입니다. 더군다나 숲가꾸기를 실시한 숲에
실제로 산불이 발생했다고 가정하더라도, 풍속이나 지형 등과 같
은 다양한 여건을 무시한 채 단순히 숲가꾸기만으로 그 성과를 측
정하는 것은 결코 합리적이라고 할 수 없으니까요.

　동일한 관점에서 산불진화임도의 성과를 분석하는 것은 훨씬
복잡해 보이는데, 그것은 어떤 숲에서 발생한 산불에 신속하게 대
응하기 위해서는 산불진화임도가 얼마나 필요한지 또는 그 노선은
어떻게 확정해야 하는지와 같은 기술적인 문제만이 아니라, 산불
진화임도를 시설하려면 아무리 공익적 기능을 증진할 필요가 있다
고 하더라도 산림소유자의 동의(산림자원의 조성 및 관리에 관한 법률 제9조 제1항)를 받아야 하는 것
과 같은 필요한 절차가 있기 때문입니다. 따라서 만일 산불진화임
도가 필요한 지역임에도 완고한 산림소유자가 동의하지 않아 임도
를 시설하지 못했다면, 어떻게 그 성과를 공정하게 평가할 수 있
겠습니까?

　그러므로 여기에서는 이러한 성과평가에 대한 기본적인 한계를
인정하는 대신에 다음과 같이 조금 단순한 방식으로 그 성과를 살
펴보려고 합니다. 즉 산불에 강한 숲을 만들기 위해 산림청이 전
국을 대상으로 수립한 각각의 계획을 먼저 확인한 후에 이를 그동

안의 추진실적과 비교하는 방법이 그것입니다. 물론 이 경우에도 성과를 단순하게 측정할 수 있도록 주로 양적인 측면에 집중해서 말이죠.

그러면 이제 산림청이 산불에 강한 숲을 만들기 위해 전국을 대상으로 작성한 계획에서는 각각 그 사업별로 어떻게 목표를 설정하고 있는지 확인해 볼까요? 이에 대해서는 산불방지를 위해 산림청이 수립한 장기대책에 그 내용이 자세하게 포함되어 있는데, 그중에서 특히 계량적 지표만을 인용하면 아래와 같습니다.[29]

- 산불예방 숲가꾸기: (2022년까지) 21,000ha → (2027년) 158,000ha
- 내화수림대: (2022년까지) 702ha → (2027년) 2,653ha
- 산불진화임도: (2022년까지) 357㎞ → (2027년) 3,207㎞

여기에서 사업별로 제시된 물량은 2023년부터 계획이 종료되는 2027년까지 완료할 사업량으로 매년 달성해야 할 목표는 이러한 총사업량을 사업기간으로 나눈 값으로 추정되는데, 이에 따르면 산불예방 숲가꾸기의 경우에는 연간 약 27,000ha를 실시하고, 내화수림대는 매년 약 400ha를 조성하는 것으로 이해됩니다. 그렇지만 이와는 달리 산불진화임도의 경우에는 연간 목표량을 필요한 사업량인 약 640㎞보다 적게 설정함으로써,[30] 산불진화임도를 확충하는 일이 현실적으로는 생각만큼 쉽지 않다는 사실을 계획에 그대로 반영하고 있습니다.

산림청의 이러한 계획은 예를 들어, 2022년까지 실시한 산불예방 숲가꾸기의 전체 실적이 21,000ha임에도 불구하고 2023년부터 매년 약 27,000ha에 이르는 숲가꾸기를 추진하려는 것처럼, 지금

---

29) 산림청의 「2023~2027년 전국 산불방지 장기대책」, 16면 및 19~20면.
30) 이것은 2027년까지 총 3,207㎞의 산불진화임도를 시설하려면 매년 약 640㎞ 이상을 신설해야 함에도, 2024년에는 409㎞만 계획되어 있는 것으로도 알 수 있습니다(산림청의 「2024년도 전국 산불방지종합대책」, 7면).

까지 사업별로 달성한 실적이 장기대책에 따른 연간 사업목표에 버금갈 정도로 매우 도전적으로 설정되어 있는 것으로 보입니다. 이러한 공격적인 목표는 산불에 강한 숲을 만들고자 하는 정책결정자의 의지가 장기계획에 그대로 투영된 것으로 이해되지만, 아무래도 이를 달성하기 위해서는 현재의 산림행정 역량을 결집할 수 있는 어떤 특별한 방안이 필요하다고 생각합니다.

VI

이러한 관점에서 저는 산림청과 지방자치단체의 산불담당자만이 아니라, 산림을 책임지는 전체 산림공무원의 역량을 어떻게 하나로 결속시켜 보다 효율적으로 산불에 강한 숲을 만들어 낼 수 있는지 살펴보려고 합니다.

우선 이를 위해 가장 중요한 것은 산림사업에 대한 기관 및 부서의 성과를 산림청이 평가하는 경우, 산불에 강한 숲을 만들기 위해 실시하는 숲가꾸기나 내화수림대 및 산불진화임도의 사업성과를 해당 기관 및 부서의 주요 평가지표에 반영하고, 그 결과에 따라 포상을 시행하는 등 적극적으로 인센티브를 부여하는 것이라고 생각합니다.[31]

이것은 산불에 강한 숲을 만드는 일이 산불의 예방과 대응에 매우 중요한 것임에도 불구하고 이를 위한 주요 수단인 숲가꾸기와 내화수림대를 조성하는 임무는 산림자원을 가꾸거나 조성하는 부서에 속하고, 산불진화임도의 경우에는 산림을 경영하는 부서의 책임에 속하는 등 엄밀히 말해서 각 사업이 모두 산불을 담당하는 부서에서 책임을 지고 추진하는 일은 아니기 때문입니다. 즉 산림

---

31) 산림청의 「전국산불방지 장기대책 수립을 위한 용역(2023~2027년)」, 48면 및 50면.

청을 예로 들면, 산불에 강한 숲을 만드는 것은 산불방지과의 주요 업무이지만 그 개별 사업인 숲가꾸기와 내화수림대 조성은 각각 산림자원과와 국유림경영과에, 그리고 산불진화임도는 목재산업과의 업무에 속하는 것이 그 좋은 사례입니다.

그 결과 산불을 담당하는 부서에서는 산불에 강한 숲을 만들기 위해 숲가꾸기 등과 같이 사업별로 정책목표를 설정한 후 이를 산불방지대책에서 주요 내용으로 강조하지만, 실제로 숲가꾸기를 하는 부서에서는 산불을 담당하는 부서만큼 그 사업을 중요하게 여기지 않을 가능성이 있게 됩니다. 왜냐하면, 숲가꾸기를 하는 목적에는 산불 이외에도 산림경영을 포함해 공익적 기능의 증진과 같은 다양한 목적이 있을 뿐만 아니라, 숲가꾸기를 계획대로 추진해서 산불방지에 기여했다고 하더라도 따로 정하지 않는 한 특별한 인센티브를 기대하기는 어렵기 때문입니다. 그리고 추측하건대, 이러한 사정은 아마도 내화수림대를 조성하거나 산불진화임도를 확충하는 일의 경우에도 비슷할 것으로 생각됩니다.

그러므로 이러한 점을 감안해 만일 산불에 강한 숲을 만들기 위한 사업으로 숲가꾸기와 내화수림대를 조성하는 일에 큰 성과를 내거나 산불진화임도를 차질없이 추진한 부서와 담당자에게 적정한 성과평가와 함께 충분한 인센티브를 부여하게 된다면, 해당 기관이나 부서에서는 지금까지와는 달리 고유사업만이 아니라 산불과 관련된 숲가꾸기 등과 같은 사업에도 충분한 관심과 노력을 기울이게 될 것으로 기대됩니다.

다음으로 중요한 것은 산불에 강한 숲을 만들기 위해 숲가꾸기와 내화수림대 및 산불진화임도 사업을 추진하는 경우에는 숲에 대한 생태적 고려를 우선해야 한다는 것입니다. 물론 산림정책의 기본이 되는 사항에 관하여 규정하고 있는 「산림기본법」($^제_{2조}$)이 이미 선언하고 있듯이, 국가와 지방자치단체에서는 '지속가능한 산림경영'[32]을 달성하기 위해 최선의 노력을 다하고 있을 것으로 생각합니다($\binom{산림자원의 조성 및 관리에 관한}{법률 제1조의2 및 제2조의2}$).

그러나 산림경영의 기본원칙으로서 가지는 법적 의의와 국가 및 지방자치단체에 부여된 고귀한 책무에도 불구하고, 실제 현장에서도 지속가능한 산림경영의 원칙이 엄정하게 준수되고 있는지는 의문인 것이 사실입니다. 이것은 숲속에서 사업을 직접 수행하는 사업자나 현장인력 모두에게 이러한 이념적 책무에 충실할 것을 기대할 수 없을 뿐만 아니라, 지속가능한 산림경영을 위한 충분한 기술과 자원 등이 현장에 제대로 적용되고 있는지에 대해서도 의문이 들기 때문입니다.

이러한 의구심은 산불에 강한 숲을 만들기 위한 사업의 경우에도 마찬가지인데, 예를 들어 내화수림대와 관련된 법적 근거가 산림청훈령인 「산불관리통합규정」($\binom{제9조}{제1항}$)을 제외하고는 미흡하다든지,[33] 또는 조림비용을 고시하면서도 내화수림대를 조성하기에 적합한 수종에 대한 별도의 내용이 없다거나, 조림사업의 설계·감리 및 사업시행을 위한 규정에서도 내화수림대를 별도로 취급하지 않고

---

32) 지속가능한 산림경영이란 "산림의 생태적 건전성과 산림자원의 장기적인 유지·증진을 통하여 현재세대뿐만 아니라 미래세대의 사회적·경제적·생태적·문화적 및 정신적으로 다양한 산림수요를 충족하게 할 수 있도록 산림을 보호하고 경영하는 것"을 말합니다(「산림기본법」 제3조 제1호). 이러한 지속가능한 산림경영은 국가 차원의 지속가능한 발전을 위한 핵심적인 토대인데, 2022년 제정된 「지속가능발전 기본법」에 따르면 지속가능한 발전이란 "지속가능한 경제 성장과 포용적 사회, 깨끗하고 안정적인 환경이 지속가능성에 기초하여 조화와 균형을 이루는 발전"을 의미한다고 정의하고 있습니다(제2조 제2호).

33) 「산불관리통합규정」(산림청훈령 제1575호, 2023.1.4.) 제9조 제1항이 "지역산불관리기관의 장은 산불취약지역, 대면적 조림지, 침엽수 단순림 등 대형산불 위험이 높은 산림에 산불방지 안전공간을 조성하거나 참나무류 등 불에 강한 수종으로 내화수림대를 조성할 수 있다"라고 규정하고 있는 것이 그것입니다.

있다는 점에서 잘 알 수 있습니다.[34] 물론 산림 내에서 이루어지는 모든 사업에 대하여 세부적인 지침을 갖추어야 하는 것은 아니겠지만, 산림연료를 조절하기 위해서는 불가피하게 숲속의 나무를 많이 베어내야 하는 산불예방 숲가꾸기 사업조차 생태적 건전성을 충분히 고려한 별도의 지침이 마련되어 있지 않다는 것은 다소 의아스러운 것이 사실입니다.[35]

한편 산불에 강한 숲을 만들기 위해 생태적 건전성을 포함한 지속가능한 산림경영을 현장에 어떻게 적용할 것인가라는 과제와는 별개로 산불진화임도를 환경 및 안전 측면에서 어떻게 시설해야 하느냐에 관한 고민은 또 다른 측면에서 중요한 문제라고 생각합니다.

사실 산불진화임도를 포함한 임도는 앞에서 살펴본 것처럼 산림 내에서 다양한 역할을 담당하고는 있지만, 환경이나 안전 측면에서 볼 때는 우려의 목소리가 많은 것도 부인하기 어려운 현실입니다. 이런 점을 생각하여 현행 「산림자원의 조성 및 관리에 관한 법률」에서는 임도를 시설하는 경우에 필요성과 적합성 및 환경성 등을 종합적으로 고려해 그 설치의 타당성을 평가하도록 하면서, 이러한 평가를 효과적으로 실시하기 위해 필요한 경우에는 평가위원회를 구성하도록 하는 등 보다 친환경적이고 안전한 임도를 위한 다양한 방안을 마련해 놓고 있습니다(제9조 및 시행규칙 제4조~제5조).[36]

---

34) 「2024년도 조림비용 고시」, 산림청고시 제2024-6호, 2024.1.10; 「조림 설계·감리 및 사업시행 지침」, 산림청지침 제1226호, 2023.3.1.

35) 「숲가꾸기 설계·감리 및 사업시행 지침」, 산림청훈령 제1502호, 2021.8.9.

36) 이와 관련하여 이규태는 「산림법강의」 378~379면에서 "임도는 산림경영 및 관리를 위한 필수적인 기반시설로서 강한 공공성을 가진 시설임은 분명하지만, 이를 설치하기 위해서는 불가피하게 산림형질에 변경을 가할 수밖에 없으며, 넓은 면적의 산림 내에 시설되는 특성상 일반도로보다 관리에 취약한 것이 사실이다"라고 하면서, 현행 「산림자원의 조성 및 관리에 관한 법률」이 필요한 경우 평가위원회를 구성할 수 있도록 하고 있는 것은(제9조 제3항) 지나치게 소극적인 입법 태도이므로, 일정한 규모 이상의 임도에 대해서는

그러나 실제로 현장에서는 임도를 시설하는데 불가피하게 뒤따르는 산지의 형질변경을 최소화하거나 환경 및 안전을 우선 고려할 수 있도록 적정한 기술과 예산이 제공되고 있지 않다는 우려의 목소리가 있는 것이 사실입니다. 그리고 이것은 기존의 임도보다 사업비가 더 투입되기는 하지만, 근본적으로는 산불진화임도에서도 여전한 고민거리임에 틀림이 없는 것 같습니다.

산불에 강한 숲을 만들 때 생태적 고려를 우선해야 한다는 것은, 일부 극단적인 환경론자들의 주장[37]처럼 단순히 비판적인 시각이 그럴듯하거나 두렵기 때문만은 아닙니다. 그것은 생태적 건전성이야말로 우리 숲을 지키고 가꾸는 가장 기본적인 이념인 지속가능한 산림경영의 핵심가치일 뿐만 아니라, 숲을 다루는 모든 사람이 가져야 할 최소한의 윤리적 행동준칙에 속하는 것이기 때문입니다. 숲을 아낀다고 하면서 그 숲 자체를 망치는 그런 사람은 없을 테니까요.

특히 산불에 강한 숲을 만들기 위해 추진하는 숲가꾸기와 내화수림대 및 산불진화임도는 결국 숲을 지키기 위한 사업임을 생각한다면, 그 작업방법 등도 가장 지속가능한 방식에 따라 추진되어야 한다는 것은 스스로의 정당성을 확보한다는 측면에서도 매우 중요한 일일 것입니다.

마지막으로 산불에 강한 숲을 보다 효율적으로 추진하는 방안은 시범사업지를 조성하는 것입니다. 이러한 시범사업지는 앞에서

반드시 평가위원회의 평가를 거치도록 하는 것이 타당성평가제도를 형식화하지 않고 실질적으로 운영하는 방안일 것이라고 주장하고 있습니다.

37) 이와 관련된 언론보도에 대해서는 연합뉴스의 "강릉산불, 도로서 멀수록 피해 적어…임도가 차단선 역할 못해"(2024.2.1.)와 JTBC의 "[밀착카메라] 산불 막으려 나무 베겠다?…'숲길 3000km' 계획 따라가보니"(2023.5.1.) 및 오마이뉴스의 "대형산불 조장한 산림청…의심스러운 먹이사슬, 소나무 불폭탄 방치하고 임도 고집하는 이유"(2023.4.18.), "대형산불, 산림청 정책책임 피할 수 없다…전면 중단해야"(2023.4.17.) 등을 참고하기 바랍니다.

살펴본 변화하는 산불의 모습을 가장 잘 반영하고 있는 지역 중에서 대형산불의 발생이 특히 우려되는 숲을 대상으로 하여 조성하되, 특히 산불에 강한 숲의 모습을 누구나 쉽게 이해할 수 있도록 숲가꾸기와 내화수림대 및 산불진화임도를 함께 시설하도록 계획되어야 할 것입니다.

이러한 시범사업지는 대상지의 특성이 반영된 숲가꾸기와 내화수림대 및 산불진화임도를 시설하는데 필요한 기술과 지침을 현장에 적용할 수 있도록, 최소한 광역지방자치단체와 전국의 주요 국유림에 지역별로 1개소 이상씩은 조성할 필요가 있어 보입니다. 만일 전국에 이러한 시범사업지가 조성된다면 지방자치단체와 지방산림청에 속한 공무원은 물론이고, 숲가꾸기 등을 실제 현장에서 시행하는 산림사업체의 직원들에게도 일정한 현장훈련의 기회를 제공할 뿐만 아니라 미래의 혁신적인 기술을 적용하는 시험장소가 될 수도 있을 것입니다.

물론 시범사업지를 조성하는 이러한 방식은 그동안 다양한 산림사업에서 이미 적용해봤던 방식이므로 다소 식상해 보일 수도 있습니다. 그러나 내화수림대만을 보더라도 2006년 산림청이 국회에 제출한 보고서[38]에서 부산광역시 성지곡과 경상남도 함양군 봉곡리를 내화수림대가 잘 조성된 지역으로 언급한 이래, 그동안 계속해서 이 지역에 대한 정책적 관심을 유지해 오지는 못했던 것이 현실임을 감안한다면, 숲가꾸기와 내화수림대를 포함하여 산불진화임도를 종합적으로 보여줄 수 있는 시범사업지는 꼭 필요하다는 것이 제 생각입니다.

우리는 지금까지 산불에 강한 숲이 무엇을 의미하는지, 그리고 이러한 숲을 만들기 위해서는 어떻게 해야 하는지에 대하여 숲가

---

38) 산림청, 「2006년도 산림과 임업 동향에 관한 연차보고서」, 2006, 330~332면.

꾸기와 내화수림대 및 산불진화임도를 중심으로 살펴보았습니다.

　그러나 산불에 강한 숲을 만드는 방법에는 당연히 이러한 사업들만이 있는 것은 아닙니다. 산불에 취약한 숲의 계곡에 물을 가두어 둘 수 있는 다목적 사방댐을 설치하거나, 소나무재선충병으로 죽어 벌채한 나무를 숲에 쌓아놓는 대신 수집해 파쇄하는 것도 산림연료를 줄인다는 차원에서는 매우 중요한 일이기 때문입니다. 또한, 만일 우리가 사고의 폭을 더 넓힐 수 있다면, 이러한 임학적인 방법만이 아니라 대형산불에 특히 취약한 숲이나 산불특별관리구역과 같은 곳에는 산불예방을 위한 소화시설을 집중적으로 설치하는 방법도 충분히 고려해 볼 필요가 있을 것입니다.

　그렇지만 역시 우리의 산림을 산불에 강한 숲으로 만들어 나가는 가장 좋은 방법은 평소 산림을 경영하면서 산불과 같은 재해에 대한 고려를 잊지 않는 것이라고 생각합니다. 마치 산림에 인접한 마을주민들이 행정안전부와 함께 '산불에 강한 마을가꾸기'를 추진하며 늘 산불에 대비하는 것처럼, 숲을 잘 관리하고 지속가능하게 경영하는 것이야말로 진정한 의미에서 산불에 강한 숲을 만드는 최고의 방법이라고 믿기 때문입니다.

진화전술 논쟁: 공중진화와 지상진화

I

저는 이제 여러분과 함께 산불을 끄는 것에 관한 이야기를 해보려고 합니다. 아시다시피 일반적으로 불을 끄는 것을 진화한다고 하므로 산불진화란 산불을 끄는 것을 말하지만 좀 더 정확하게 법적인 개념으로는, "산불을 예방하고 진화하는 모든 활동"인 산불방지(산림보호법 제2조 제8호) 중에서 예방활동을 제외한 것을 의미합니다.

이러한 산불진화는 "산불의 3요소인 열, 산소, 연료 중에서 1~2개를 신속하고 효율적인 방법으로 제거하는 것"[1]으로 통상적으로는 이미 발생한 산불을 끄거나 확산을 저지하고 뒷불을 감시하기 위한 활동을 말하는데, 이를 시간에 따라 구분하면 발화-확산-주불진화-잔불진화-진화완료-뒷불감시와 같이 6단계로 나누어 볼 수 있습니다.[2]

사실 우리가 언론기관이나 SNS와 같은 온라인 등을 통해 보는 가장 일반적인 산불진화의 모습은 대개 온 산을 태울 듯 거센 불길 위로 거침없이 물을 뿌려대는 산불진화헬기나, 나무와 덤불을 삼키는 시뻘건 산불에 등짐펌프와 갈퀴 등으로 맞서는 진화대원의 모습일 것입니다. 그러나 산불진화는 이처럼 몇 장의 사진이나 짤막한 동영상만으로는 설명할 수 없는 역동적인 활동으로서 때로는 긴 시간 동안 많은 인력과 자원이 동원될 뿐만 아니라, 다양한 전술이 요구되는 고도의 산불대응 활동으로 이해되어야 합니다.

특히 앞에서 살펴본 것처럼 산불의 모습이 이전과는 분명히 달

---

1) 이시영의 「산불방재학」, 134면. 한편 이러한 산불진화 방법에는 구체적으로 산불이 발생한 지역의 산림연료를 제거해 산불을 진화하는 연료제거 방법과 우리나라에서 가장 보편적으로 사용하는 방법인 물로 열을 냉각시켜 산불을 진화하는 열제거 방법 및 가연물을 흙으로 덮는 등 연소에 필요한 산소를 차단해서 산불을 진화하는 산소제거 방법 등이 있습니다.
2) 산림청의 「산불진화 역량 강화를 위한 공중진화대원의 효율적 운영방안에 관한 연구」, 12면.

라졌음을 생각한다면, 현재의 산불진화는 산림만이 아니라 사회·
경제적인 여건까지 고려해야만 하는 훨씬 복잡하고 전략적인 활동
이라고 보아야 합니다. 이런 점에서 광범위한 지역에 영향을 미치
는 대형산불의 경우, 그 산불진화 활동은 일반적인 재난대응 수준
을 넘어 거의 군사작전과 같은 정도의 종합적인 대응역량을 필요
로 하기도 합니다.

Ⅱ

산불진화는 이러한 특성으로 인해 산불에 관한 다른 활동, 즉
예방이나 복구 등과는 구별되는 차별성을 가지고 있는데, 그중에
서도 특히 효율적으로 산불을 진화할 수 있도록 우선순위에 따라
매우 전략적으로 행동해야 한다는 점에 가장 큰 차이가 있다고 할
것입니다. 이것은 산불을 진화하는 일련의 과정을 살펴보면 더욱
쉽게 이해할 수 있습니다. 그러면 이제 여러분의 이해를 돕기 위
해 산불이 발생한 상황을 가정해 보도록 하겠습니다.

먼저 신고자로부터 산불발생 신고를 접수한 산림청이나 지역산
불관리기관 또는 산불유관기관에서는 산불이 발생한 장소와 규모
등을 파악한 후 이러한 내용을 관계기관에 전파하고 상황을 공유
합니다. 이 경우 산불을 먼저 발견한 사람은 산림청이나 지방자치
단체의 산림부서와 같은 산림행정기관만이 아니라, 긴급전화 119
를 사용해서 소방기관에 신고할 수도 있습니다. 왜냐하면, 산불유
관기관에 속하는 소방청과는 이미 일반화재와 산불발생 신고를 연
계하도록 긴밀한 협조체계가 구축되어 있으므로 어느 기관에 신고
하든 해당 정보가 공유되기 때문입니다.

한편 「산림보호법」에 따르면 산불발생 신고를 지역산불관리기
관이 아니라 산림청이나 산불유관기관이 접수한 경우에는 그 상황

을 지역산불관리기관에 바로 알리도록 하고 있는데($\substack{제36조\\제2항}$), 이것은 지역산불관리기관이 신속하게 신고를 전파받아 현장의 산불상황에 차질 없이 대처할 수 있도록 하기 위한 것입니다.

이처럼 산불상황을 접수하거나 전파받은 지역산불관리기관에서는 산불담당 부서를 중심으로 현장의 산불상황을 구체적으로 파악한 후 산불진화를 위한 조치를 시작합니다. 이러한 조치는 산불의 상황에 따라 그 순서가 달라지거나 동시에 진행되기도 하지만 대체로 다음과 같이 이루어지게 됩니다.[3]

- 지역산불관리기관의 장에게 산불상황을 보고한다.
- 산불이 발생한 현장에 진화대원을 보내거나 산림청과 해당 지역산불관리기관이 자체로 보유하고 있는 산불진화헬기를 출동시킨다.
- 산불상황에 따라 현장에 산불현장통합지휘본부를 설치해 진화를 지휘하고, 필요한 경우에는 산불유관기관에 협조를 요청한다.
- 산불이 대형산불로 확산되면, 광역지방자치단체장이나 산림청장에게 산불진화를 이관한다.

여기에서 산불현장통합지휘본부란 산불이 발생한 현장에서 그 산불의 진화를 통합적으로 지휘하기 위해 설치하는 것으로 중형·소형산불인 경우에는 해당 지역을 관할하는 특별자치시장, 특별자치도지사 및 시장·군수·구청장이나 국유림관리소장이 설치해서 지휘하게 됩니다($\substack{산림보호법\\제37조~제38조}$). 그러나 만일 중형·소형산불이 대형산불로 확산되면 시·도지사가 산불현장통합지휘본부를 지휘해야 하며, 혹시라도 2개 이상의 시·도에 걸쳐 산불이 확산된다면 중앙산불방지대책본부의 장인 산림청장이 산불현장통합지휘본부를 직접 지휘하게 됩니다.[4]

---

3) 이와 관련하여 산불발생에 따른 상황접수와 전파, 현장출동 및 현장도착시 조치사항, 진화계획의 수립 및 진화활동, 산불진화기관별 임무와 역할 등에 대한 보다 자세한 내용은 「산불진화기관의 임무와 역할에 관한 규정」(산림청예규 제718호, 2024.5.28.)을 참고하기 바랍니다.

「산림보호법」에 따르면 이러한 산불현장통합지휘본부의 장[산불현장통합지휘본부장]은 산불진화를 지휘하고 진화에 필요한 명령을 내릴 수 있는데, 이를 위해 진화전략의 수립, 진화자원의 배치, 산불상황의 전파 및 홍보, 의료구호 지원 등을 포함한 대책을 강구[5]하면서, 다른 한편으로는 산불현장에 지원된 산불유관기관과도 통합지휘체계를 구축할 수 있도록 산불유관기관의 관계관을 소집해 현장대책회의를 개최하거나 기관별로 임무를 부여할 수 있도록 하고 있습니다(산림보호법 제38조 및 시행규칙 제33조 제1항).

이와 함께 산불현장통합지휘본부장은 산불진화와 관련해서 필요하다고 인정되면 소방관서, 경찰관서, 군부대 및 기상관서 등에게 산불진화와 현장통제 등에 필요한 장비와 인력의 협조를 요청할 수 있으며, 이러한 요청에 따라 산불현장에 파견된 자에게 임무를 부여하고 지휘할 수 있는 권한을 가지게 됩니다(산림보호법 제39조).

어떻습니까? 전부는 아니더라도 이렇게 살펴보니, 산불이 발생했다는 신고를 받고 현장에 출동해서 그 산불을 완전히 진화하기까지 처리해야 할 일들이 얼마나 많은지 조금은 알 것 같지 않습니까? 당연히 현재 강의를 듣는 우리는 그 긴박감과 책임감을 다 느낄 수가 없겠지만 말이죠.

바로 이런 이유로 저는 앞에서 산불을 진화하는 일이야말로 산불발생 신고를 접수한 순간부터 주불을 진화하고 뒷불을 감시하는

---

4) 다만, 이 경우에도 「산림보호법 시행령」에 따르면 산림청장이나 시·도지사는 발생한 산불이 중형이나 소형산불인 경우, 또는 전국적으로나 시·도에서 동시다발적으로 산불이 발생한 경우에는 지리적 여건과 피해상황 등을 고려해서 시·도지사나 시장·군수·구청장에게 해당 산불의 진화를 통합적으로 지휘하는 권한을 위임할 수 있도록 하고 있습니다(제25조 제4항).
5) 이와 관련하여 현행 「산림보호법 시행규칙」은 통합지휘본부장이 산불의 상황 및 진화상황을 관리할 수 있도록 산불현장통합지휘본부에 상황총괄반, 지상진화반, 공중진화반, 보급지원반 및 홍보대책반을 편성해서 운영하도록 규정하고 있습니다(제33조 제2항).

마지막 단계까지, 매 순간마다 종합적이고 전략적인 대응역량이 필요한 활동이라고 강조했던 것입니다. 따라서 효율적으로 산불을 진화하기 위해 꼭 필요한 것은 어쩌면 현장에서 산불을 직접 끄는 인력이나 장비만이 아니라, 전체 상황을 파악한 후 현장에 맞는 조치를 제시간에 취할 줄 아는, 즉 산불진화를 위한 전략과 전술을 현장에 적용하는 역량일지도 모릅니다.

이러한 관점에서 산불을 진화할 때 적용되는 우선순위에 관한 기준은 가장 기본적이면서도 중요한 의미가 있다고 생각합니다. 특히 산불이 급속히 확산되거나 제한된 인력과 장비로 진화해야만 하는 때에는 이러한 우선순위가 더욱 중요해지게 되는데, 이를 반영해 현행 「산림보호법 시행규칙」(제31조)에서는 인명보호를 제1순위로 하면서 제2순위는 국가기간산업과 군사시설 및 국가유산의 보호, 제3순위는 가옥 등 재산의 보호, 제4순위는 산림보호구역과 채종림 및 시험림과 같은 주요 산림자원의 보호에 그 우선순위를 둔 후 마지막으로는 다른 산림지역으로 산불이 확산되는 것을 방지하도록 규정하고 있습니다.

그런데 사실 실제로 산불을 진화해야 하는 다급한 현장에서 매 순간 이런 순위를 고려한다는 것은 결코 쉽지 않은 일일 것입니다. 그러므로 현장에서 산불에 맞서는 진화대원과 산불담당 부서의 공무원은 물론이고, 산불현장통합지휘본부장은 이러한 우선순위에 대하여 누구보다도 잘 이해한 후에 이를 적용해서 지휘하는 역량을 갖출 필요가 있다고 생각합니다.

Ⅲ

그러면 산불진화에 적용되는 전략과 전술이란 무엇을 의미하는 것일까요? 아니 그보다 우선 전략과 전술이란 무엇일까요?

사실 전략과 전술이라는 말은 현대에 와서는 모두가 일반적으로 사용하는 용어가 되었지만, 실제로는 고대국가 시대에 병법이나 군사학과 관련해 생겨난 것으로 그 어원에 따르면, 전략이란 전쟁의 목적을 달성하기 위한 기본방침을 말하며, 전술은 이러한 전략을 달성하기 위한 개별적인 전투에 관계되는 방법을 의미하는 것으로 이해됩니다. 이러한 측면에서 "전술은 전투에서 전투력을 사용하는 방법을 지정하고, 전략은 전쟁목적을 달성하기 위해 전투를 사용하는 방법을 지정"[6]하는 것이라는 표현은 전략과 전술의 개념적인 차이를 잘 설명하고 있는 것으로 생각됩니다.

결국, 전략이란 쉽게 정리하면 특정한 목적을 달성하기 위한 계획을 말하고, 전술이란 이러한 전략을 달성하기 위한 하위개념으로서 일정한 목표를 성취하기 위한 수단이나 방법을 의미하는 것이라고 이해하면 될 것입니다.

그렇다면 우리 숲을 산불로부터 지키기 위한 진화전략은 무엇일까요? 이에 대해서는 무엇보다도 산림청이 전국을 대상으로 수립한 산불방지를 위한 장기대책 중에서 산불진화에 관한 기본전략으로 명시한 '산불 현장대응력 강화' 부분을 살펴볼 필요가 있는데, 여러분께서 이해하기 쉽게 그 주요 내용을 정리해 보면 아래와 같습니다.[7]

- 산불현장통합지휘본부의 기능 및 역할을 강화한다.
- 산불진화 장비를 전략화하고 첨단화한다.

6) 클라우제비츠(허문순 옮김), 「전쟁론 Ⅰ」, 동서문화사, 2016, 121면.
7) 산림청의 「2023~2027년 전국 산불방지 장기대책」 11면 및 32~42면. 이에 따르면 산림청은 "365일, 산불재난으로부터 안전한 대한민국 실현"을 비전으로 제시하면서, "선제적 대응으로 산불로 인한 인명 및 재산피해 최소화" 및 "대형산불 30% 감축(18~22년 대비)" 목표를 정하고, 이를 위해 ① 산불예방·감시 및 기반시설 구축, ② 연중 철저한 산불대비 체계 마련, ③ 산불현장대응력 강화, ④ 산불피해지 복구·복원 및 제도정비, ⑤ 국내외 연구및 협력 강화를 5대 전략으로 명시하고 있습니다.

- 지상진화인력을 확충하고 정예화한다.
- 항공진화인력에 대한 교육·훈련 및 안전관리를 강화한다.
- 동해안과 DMZ 지역의 대형산불에 대한 대응체계를 강화한다.

어떻습니까? 이렇게 살펴보니 산불현장통합지휘본부를 중심으로 지상진화인력과 항공진화인력을 정예화하여 산불을 효율적으로 진화하고자 하는 산림청의 전략이 분명히 드러나지 않습니까?

이러한 내용에 대하여 일부의 사람들은 지나치게 추상적이거나 아니면 단순한 보고용 표현에 불과하다고 주장할지도 모르겠습니다. 그러나 원래 전략이란 어떤 목표를 이루기 위한 포괄적인 계획이나 기본적인 방향을 정하는 것이라는 점에서 내용이 구체적이지 못하다고 비판하는 것은 적절하지 않다고 생각합니다.

그러면 이러한 산불진화 전략을 수행하기 위한 구체적인 전술에는 어떤 것들이 있을까요? 사실 산불진화를 위한 전술을 산불을 끄기 위한 작전개념이나 의사결정과정으로 보는 입장[8]에서는, 먼저 산불의 발생과 진행 상황 등을 파악한 후 산불에 영향을 미치는 인자와 진화에 동원할 수 있는 장비를 평가하여 예상되는 산불에 대응하는 과정을 전술로 이해하기도 합니다.

그러나 전술에 대한 이러한 설명이 의미가 있는 것이기는 하지만, 산불진화전술을 더 잘 이해하기 위해서는 이를 아래와 같이 (1) 산불진화 방식, (2) 산불진화에 사용되는 핵심진화자원, (3) 산불진화의 주력시간 등에 따라 다양한 전술형태로 구분하는 것이 더 큰 의미가 있어 보입니다.[9]

우선 산불진화전술은 그 진화방식에 따라 직접진화전술과 간접진화전술로 나누어 볼 수 있는데,[10] 이에 따르면 직접진화전술이

---

8) 이시영의 「산불방재학」, 182~191면.
9) 산림청의 「산불진화 역량 강화를 위한 공중진화대원의 효율적 운영방안에 관한 연구」, 23~24면.
10) 한국산불방지기술협회의 「산불방지 기초과정(교육교재)」, 51~58면.

란 산불진화의 원리에 따라 개인별 진화도구나 장비 및 산불진화 헬기를 이용해서 직접 산불을 진화하는 전술을 말하며, 간접진화 전술이란 직접진화가 어렵거나 물을 사용할 수 없는 경우에 산불로부터 일정한 거리를 두고 산불진화선을 구축하거나 산불의 연료를 제거하는 전술을 의미합니다.

또한, 산불진화전술은 진화에 사용되는 핵심자원이 무엇인지에 따라 주로 지상에서 활용할 수 있는 인력이나 차량과 같은 지상진화자원을 주력으로 사용하는 지상진화전술과 고정익 항공기나 헬기 및 드론 등과 같은 공중진화자원을 핵심진화자원으로 활용하는 공중진화전술로 나눌 수 있습니다.

한편 이러한 구분 이외에도 산불진화전술은 산불을 진화하는 주력시간을 기준으로 주간진화전술과 야간진화전술로 구분하기도 하는데, 특히 야간진화전술의 경우에는 시야가 제한되는 문제점에도 불구하고 바람의 영향을 덜 받는다는 장점이 있으므로, 잘 훈련된 진화인력을 투입할 수만 있다면 산불진화에 매우 효과적인 전술로 평가받고 있습니다.

그런데 사실 이러한 전술의 형태보다 더욱 중요한 것은 무엇보다도 현장의 기상이나 지형 및 동원할 수 있는 인력과 장비 등을 종합적으로 고려해서 실제 산불현장에 가장 효과적인 전술을 적용하는 것에 있다고 생각합니다. 이런 점에서 볼 때, 다양하게 나열된 앞의 전술들은 결국 산불현장통합지휘본부장이 산불을 효과적으로 끄기 위해 선택할 수 있는 가능한 대안 가운데 하나로 이해되어야 할 것입니다.

그러나 일부에서는 전술을 이와 같이 유연하게 인식하는 대신에 어떤 전술의 경우에는 마치 상위개념인 전략에 속하는 것처럼 간주하기도 합니다. 특정한 전술에 대한 이러한 맹목적인 신뢰는 산불현장에서 여러 가지 형태로 나타나는데, 예를 들어 지형을 고려하지 않고 직접진화전술만을 고집한다든지, 아니면 산불진화에 따르는 위험요소가 적은데도 불구하고 야간진화전술의 활용을 극도로 자제하는 것 등이 그 좋은 사례입니다.

이런 점에서 우리가 다루려고 하는 진화전술에 관한 논쟁, 즉 공중진화전술과 지상진화전술에 관한 것도 넓은 의미로는 이러한 범주에 속하는 것으로 보입니다.

한편 앞에서 살펴본 것처럼 공중진화전술과 지상진화전술은 산불진화에 사용되는 핵심자원이 무엇인가에 따라 구분한 것인데, 여기에서 핵심자원이란 산불진화자원 중 전술상 가장 중심이 되는 자원을 의미하는 것으로 이해하면 될 것입니다.

그러면 산불진화자원이란 무엇을 말하는 것일까요? 「산불진화 기관의 임무와 역할에 관한 규정」(산림청예규 제718호 2024.5.28.)이 이에 대하여 잘 알려주고 있는데, 이에 따르면 산불진화자원이란 "산불진화에 직접 또는 간접적으로 투입되는 진화인력·진화장비, 기타 산불진화에 필요한 자원"(제2조 제6호)으로서 구체적으로는 차량, 수작업 진화대원, 항공기, 기계화시스템, 개인진화장비 및 진화용수 공급 등으로 구분할 수 있습니다.[11]

이렇게 볼 때, 지상진화인력을 포함해 진화차량과 개인진화장비 등은 지상진화전술의 중심이 되는 핵심자원으로서 지상진화자원에 속하는 것이며, 고정익 항공기나 헬기 또는 드론 등은 공중진화전술의 주력이 되는 핵심적인 공중진화자원인 것입니다. 그러므로 지상진화인력이 일시적으로 산불진화헬기를 이용해서 현장에 투입되었다고 하더라도 이를 공중진화전술을 활용한 것으로 볼 수는 없을 것입니다. 이런 점에서 산불진화헬기로 현장에 도착한 후 레펠을 이용해서 투입되는 산림청의 산림항공본부에 속한 산림항

---

11) 이시영외 「산불방재학」, 162~180면.

공공중진화대는 지상진화인력으로 구분하는 것이 합리적인 것으로 보입니다.[12]

IV

그러면 이제 이러한 논의를 기반으로 우리의 쟁점인 진화전술에 대하여 보다 구체적으로 다뤄보기로 하겠습니다. 여기에서 우리가 다루려는 공중진화전술과 지상진화전술에 관한 논쟁은 비록 그 쟁점이 겉으로 드러나지는 않았지만, 실제로는 산불진화에 있어 어느 진화자원을 더 신뢰하느냐는 문제와 밀접하게 연관되어 있는 것으로 보입니다. 이것은 더 직접적으로 표현한다면, 누가 또는 어떤 장비가 산불을 더 잘 끄느냐에 관한 것이라고 할 수도 있을 것 같습니다.

그런데 문제는 이렇게 간단하지만은 않아 보입니다. 왜냐하면, 공중진화전술과 지상진화전술의 차이점은 단순하게 진화자원의 신뢰도나 효율성으로부터 유래한 것으로 보기에는 따져보아야 할 다른 중요한 요인들이 더 있기 때문입니다. 예를 들어, 과거부터 현재까지 산불진화를 위한 전략은 어떻게 변화되어 왔는가 또는 공중진화자원의 주력을 형성하는 산불진화헬기를 도입한 배경은 무

---

12) 산림청의 「산불재난특수진화대 정예화 방안에 관한 연구」, 13면. 이에 대하여 일부에서는 산림항공공중진화대는 공중진화전술의 핵심기관인 산림항공본부에 속한 공무원으로서 지상에서 진화임무를 수행하더라도 기본적으로는 산불진화헬기와 같이 공중진화전술의 일환으로 진화임무를 수행하는 것으로 보아야 한다는 점과 산림항공공중진화대의 임무에는 산불진화 외에 산림항공구조대로서의 역할과 일반 산림사업지원 임무까지 다양하므로 지상진화인력으로 취급하는 경우 혼란을 초래할 수 있다고 주장하기도 합니다. 그러나 산불진화자원을 구분하는 것은 산불진화의 관점에서 공중진화전술과 지상진화전술을 좀 더 잘 이해하기 위한 것일 뿐, 산림항공공중진화대의 소속이나 다른 임무에 영향을 미치려는 것이 아님이 명확하므로 산림항공공중진화대는 지상진화인력으로 보는 것이 타당하다고 생각합니다.

엇인가, 그리고 지방자치단체에 속한 지상진화인력의 교육훈련 수준이나 역량 등은 어느 정도인가와 같은 것 말이죠.

사실 제가 이번 강의의 제목을 '진화전술에 관한 논쟁: 공중진화와 지상진화'라고 붙였지만, 엄밀하게 말하면 이러한 표현은 정확한 것이 아니라고 생각합니다. 왜냐하면 현재 우리나라에서는 지상진화전술을 공중진화전술과 동등하게 비교하면서 그 전술적인 우위를 주장하는 입장은 찾아보기가 쉽지 않은 대신, 대개는 공중진화전술의 우위를 강조하거나 그것도 아니면 공중진화전술을 보완하는 정도로 지상진화전술을 취급하기 때문입니다.[13] 그런데 실제로 이러한 생각이 크게 잘못된 것이 아닌 것은, 2023년의 경우만 하더라도 전체 596건의 산불 중 산불진화헬기를 주력으로 활용해서 진화한 것이 전체의 74%인 444건에 이르기 때문입니다.[14]

그러나 이러한 현실을 고려하더라도 산불진화전술에 대한 관행적인 인식은 결코 합리적으로 보이지는 않습니다. 특히 최근에 들어 그 양상이 완전히 달라지고 있는 산불을 생각하면, 특정한 전술에만 집착하는 것은 오히려 더 큰 위기를 초래할지도 모른다는 점에서 더욱 그렇습니다.[15] 왜냐하면, 특정한 전술에 대한 지나친

---

13) 산림청의 「산불재난특수진화대 정예화 방안에 관한 연구」, 15면. 이에 따르면 "공중진화자원과 지상진화자원의 선택과 강화가 산불진화 전략전술의 종속변수라고 보면 그간 산림청은 지상진화보다 공중진화에 주력해 왔다고 할 수 있다"라고 하면서, "진화과정도 주불진화, 잔불진화, 뒷불감시로 획정하고 주불은 공중진화자원이, 잔불 및 뒷불은 지상진화자원이 담당하도록 대응시켜 놓고 있다"라고 평가하고 있는데, 이러한 입장은 공중진화자원에 대한 그동안의 전술적 우위를 잘 말해주고 있는 것으로 보입니다.
14) 산림청의 「2023년 산불통계 연보」, 109면.
15) 실제로 산림청은 2022년 2월 러시아의 침공으로 시작된 러시아-우크라이나 전쟁의 여파로 그동안 산불진화에 주력으로 사용해 오던 러시아산 산불진화헬기(KA-32)의 부품공급에 차질이 빚어짐에 따라 2023~2024년 봄철 산불진화에 큰 애로를 겪었는데, 이러한 사실은 특정한 진화자원에 지나치게 의존하는 것이 얼마나 위험한 것인지를 잘 보여주는 사례라고 생각합니다. 한편 특정한 자원에 의존하는 것은 또 다른 측면에서도 위험을 초래할 수 있

신뢰는 필연적으로 산불진화에 필요한 다른 진화자원에 대한 약화를 초래함으로써 산불진화자원 사이에 요구되는 전술적 균형을 해칠 수도 있기 때문입니다.

그러면 우리나라에서는 언제부터 산불진화에 있어 공중진화전술이 이처럼 절대적인 우위를 가지게 된 것일까요? 산림분야에 헬기가 처음으로 도입된 것은 1971년 산림청에 항공대가 창설된 이후의 일이지만, 산불진화에 헬기를 활용한 것은 1981년 3월 서울 양재동 인근에서 발생한 산불에 헬기를 투입한 것이 최초의 기록으로 남아있습니다. 이것은 「제2차 치산녹화 10개년 계획(1979~1987)」의 성공으로 산림이 어느 정도 울창해지자, 산불도 대형화하기 시작한 상황변화를 적극적으로 반영한 새로운 전략에 따른 것으로 이해됩니다.[16]

이후 산불진화헬기를 주력으로 활용하는 작전은 산불진화에 있어 가장 핵심적인 전술이 되었는데, 특히 러시아에서 도입한 헬기(일명 카모프, KA-32)가 대형산불을 진화하는 데 크게 이바지하면서 현재에는 더 많은 물을 담을 수 있는 또 다른 대형헬기(S-64E)를 포함해, 산림청과 지방자치단체 및 군이 보유한 헬기를 모두 합치면 거의 200여 대에 이를 정도로 거대한 공중진화전력을

는데, 이것은 마치 제2차 세계대전 중에 일본 해군성이 항공모함이 아니라 야마토 전함에 지나치게 의존함으로써 결정적으로 패전을 당했던 것처럼 특별한 성공체험에 몰입하는 것은 오히려 조직을 더 큰 위기에 빠뜨릴 수도 있기 때문입니다[사카이야 다이치(김순호 역), 「조직의 성쇠」, 위즈덤하우스, 2002].

16) 산림청 산림항공본부, 「산림항공본부 50년사」, 2021, 120면 및 132~138면. 이에 관한 좀 더 자세한 내용은 「제2차 치산녹화 10개년 계획(1979~1987)」에서 찾아볼 수 있는데, 이에 따르면 당시의 산불방지대책은 ① 산화예방을 위한 범국민 계도, ② 주민동원체제에 의한 진화대 조직, ③ 방화선 신설 및 보수관리 철저, ④ 공중소화기지 5개소 설치운영 및 공중소화장비와 약제확보 비치 등 진화체제의 확립을 주요 내용으로 하는 것이었습니다(산림청, 「산림기본계획 모음집: 1차~3차(1973~1997)」, 2013, 111~112면).

갖추고 있습니다.[17] 그 결과 이제 산불현장에서는 "헬기가 없으면 산불을 끌 수 없다"라는 이야기까지 나오고 있는 것이 현실입니다.

이와 함께 최근에는 산림청을 중심으로 산불진화헬기 이외에도 드론을 이용해서 야간산불을 감시하거나 소화약제를 싣고 직접 산불을 진화하는 새로운 전술을 개발하면서, 다른 한편으로는 고정익 항공기를 산불진화에 활용하거나 야간에 산불진화헬기를 투입하기 위한 시도도 병행하고 있는 것으로 알려져 있습니다. 이처럼 산불을 끄기 위해 헬기와 드론 및 고정익 항공기를 활용하는 공중진화전술은 산불의 불씨를 탐색하는 일부터 직접 산불을 진화하는 데까지 그 활용 범위를 더욱 넓혀 나가고 있는 것입니다.

그러면 이러한 공중진화전술과 달리 지상진화전술은 어떻게 변화되어 왔을까요? 앞에서 살펴본 것처럼 지상진화전술은 지상진화인력과 차량 및 개인진화장비 등을 핵심자원으로 활용하는 전술로서 본격적으로 지상진화인력이 구성된 것은 1996년 고성산불 이후 현재의 사회복무요원과 같은 공익근무요원을 중심으로 전국에 지상진화대를 조직한 것이 그 시작으로 보입니다.[18] 이러한 지상진화대의 창설은 주로 마을주민으로 임시진화대를 편성해서 산불을 끄던 이전의 주민동원체제를 비로소 교육훈련을 받은 전문인력에 의한 진화체계로 전환했다는 점에서 큰 의미가 있다고 평가할

---

17) 실제로 대형산불이 우려되는 경우에 산림청에서는 '국가기관헬기 통합지휘운영체계'에 따라 유관기관이 보유한 가용할 수 있는 헬기까지 지원받게 되는데, 이 경우 동원이 가능한 전체 산불진화헬기의 수는 2024년의 경우 189대 [산림청 45대(해외임차 7대 포함), 지방자치단체 75대, 군 29대, 소방 29대, 경찰 10대, 국립공원공단 1대)에 달하는 것으로 계획되어 있습니다(산림청의 「2024년도 전국 산불방지종합대책」, 22~23면). 이러한 국가적 차원의 헬기 지원체계는 산불을 진화하는 가장 중요한 기반으로, 지난 2022년에 발생했던 울진·삼척산불의 경우에는 3월 9일 하루에만 총 91대의 헬기를 실제로 동원하기도 했습니다("울진·삼척 산불진화율 진척없이 70%대…헬기 91대 투입", 뉴스1, 2022.3.9.).
18) 산림청의 「산불재난특수진화대 정예화 방안에 관한 연구」, 23~25면.

수 있을 것입니다. 그러나 제도의 변화에 따라 공익근무요원을 더 이상 지상진화대로 편성할 수 없게 되자, 2000년 이후에는 이를 대체하기 위해 산림청과 지방자치단체에 산불감시원과 산불전문예 방진화대를 조직하고, 특히 2016년부터는 산불진화에 특화된 전문 인력으로 산불재난특수진화대를 조직해서 지상진화인력의 주력으 로 운영하고 있습니다.[19)

산불진화를 위한 이러한 지상진화인력은 현재 약 2만명 규모에 이르는 것으로 알려져 있으나, 이 중에서 가장 많은 수를 차지하 는 산불감시원의 경우에는 주로 산불의 예방과 감시임무를 수행[20)

---

19) 산불감시원이란 봄·가을철 산불조심기간에 주로 산불예방과 소각행위 등을 단속하는 계도활동을 수행하되, 산불이 발생한 경우에는 최초진화와 뒷불감시 활동과 같이 지상진화를 보조하는 역할을 담당하는 지상진화인력을 말하며, 산불전문예방진화대란 평상시에는 산불예방 활동을 하지만 산불이 발생한 경우에는 우선해서 산불진화에 투입되는 지상진화인력을 말합니다. 또한, 산불재난특수진화대란 산불전문예방진화대보다 산불진화에 특화된 인력으로서 ① 대형산불로 확산될 우려가 있는 산불, ② 접근이 용이하지 않은 지역에서의 산불, ③ 관할지역 외의 지역에서의 산불을 진화하는 지상진화인력을 말합니다(「산림보호법 시행령」 제29조 및 제29조의2). 한편 이러한 지상진화인력 가운데 산불감시원과 산불전문예방진화대는 지방자치단체에서 고용하는 기간제근로자로 구성되나, 산불재난특수진화대의 경우에는 지방산림청 소속 국유림관리소에서 공무직과 기간제근로자로 나누어 구성한다는 점에서 차이가 있습니다.

20) 한편 이러한 산불감시원의 업무 범위와 관련하여 대법원은 오토바이를 타고 출근하던 일용직 산불감시원이 산불감시업무 담당구역과 상당히 떨어진 곳에서 중앙선을 침범해 교통사고로 사망한 사안에 대하여, "업무상의 재해라 함은 근로자가 사업주와의 근로계약에 기하여 사업주의 지배·관리하에서 당해 근로업무의 수행 또는 그에 수반되는 통상적인 활동을 하는 과정에서 이러한 업무에 기인하여 발생한 재해"를 말한다고 하면서, "망인이 자기 소유의 오토바이를 이용하여 산불감시업무를 수행하는 것을 조건으로 채용되었고, 망인의 집에서 소속 면사무소까지 출근시간에 맞추어 도착할 수 있는 대중교통수단이 없었으며, 망인이 맡은 산불감시대상지역이 매우 넓어 도보나 자전거를 이용한 업무수행이 곤란하고, 망인이 집에서 소속 면사무소로 출근하기 위하여 선택한 경로가 최단경로로서 합리적인 경로라고 볼 수 있는 점 등에 비추어 망인의 사망이 업무상 재해에 해당한다"라고 판결했습니다(대판 2005.9.29. 2005두4458).

한다는 점에서 실질적인 지상진화인력으로 평가하기에는 어려운 것이 사실입니다. 이렇게 볼 때, 산불진화를 위한 핵심인력은 산림청에 편성되어 있는 소수의 산불재난특수진화대와 지방자치단체에 이르기까지 전국적으로 조직되어 있는 산불전문예방진화대를 모두 합산하더라도 약 1만명 정도에 불과한 실정입니다.[21]

산불과 지상에서 직접 맞서고 있는 이러한 지상진화인력이 현재 주력으로 활용하고 있는 진화장비는 산불진화차와 이를 핵심으로 구성된 '산불진화기계화시스템'입니다. 여기에서 산불진화기계화시스템이란 산불이 발생한 현장까지 진화용수를 공급할 수 있도록 산불진화차와 동력펌프 및 호스 등을 체계적으로 연결한 것으로 지상진화인력과 장비가 유기적으로 결합한 진화체계를 말하는 것입니다. 이러한 산불진화기계화시스템은 통상적으로 각각 개별 임무를 부여받은 약 10명 내외의 인원이 한 팀이 되어 운영하는데, 숙달되면 높은 산이나 먼 거리에 있는 산림에까지 신속하게 물을 공급해서 산불을 진화할 할 수 있으므로 매우 효율적인 것으로 평가되고 있습니다.[22]

한편 이러한 지상진화전술도 최근에 들어와서는 등짐펌프와 같은 개인진화장비나 산불진화기계화시스템에 주로 의존했던 그동안의 전술에서 벗어나, 담수능력이 큰 고성능의 산불진화차를 중심으로 하는 새로운 진화전술을 도입[23]하는 등 달라진 산불에 맞서

---

21) 언뜻 보면 약 1만명에 달하는 이러한 지상진화인력의 규모라면 전국의 산불을 진화하기에는 충분해 보인다고 생각할 수도 있지만, 사실 산림청에만 배치된 산불재난특수진화대(약 430명)를 제외한 산불전문예방진화대 전체를 전국에 배치하는 경우, 기초지방자치단체별로 약 40명 정도를 편성할 수 있을 뿐입니다. 이렇게 볼 때 현재의 지상진화인력 규모는 산불의 위협에 비해 결코 충분한 것은 아니라고 생각됩니다.
22) 이창배 외 19명의 「산불 관리의 과학적 관리」, 141면. 이에 따르면 산불진화기계화시스템은 산악지형이 많은 우리나라에 적합한 맞춤형 지상진화시스템으로서 이를 활용하는 경우 2km까지 직접 물을 보내 진화할 수 있는 장점을 가진 것으로 인정받고 있습니다.

기 위해 다양한 변화를 시도하고 있는 것으로 보입니다.

이쯤에서 자연스럽게 드는 의문이지만, 지금까지 살펴본 바에 따르면 산림청을 포함한 산림행정기관에서는 산불을 효율적으로 진화하기 위한 방법으로 공중진화와 지상진화라는 2가지 전술의 필요성과 각각의 장단점을 충분히 인식하고 있었던 것으로 보이는데, 실제로는 왜 공중진화전술과 지상진화전술을 병행하는 대신에 현재와 같이 산불진화헬기 중심의 공중진화전술이 우선하는 모습을 갖게 된 것일까요?

이에 대해서는 당연히 여러 가지 이유를 생각해 볼 수 있겠지만, 역시 가장 중요한 것은 진화의 효율성 때문이었을 것으로 추측됩니다. 즉 경사가 급한 산악지형이 대부분인 우리나라에서는 산불이 발생하면 도로를 이용해서 지상으로 접근하는 것보다는 공중에서 직접 현장에 접근하는 것이 훨씬 효율적일 테니까요. 이러한 사실은 "산불을 끄기 위해 3시간 동안이나 산에 올라간 적도 있다"라는 말이 산불을 담당하는 공무원들 사이에서 실제로 떠돌고 있는 것으로도 충분히 알 수 있지만, 현실적으로 접근할 수 있는 임도조차 없는 높은 산 위에서 산불이 발생했다면 이런 말들이 결코 과장된 것만은 아니라는 사실은 충분히 알 수 있을 것 같습니다. 이런 점에서 산불진화헬기를 이용한 공중진화전술은 최대한 신속하게 현장에 도착해서 산불을 진화할 수 있을 뿐만 아니라, 접근이 어려운 산악지형도 극복할 수 있는 좋은 대안이었던 것이 분명해 보입니다.

이와 더불어 현재와 같은 공중진화전술 체계를 갖추게 된 데에는 1990년 정부가 제공했던 차관을 구소련 붕괴 후 이를 계승한 러시아연방으로부터 현금 대신 상환받기로 한 품목에 헬기가 포함

---

23) 산림청의 「2024년도 전국 산불방지종합대책」, 21면.

되면서, 1993년 이후에 산불진화헬기(KA-32)가 대량으로 도입되어 산림청에 배치되었다는 점도 간과할 수는 없다고 생각합니다.[24] 이것은 당시 대규모로 도입된 산불진화헬기로 인해 "산불진화 임무가 산림항공관리소의 주요 임무로 안착하는데 결정적으로 기여"[25]했을 뿐만 아니라, 이를 계기로 2006년 7월 산림항공관리소가 공중진화 작전을 총괄하는 산림항공본부로 격상되었다는 사실로도 잘 알 수 있습니다.

이와 관련해서 조금 다른 관점이긴 하지만, 공중진화전술의 우위를 지금까지 살펴본 것처럼 산불진화헬기가 아니라, 오히려 그동안 지상진화자원을 육성하는 일에 상대적으로 소홀해 왔기 때문이라는 주장은 경청할 만하다고 생각합니다. 이러한 주장은 1995년 지방자치제도가 본격적으로 실시된 이후 현장의 산불방지 역량이 전반적으로 약화되었다는 우려[26]에서 비롯된 것으로 현재 각 지방자치단체의 미흡한 산불진화체계가 이를 반증하는 것이라고 강조합니다.

---

24) 당초에 우리나라는 1990년, 당시 소련[소비에트사회주의공화국연방]과 수교하면서 약 30억 달러의 차관을 제공하기로 하고, 그중 약 14억 7000만 달러(당시 우리나라 외환보유고의 10%에 상당하는 규모)를 제공했으나, 1991년 소련이 붕괴되고 러시아연방으로 개편되는 사태가 발생하고 말았습니다. 이후 러시아연방은 국제법에 따라 구소련의 차관을 인수하기로 했으나, 어려운 경제 사정으로 인해 양국은 차관을 현금 대신 현물로 상환하기로 합의했으며, 그 결과 2차례에 걸쳐 러시아연방이 소유하고 있던 원자재와 방산물자를 상환받게 되었습니다. 이것을 '불곰사업'이라고 하는데, 이를 통해 우리나라는 구소련의 전차, 잠수함 및 항공기 등을 들여옴으로써 현재와 같은 고도의 무기체계를 갖추는 계기를 마련했던 것으로 평가받기도 합니다. 산림청이 현재 산불진화에 주력으로 사용하고 있는 헬기(KA-32)도 이러한 불곰사업을 통해 들여온 것으로 당시 도입된 헬기는 여전히 산불진화의 최일선에서 주력으로 활약하고 있습니다.
25) 산림청 산림항공본부의 「산림항공본부 50년사」, 41면.
26) 산림청의 「한국의 산불관리 정책 및 기술: 산림분야 발전경험 모듈화 보고서 1(2020)의 내용을 「산불재난특수진화대 정예화 방안에 관한 연구」, 17면(표 Ⅲ-5)에서 재인용한 것입니다.

사실 많은 노력에도 불구하고, 각 지방자치단체는 산불진화를 위한 전문체계를 갖추는데 있어 여전히 부족한 모습을 보이고 있는 것이 현실입니다. 산림면적에 비해 턱없이 적은 지상진화인력의 규모와 충분하지 못한 교육훈련 및 부족한 예산과 진화장비 등은 이를 상징적으로 보여주는 지표일 것입니다. 이러한 시각에서 보면 지방자치단체의 대부분이 지상진화전술에 대하여 공중진화전술을 보완하는 정도로 인식하고 있는 것은 어쩌면 당연할지도 모르겠다는 생각이 듭니다.

V

그러면 현재에도 전략적인 면에서 공중진화와 지상진화에 관한 이러한 전술적인 차이가 여전히 유지되고 있을까요? 아니면 최근에 들어 달라진 산불의 양상을 반영해서 이전과는 다른 차원의 전략이 적용되고 있을까요?

이에 대한 대답은 산불방지에 관한 중장기 전략과 전술이 종합되어 있는 산림청의 장기대책 중 '달라지는 주요 산불방지 정책'에서 찾아볼 수 있는데, 그 내용을 발췌해서 다시 정리하면 다음과 같습니다.[27]

- 진화헬기에 의한 공중진화 방식을 공중진화와 지상진화를 병행하는 입체진화 방식으로 전환한다.
- 불머리를 직접진화하는 방식을 불가두기 후 불머리를 진화하는 방식으로 전환한다.[28]

---

27) 산림청의 「2023~2027년 전국 산불방지 장기대책」 중 목차 앞에 있는 '달라지는 주요 산불방지 정책'을 참고하기 바랍니다.
28) 여기에서 불머리[火頭]를 직접진화하는 방식이란 산불진화헬기를 이용해서 산불이 진행하는 방향의 선두에 진화용수를 직접 살포하는 방법을 말하며, 불가두기 후 불머리를 진화하는 방식이란 산불진화헬기로 직접 불머리를 진

어떻습니까? 이전과는 달리 공중진화전술과 대등하게 지상진화의 전술적 가치를 인정하면서 구체적으로 진화방식까지 바꾸려고 하는 정책적 의도가 분명히 나타나 있지 않습니까?

저는 이처럼 산불진화를 위한 기본전략이 산불진화헬기 중심의 공중진화전술 위주에서 공중과 지상진화전술을 입체적으로 병행하는 방식[공지합동진화전술]으로 전환된 것은 매우 큰 의미가 있다고 생각합니다. 왜냐하면, 이러한 전략적 변화로 인해 이제야 비로소 공중진화자원과 지상진화자원의 균형적 발전 및 전술적 다양성을 담보할 수 있게 되었으며, 그 결과 최근 들어 보다 위협적으로 바뀐 산불에 더 효율적으로 대응할 수 있는 기반을 확보할 수 있게 되었기 때문입니다.

그러면 이러한 전략적 전환을 뒷받침하기 위해서는 어떻게 해야 할까요? 이에 대하여 산림청은 앞에서 인용한 장기대책에서 (1) 산불진화임도를 확충하고, (2) 고성능 지상진화장비를 도입하며, (3) 교육훈련센터를 설립하는 등 교육훈련을 강화하여 지휘자 및 지상진화인력의 역량을 제고하고, (4) 전문가의 참여를 확대함으로써 산불현장통합지휘본부의 지휘능력을 보강하는 방안 등을 그 구체적인 수단으로 제시하고 있습니다.

저는 공중진화와 지상진화 사이에서 전술적 균형을 이루기 위해 산림청이 적극적으로 추진하려고 하는 이러한 정책에 대하여 아낌없는 지지를 보내고 싶습니다. 물론 이를 통해 정책적으로 의미 있는 성과를 달성하기까지는 어쩔 수 없이 많은 노력과 긴 시간이 필요하겠지만, 그 전략상의 혁신이 가져올 긍정적인 변화에 대해서는 이미 확신하고 있기 때문입니다.

화하는 대신에 산불지연제 등을 살포한 다음, 주로 지상진화인력이 산불의 옆이나 뒤쪽에서 접근해 불의 위력을 감소시키면서 불머리를 포위해 진화하는 방법을 말합니다.

　이러한 관점에서 저는 공중진화전술과 지상진화전술을 병행해 입체적으로 산불을 진화함으로써 더욱 효율적으로 산불에 대응할 수 있는 역량을 갖추기 위해서는, '공지합동진화전술'을 다듬고 훈련할 수 있는 산불교육훈련센터와 같은 조직적 기반이 반드시 필요하다는 것을 강조하고 싶습니다. 이것은 현재 공무직으로 전환된 일부의 산불재난특수진화대를 제외하고는, 산불전문예방진화대와 같은 지상진화인력의 대부분을 정부에서 매년 예산으로 고용하는 '일자리 지원사업'의 일환으로 선발하여, 최소한의 교육[29]만을 실시한 후 산불현장에 투입하고 있는 현실을 근본적으로 개선할 필요가 있기 때문입니다.

　사실 산불진화를 위한 이러한 교육훈련센터의 필요성은 1997년에 수립된 「제4차 산림기본계획(1998~2007)」에서도 이미 제기되었던 것인데, 이에 따르면 진화체계를 확립하기 위해서는 과학적인 교육훈련과 전문가 육성이 필요함을 강조하면서 특히 교육훈련조직을 보강하는 방안으로 산불방지훈련센터의 설립을 제시하고 있습니다.[30]

　이와 관련해서 어떤 사람들은 산림청 소속 산림교육원에서 이

---

29) 현재 산불전문예방진화대 등 지상진화인력은 「산림보호법」에 따라 의무적으로 연간 10시간 이상의 교육훈련을 받도록 규정하고 있습니다(제35조 제3항 제1호 및 같은 법 시행규칙 제29조 제2항). 산림청과 지방자치단체에 소속된 지상진화인력에 대한 이러한 교육훈련은 한국산불방지기술협회에서 위탁을 받아 실시하고 있는데(「산림보호법」 제35조 제5항), 일반화재 진압을 보조하는 의용소방대원도 신규로 임명된 후 2년이 지나지 않은 자는 36시간의 기본교육을 의무적으로 받아야 하는 것과 비교하면, 교육내용은 논외로 하더라도 교육시간조차 현저히 부족한 것이라고 할 수 있을 것입니다(「의용소방대 설치 및 운영에 관한 법률」 제13조 및 같은 법 시행규칙 제18조 제1항).

30) 산림청, 「제4차 산림기본계획(1998~2007)」, 1997, 151면. 한편 2023년 대형산불로 인해 주민대피령을 내리는 등 큰 피해를 보았던 캐나다 브리티시컬럼비아(BC)주도 이러한 대형산불에 대응할 미래의 산불전문가를 양성하기 위해 북미 최초로 산불교육훈련센터를 설치할 계획이라고 밝혔습니다("BC, 북미 최초 산불훈련·교육센터 설치", 빅토리아투데이, 2024.4.8.).

미 산불에 관한 교육을 하고 있으므로 별도로 교육훈련을 위한 시설은 필요하지 않다고 하면서, 만일 부족한 부분을 보완할 필요가 있다면 차라리 소방기관이 보유하고 있는 교육훈련 시설을 활용하는 것이 더 효율적일 것이라고 주장하기도 합니다.

그러나 이러한 주장은 사실상 과장된 것으로 실제 현실을 제대로 반영하지 못하고 있는 것으로 보입니다. 왜냐하면, 현재 산림교육원의 산불교육과정은 사실상 산림공무원을 위주로 한 것으로 현장에 중점을 둔 훈련보다는 강의식 교육에 치우쳐 있으며, 그마저도 일반교육과정에 비해 매우 적은 수의 과정만이 개설되어 있으므로 산불재난특수진화대 및 산불전문예방진화대와 같은 지상진화인력을 정예화하는 교육훈련을 담당하기에는 적당하지 않기 때문입니다.

이와 함께 산불진화에 관한 전문적인 교육훈련이 필요하다면 별도로 산불교육훈련센터를 신설하는 대신 현재 소방기관이 보유하고 있는 교육훈련 시설을 활용하는 방안이 더 효율적일 것이라는 주장은, 산불과 일반화재의 서로 다른 특성[31]을 지나치게 간과한 것으로 마치 산불재난특수진화대나 산불전문예방진화대를 소방법률에 따른 특정소방대상물의 화재진압이나 안전관리 업무[32]에도

---

31) 산림청의 「산불재난특수진화대 정예화 방안에 관한 연구」, 47~48면.

32) 여기에서 특정소방대상물이란 "건축물 등의 규모·용도 및 수용인원 등을 고려하여 소방시설을 설치하여야 하는 소방대상물로서 대통령령으로 정하는 것"을 말하는데, 이러한 특정소방대상물은 공동주택, 근린생활시설, 의료시설, 교육시설, 공장, 위험물 저장 및 처리시설 등 30종류로 구분되어 있습니다(「소방시설 설치 및 관리에 관한 법률」 제2조 제3호 및 같은 법 시행령 제5조 별표2). 또한, 소방안전관리대상물이란 이러한 "특정소방대상물 중 전문적인 안전관리가 요구되는 대통령령으로 정하는 특정소방대상물"로서 특급 소방안전관리대상물과 1급·2급·3급 소방안전관리대상물 등 4종류로 구분됩니다(「화재의 예방 및 안전관리에 관한 법률」 제24조 및 같은 법 시행령 제25조 제1항 별표4). 한편 「화재의 예방 및 안전관리에 관한 법률」에 따르면 이러한 소방안전관리대상물에는 각각의 등급에 따라 일정한 자격을 갖춘 소방안전관리자를 인원 기준에 맞게 선임하여 소방안전관리 업무를 수

투입할 수 있다는 논리와 별반 다르지 않아 보인다는 것이 제 솔직한 생각입니다.

그렇다면 새로 설치하는 산불교육훈련센터에서는 산불진화에 필요한 실질적인 교육훈련을 위해 무엇을 해야 할까요? 이에 대한 대답은 당연히 산불교육훈련센터가 설치되는 장소와 인력·예산의 규모 및 운영 방법 등에 따라 달라지겠지만, 그 본래의 취지를 고려할 때 최소한 다음과 같은 기능은 내실 있게 수행할 수 있는 체계를 갖추어야 한다고 생각합니다.

- 지상진화인력이 팀과 개인별 임무를 차질 없이 수행하고, 산불진화차와 같은 진화장비를 운용하는 능력을 배양하도록 해야 한다.
- 공중진화와 지상진화를 병행하는 입체적 합동진화전술[공지합동진화전술]을 훈련할 수 있는 야외실습훈련장을 갖추어야 한다.
- 산불현장통합지휘본부를 효율적으로 운영하고, 현장지휘관의 지휘역량을 강화할 수 있는 이론 및 실습과정을 마련해야 한다.
- 현장에 적합한 교육훈련용 교육교재와 교수방법 등을 개발하고, 새로운 진화전술과 장비 등을 응용할 수 있는 역량을 가져야 한다.

어떻습니까? 이러한 제 의견이 전부 반영된다면, 산불교육훈련센터는 아마도 현장에서의 산불진화에만 치중한 좁은 의미에서의 교육훈련을 뛰어넘어 생각보다 많은 임무를 수행해야 할지도 모르겠습니다. 그러나 이러한 기능을 차질 없이 수행한다면, 새로운 산불교육훈련센터는 공중과 지상진화자원을 실질적으로 통합하여 산불에 대응하는 전략조직이 될 뿐만 아니라, 새로운 진화전술과 장비 등을 시험하는 혁신의 요람이 될 것이라고 확신합니다.

이제 산불진화를 위한 논쟁을 마무리할 때가 되었습니다. 그런데 진화전술에 관한 제 강의를 마치기 전에 반드시 언급해야 할 중요한 내용을 마저 살펴볼까 합니다. 강의가 다소 길어지긴 하겠

행하도록 해야 합니다.

지만, 그렇다고 하더라도 덧붙일만한 가치는 충분하다고 생각합니다. 넓은 마음으로 이해해 주기 바랍니다.

　제가 꼭 함께 살펴봤으면 하는 것은 산림항공공중진화대에 관한 것입니다. 보통 줄여서 공중진화대라고 부르는 산림항공공중진화대는 산림청 소속기관인 산림항공본부에 속한 공무원으로서 이미 앞에서 살펴본 대로 산불진화를 전문으로 하는 가장 정예화된 지상진화인력이라고 할 수 있습니다.

　이러한 산림항공공중진화대는 1996년 동두천에서 발생한 산불로 공무원과 공익근무요원이 사망하고, 그해 4월에는 고성에서 대형산불마저 발생하자 지상에서 산불을 전문적으로 진화할 인력이 필요하다는 정부 차원의 정책적 고려에서 창설된 것입니다. 특히 산림항공공중진화대는 창설 당시부터 미국의 스모크점퍼(smokejumper)[33] 등을 모델로 해서 지상접근이 어려운 험준한 산악지역에 헬기로 투입되거나, 주로 야간산불을 진화하는 등 산불진화를 위한 전문조직으로서의 역할을 담당해 오고 있습니다.

　이런 점에서 산림항공공중진화대는 1997년에 창설된 이래 우리나라에서 발생한 주요 산불마다 가장 최일선에서 대응해 온 조직으로서 산불진화에 관한 그동안의 경험과 전술 및 전문지식 등을 체화하고 있는 특별한 조직이라는 평가[34]는 의심할 여지가 없어 보입니다. 특히 2023년 7월, 캐나다의 산불을 진화하기 위해 정부가 파견한 '대한민국 해외긴급구호대'(KDRT)가 산림항공공중진화

---

33) 스모크점퍼(smokejumper)란 도로나 철도를 이용해서는 접근할 수 없는 오지에서 산불이 발생한 경우, 항공기로부터 낙하하는 방식으로 산불현장에 도달해 진화활동을 전개하거나, 또는 산불이 확산되지 않도록 미리 불을 놓고 연료를 제거하는 활동 등을 하는 산불진화팀을 말합니다. 미국산림청은 이러한 스모크점퍼 320명을 전국 7개 기지에 나누어 배치하고 있으며, 이와 별도로 국토관리청도 2개의 스모크점퍼 기지를 두고 있는 것으로 알려져 있습니다(www.fs.usda.gov/science-technology/fire/people/smokejumpers).
34) 산림청의 「산불재난특수진화대 정예화 방안에 관한 연구」, 49면 및 99면.

대를 주축으로 구성되었던 것이나, 최근 몽골에 산불진화인력을 양성하기 위한 교관으로 산림항공공중진화대의 대원을 파견한 것은 산불진화에 관한 산림항공공중진화대의 이러한 전문성을 잘 보여주는 것이라고 생각합니다.[35]

이러한 관점에서 저는 산림항공공중진화대가 공중진화와 지상진화를 병행하는 입체적 합동진화전술인 공지합동진화전술의 발전을 위한 핵심적인 역할을 담당해 주기를 희망합니다. 왜냐하면, 산림항공공중진화대야말로 지상진화전술은 물론이고, 산불진화헬기의 운용 방식을 포함한 공중진화전술까지도 가장 잘 이해하고 있는 거의 유일한 조직이기 때문입니다.

이와 함께 만일 산림항공공중진화대의 이러한 전문성을 산불교육훈련센터에서 활용할 수 있다면, 산림청과 지방자치단체의 지상진화인력 전체를 대상으로 한 현장 중심의 지상진화 교육훈련은 말할 것도 없고, 산불진화헬기와의 교신을 포함한 전술적 협력방법 등에 관한 교육훈련의 수준도 획기적으로 제고할 수 있을 것이라고 생각합니다. 그렇습니다! 저는 산림항공공중진화대가 새로운 전술인 공지합동진화전술을 개발하고 발전시킴으로써 산불진화의 전술적 혁신을 가져오는 마중물 조직이 되기를 기대하고 있는 것입니다. 바로 이것이 제가 이 강의를 마치면서 산림항공공중진화대를 특별히 강조하는 이유입니다.

그러면 이제 이것으로 진화전술 논쟁에 관한 제 강의를 마치겠습니다. 특별히 오랜 시간 집중을 잃지 않은 모든 분께 깊은 감사를 드립니다. 다음 강의에서 뵙겠습니다.

---

35) "오늘 '대한민국 해외긴급구호대' 캐나다산불 진화 위해 출격", 파이낸셜뉴스, 2023.7.2; "'몽골 최초 산불진화대 양성'…산림청 공중진화대 교관 파견", 연합뉴스, 2024.5.18.

산불피해지를 숲으로
되돌리는 방법

I

혹시 여러분은 산불이 완전히 꺼진 뒤에 산불이 났었던 그 피해지를 가 본 적이 있나요? 아마도 이 강의에 참여한 여러분 가운데 대부분은 숲속에 있는 산불피해지를 직접 가 보지는 못했겠지만, 예를 들어 2022년 울진·삼척산불과 같은 대형산불이 진화된 후에 그 피해 현장의 모습을 담아낸 TV 영상이나 사진 등을 통해 산불에 타고 남은 '검은 숲'의 모습은 대개 선명하게 기억할 수 있을 것입니다. 완전히 타버린 집과 참혹한 가축의 모습을 포함해서 말이죠.

이처럼 산불은 불을 껐다고 해서 모든 것이 끝나는 것은 아닙니다. 산불이 휩쓸고 지나간 그 땅과 숲에 의지해서 살아갈 지역주민이 여전히 남아있으며, 산불에서도 살아남은 나무가 아직 간신히 버티고 서있기 때문입니다. 그러므로 산불진화를 완료했다고 해서 그 산불이 완전히 마무리된 것은 아닙니다. 불에 탄 숲을 되살리고, 이를 기반으로 지역사회를 다시 활성화하는 더 크고 중요한 일이 남아있기 때문입니다. 이제야 비로소 산불을 끄던 산림행정기관이 진정한 산림전문가 조직의 역할을 해야 할 때가 온 것입니다. 바로 산불피해지를 복구하는 더 중요한 일 말이죠.

사실 산불과 같은 재난분야에서 복구란 예방·대비 및 대응에 이은 것으로 보통 재난관리 4단계의 마지막 단계에 해당하는 것입니다. 이러한 복구는 "피해지역이 재난발생 직후부터 재난발생 이전 상태로 회복될 때까지의 장기적인 활동과정"[1]으로서 재난으로 인한 피해를 신속하고 긴급하게 원래의 상태로 만드는 원상복구와 장래에 일어날 수 있는 동일한 재난에 대비할 수 있도록 상향된

---

1) 국가위기관리학회(정찬권 외 19명), 「재난관리론」, 윤성사, 2020, 24면; 양기근, 「재난관리학」, 윤성사, 2024, 184.

기준에 따라 복구하는 항구복구로 구분할 수 있습니다.[2] 일반적으로 이러한 복구는 엄격한 기준에 따라 피해를 먼저 조사한 후에 확정된 그 피해 규모에 따라 복구계획을 수립해서 실행하는 순서로 이루어지게 됩니다.

이와 관련하여 최근에는 회복력(resilience) 개념을 중심으로 재난에 대응하거나 복구하는 것이 강조되고 있는데,[3] 산불도 이러한 관점에서 산불피해지역에 대한 회복력을 더 심도 있게 연구할 필요가 있다는 주장[4]은 경청할 만하다고 생각합니다. 이것은 특히 "산불의 규모가 대형화됨에 따라 산불은 산림뿐만 아니라 인명 및 재산, 심리적으로 피해를 주는 재난으로 변화"했으므로, 산불복구 과정에서 "생태학적인 관점뿐만 아니라 산불피해자의 관점을 고려하여 피해자들의 삶의 질을 신속하게 복구시키는 것이 중요한 목표"임을 고려할 때 매우 합리적인 것으로 보입니다.[5]

사실 재난으로 인해 발생한 피해를 복구하는 것은 재난관리 분야에서 매우 중요한 과제 중의 하나로서 재난복구만을 전문적으로

---

2) 이동규, 『한국재난관리론』, 윤성사, 2024, 484면; 임현우, 『재난관리론: 이론과 실제』, 박영사, 2019, 171~199면.

3) 행정안전부, 『제4차 국가안전관리기본계획(2020~2024)』, 11면 및 20~21면. 특히 이에 따르면 행정안전부는 "영국 정부가 정의하는 회복력이란 시스템이 용인 가능한 수준의 기능, 구조, 정체성을 유지하게 할 수 있는 역량"이라고 하면서, 이러한 회복력의 개념은 "재난의 발생이 불가피하다는 것을 인정하고 재난발생 이후 새로운 환경에 빠르게 적응하여 사회를 다시 회복하는 것에 초점을 맞추고 있음을 의미한다"라고 설명하고 있습니다.

4) 여은태, 『산불 피해지역 회복에 관한 공법적 과제와 전망』, 공법학연구 vol. 24, no. 4, 2023, 23~45면. 한편 여은태는 이러한 회복력과 관련하여 "국제사회와 재난관리 분야의 전문가들 사이에서 논의되고 있는 회복력에 대한 개념은 '재난 이전보다 더 안전한 공동체'를 조성하는 것에 주안점"을 두고 있다고 하면서, 그러나 "우리나라의 경우에는 아직까지 재난의 회복을 재난의 복구와 큰 차이점을 두지 않고 생각하는 경향이 있다"라고 주장하고 있습니다.

5) 강희지 외 4명, 『산불피해자의 삶의 질에 영향을 미치는 요인: 울진·삼척 산불을 중심으로』, 한국산림과학회지 112권(1호), 2023, 105~116면.

다루는 것도 전혀 낯선 일은 아닙니다.[6] 이러한 재난복구와 관련해서는 앞에서 살펴본 회복력의 개념을 포함해 지속가능한 복구를 위한 복구계획과 잔해관리 및 지역사회의 역할 등을 다루면서 환경이나 국가유산 및 주택 등과 같이 복구대상에 따라 그 복구 방법을 살펴보는 것이 일반적입니다.

그러나 이처럼 재난복구 차원에서 전문가가 환경을 다루는 경우라고 하더라도 주로 기름유출과 같은 사고나 하수처리장과 같은 환경시설물로 인한 피해복구에 관심을 집중할 뿐, 산불로 인한 산림피해를 복구하는 문제는 전통적으로 재난복구 분야에서 깊이 다루어오지 않았던 것이 사실입니다. 물론 산림이 아닌 다른 시각에서 산불피해지의 복구 문제를 바라보려는 노력이 전혀 없었던 것은 아니지만,[7] 산불피해로부터 산림을 복구하는 것은 지금까지 당연히 산림전문가의 책임으로 남겨져 왔습니다.

그런데 왜 산불로 인해 발생한 산림피해를 복구하는 것은 앞에서 살펴본 다른 자연재난이나 사회재난으로 인한 피해복구와는 다르게 재난복구가 아닌 산림을 중심으로 하는 과제로 인식되어 온 것일까요? 사실 이러한 의문에 대해서는 이론적인 측면에서 좀 더 깊이 있는 연구가 필요해 보이는데, 그것은 바로 산림복구가 다른 분야와는 차별되는 다음과 같은 특성이 있기 때문이라고 생각합니다.

- 산불피해지만이 아니라 지역 내의 전체 산림을 지속가능하게 경영하기 위한 장기적인 관점에서 복구를 실행해야 한다.
- 대부분이 산림인 산불피해지를 관리하고 복구하기 위해서는 나무는 물론 전체 산림생태계에 관한 전문성이 요구된다.
- 토석류[8]에 의한 산사태나 토양침식 등과 같은 2차 피해를 예방하기

---

6) 브렌다 필립스(안재현 · 김태웅 · 홍현숙 옮김), 「재난복구론」, 북코리아, 2018.
7) 박홍엽 · 홍성만, 「산불재난 복구를 둘러싼 갈등해결 탐색: 산불피해지 복구를 중심으로」, 문화재방재학회 논문집 7권(2호), 2022, 91~105면.

위해서는 산림전문가의 현장조사 결과에 따라 복구계획을 수립하고,
이에 따라 차질 없이 산림사업을 시행할 필요가 있다.

■ 산불피해지역이 넓은 경우에는 산림만이 아니라 농산촌 지역주민의
소득을 보전하는 것과 같이 삶의 터전을 회복한다는 관점에서 숲을
복구해야 한다.

사실 산불로 타버린 숲을 복구한다는 것이 나무를 심는 것만이
라면 산림복구 문제는 그렇게 복잡한 일이 아닐 수도 있다고 생각
합니다. 이미 우리는 참담할 정도로 헐벗었던 국토를 온 국민이
함께 노력해서 완전히 녹화한 경험이 있으니까요.

그러나 숲은 단순히 나무가 울창한 장소인 것만이 아니라, "맑
은 공기와 깨끗한 물과 기름진 흙은 숲에서 얻어지고, 온 생명의
활력도 건강하고 다양하고 아름다운 숲에서 비롯된다"라고 「산림
헌장」[9]이 선언하고 있듯이 "생명이 숨 쉬는 삶의 터전"인 것입니
다. 그러므로 이러한 산림을 복구하는 일은 재해방지나 경제적인
차원만이 아니라 환경과 지역주민까지도 고려해야만 하는 종합적
인 과제인 것입니다.

이런 점에서 인명피해가 있었거나 대규모의 비용을 투입해야
하는 재난이 아닌 경우라면 일반화재로 인해 불에 탄 주택이나 시
설물을 복구하는 활동이 사람들 대부분의 주의를 끌지 못하는 것
과는 달리, 대형산불로 인한 산림피해를 복구하는 일이 사회적으

---

8) 「사방사업법」에 따르면 토석류란 "산지 또는 계곡에서 토석·나무 등이 물
과 섞여 빠른 속도로 유출되는 것"을 말합니다(제2조 제6호). 이러한 토석류
는 흙이나 바위가 물과 섞여 급류처럼 흐르는 것으로 산이 일시에 무너지는
산사태(같은 법 제2조 제5호)와는 다르므로 서로 구분해야 합니다.

9) 「산림헌장」은 숲이 가진 가치를 선언하고 이를 지키기 위한 다짐을 담은 것
으로 국민의 의견을 수렴하여 2002년 4월 5일 산림청이 공포한 것입니다.
이러한 「산림헌장」의 내용과 그 제정과정에 대해서는 산림청의 「2002 세계
산의 해 결과보고서」(2003) 79~90면을 참고하기 바랍니다. 한편 산림청의
소속기관인 국립수목원이 위치한 광릉숲(경기도 포천) 내에는 당시 대통령이
제막한 '산림헌장 기념비'가 잘 보존되어 남아있습니다.

로도 큰 관심의 대상이 되는 것은 어쩌면 당연할지도 모릅니다. 마치 2007년 기름유출 사고로 인해 검게 오염되었던 바닷가를 다시 회복하기 위해 123만명의 자원봉사자들이 태안의 해안가에 모였던 것처럼 말이죠.[10)]

실제로 산불피해지의 복구 문제가 처음으로 대두된 것은 1996년 고성산불 직후였으나,[11)] 본격적으로 사회적인 관심을 끈 것은 2000년에 발생한 동해안산불의 피해지를 어떻게 복구할지에 관한 것이었습니다. 당시 동해안산불은 건국 이래 최대의 대형산불로서 그 산림피해 면적만도 23,794ha에 이를 정도로 광범위했는데, 이를 복구하는 방법으로 산림청은 피해지역 전체를 인공복구하려고 계획했으나, 일부에서는 산불피해지의 복구에 있어 중요한 것은 토지관리 및 이용이므로 "어떤 의사결정 체계와 어떤 기준으로 자연복원지와 인공조림지를 결정할 것인가가 중요하다"라고 주장하면서, 일부 응급복구가 필요한 지역을 제외하고는 낙엽활엽수림으로 자연복원을 추진해야 한다고 주장했습니다.[12)]

10) "2008년을 뒤흔든 사람들 ⑦ 태안 자원봉사자들", 서울신문, 2008.12.13. 한편 당시 기름유출 사고피해를 복구하기 위해 모인 자원봉사자들의 활동은 2022년 유네스코 세계기록유산으로 등재되었습니다("123만명이 이룬 '태안의 기적' 세계유산 됐다…유네스코 세계기록유산 등재", 경향신문, 2022.11.27.).
11) 정연숙 외 3명, 「동해안 산불피해 생태계의 효과적인 자연복원 기법」, 자연보존 110, 2000.6., 34~41면. 이에 따르면 정연숙 등은 당시 산림청 임업연구원의 자료를 토대로 "자연복원의 주장이 처음으로 대두되고 여론화되자 산림당국은 고성군 죽왕면에 자연복원연구지역(100ha)을 설정"하고, "일부 지역도 자연복원하였다고 주장하나, 총 피해지 3,762ha 중 2,908ha에 조림계획을 세웠으며, 나머지 중 자연복원연구지역을 제외하면 산꼭대기나 경사지, 암석지 등 조림할 수 없는 곳을 방치한 것"이었다고 주장하고 있습니다.
12) 정연숙 외 3명의 「동해안 산불피해 생태계의 효과적인 자연복원 기법」 34~41면. 한편 정연숙 등은 이 논문에서 1996년 고성산불 이전까지 산림청의 산불피해지 복구정책은 의무조림이었다고 하면서, 산불피해지 중 생산임지에 대해서는 인공조림을 할 수 있으나, 인공조림은 막대한 국가예산이 투입되어야 하는 사업이므로 ① 대상지의 지형, 토양 및 기후적 입지조건에서의 조림 효과, ② 산주와 지역주민의 의사, ③ 조림과 육림과정에서의 관리상 한계, ④ 그 밖에 동해안 지역의 특수성과 같은 항목이 동시에 또는 단계

대규모의 산불피해지에 대하여 자연복원의 필요성을 강조한 이러한 주장은 당시 많은 전문가에게 영향을 주었으며, 그 결과 산림청은 전문가 및 지역주민 등과 긴밀한 협의를 거친 후에 임지 여건과 시기성 등을 고려해 자연복원 48%와 인공복구 52%의 비율로 피해지역을 조화롭게 복구하도록 결정하고, 이에 따라 산림을 복구했습니다.[13]

Ⅱ

그러면 동해안산불이 발생한 지 거의 25년이 다 되어가는 요즘에는 산불로 인한 피해지역을 어떤 방식으로 복구하고 있을까요? 만일 산림행정기관이 동해안산불로 인한 대규모 피해지역을 복구한 것으로부터 충분한 경험을 얻었다면, 이제는 산불피해지에 대한 산림복구의 절차나 방법 등이 더욱 정교하게 갖추어져 있지 않을까요? 대형산불로 인한 피해지역을 복구하는 과제가 예상하지 못한 또 다른 사회적 갈등의 요인이 되지 않도록 말이죠.

물론 이전과 비교할 때 재난에 대응하는 정부의 태도는 일부의 비난에도 불구하고, 전반적으로 더 효율적이고 신속해진 것 같습니다. 이것은 재난성 대형산불을 통해서도 잘 알 수 있는데, 특히 2022년 울진·삼척산불과 같은 경우에는 진화가 완료되기 이전에 이미 「재난 및 안전관리 기본법」에 따라 정부가 특별재난지역을 선포하고, 피해조사와 주민지원을 추진(제58조~제61조)하는 등 범정부 차원에서 신속하게 지원 방안을 마련했던 것으로도 알 수 있습니다.[14]

적으로 검토되어 그 필요성과 타당성이 사전에 입증되어야 한다고 주장하고 있습니다.
13) 산림청, 「2001년도 임정에 관한 연차보고서」, 2001, 134~135면.
14) "정부 동해안 산불피해 수습 복구지원 방향 발표(행안부 등 16개 부처)", 대한민국 정책브리핑(www.korea.kr), 2022.3.10.

그러나 산림복구는 이처럼 법률로 정형화되어 있는 다른 분야와는 달리 복구하는 방법이나 절차 등에 관하여 여전히 논쟁의 불씨가 남아있는 것 같습니다. 특히 대형산불로 인해 대규모의 산림피해가 발생한 때에는 그 피해지역의 숲을 되돌리기 위해 인공적으로 복구할 것인지, 아니면 산림이 가진 회복력을 최대한 이용해 자연복원을 할 것인지에 대해서는 아직도 첨예하게 대립하고 있는 것으로 보입니다.

이것은 2022년 3월에 발생한 울진·삼척산불로 인한 산림피해를 복구하기 위한 계획을 수립하는 과정에서도 여실히 드러났는데, 산림청 통계[15]에 따르더라도 약 16,302ha에 이르는 대규모 피해지역을 복구하려면 충분한 시간을 가지고 정확하게 피해조사를 하는 것이 불가피한데도 불구하고, "초대형산불이 발생한 지 두 달이 넘었지만, 산림청과 환경부가 산불피해지 복구계획을 발표하지 않고 있다"라고 하면서, "산림청과 환경부는 자연복원을 기본원칙으로 하고 조림은 선택적으로 하는 산불피해지 복구계획을 수립해야 한다"라고 강조한 당시 환경단체의 주장은, 특히 산림복구에 예민한 태도를 여과 없이 보여준 것이었다고 생각합니다.[16]

그런데 평소 우리나라의 산림에 관하여 깊은 관심을 보이는 환경단체에서는 왜 산림복구의 기본원칙으로 자연복원을 주장했던 것일까요? 이에 대해서는 앞에서 인용한 언론보도에 그 이유가 잘 설명되어 있는데, 당시 보도된 내용을 정리해서 옮기면 다음과 같습니다.

- ■ 긴급벌채와 인공조림 위주의 산불피해지 복구방식을 답습하여 2차 생태계피해를 일으키고, 세금을 낭비하지나 않을까 우려된다.

---

15) 산림청, 「2022년 산불통계 연보」, 2023, 154~155면.
16) "울진·삼척산불 피해복구, 인공조림 대신 자연복원으로 해야, 환경운동연합 민관학연 공동조사단 꾸려야", 한겨레, 2022.5.11.

■ 인공조림 사업지에는 사방댐과 임도 등 산림토목 공사가 진행되는데, 그 결과 토양침식 및 유수유출 등 2차 생태계피해가 초래된다.
■ 산불피해목을 벌채하고 옮기는 과정에서 심각한 토양침식을 초래하고, 이는 표토와 토양영양분의 손실로 이어져 자연복원력을 감소시킨다.

결국 이에 따르면 당시 환경단체에서는 산림청과 지방자치단체가 수립하는 산림복구계획이 긴급벌채와 인공조림 및 사방사업과 같은 산림사업을 주로 하는 인공복구 방식을 채택함으로써 산불로 피해를 당한 산림생태계가 2차 피해를 볼 수도 있다는 사실을 우려했던 것으로 보입니다. 이러한 측면에서 볼 때, 문제를 제기했던 환경단체가 "인공조림은 자연복원이 어렵고 산사태 위험이 큰, 긴급한 지역에 한해 시행돼야 한다"라는 결론을 내린 것은 당연한 것으로 생각됩니다.

사실 환경단체의 이러한 과도한 염려는 산림행정기관 입장에서는 대단히 억울한 것이 사실입니다. 그러나 일제강점기의 수탈과 6.25 전쟁을 겪으면서 헐벗은 국토를 녹화하기 위해 도입되었던 의무조림명령제도[17]가 산불로 인한 피해지를 복구하는 데 적용되는 경우, 인공조림 위주로 산림을 복구한다는 인식을 주는 것은 사실

---

17) 「산림자원의 조성 및 관리에 관한 법률」에 따르면 의무조림명령제도란 벌채를 했거나 조림지를 훼손했음에도 조림하지 않거나, 산불이나 산림병해충 등으로 나무가 말라죽은 경우, 그리고 산사태나 토사유출과 같은 산림재해가 발생했거나 발생할 우려가 있는 때에 그 산림의 소유자에게 특별자치시장, 특별자치도지사 및 시장·군수·구청장이 일정한 기간을 정하여 조림하도록 명령하는 제도를 말합니다. 이 경우 조림명령을 받은 자가 그 명령을 이행하지 않으면 특별자치시장, 특별자치도지사 및 시장·군수·구청장은 산림소유자의 동의가 없어도 조림을 할 수 있는데, 그 조림비용은 조림명령을 받은 자가 부담해야 합니다(제10조 제2항~제3항). 이러한 의무조림명령제도는 당초 구 「산림법」을 제정할 당시에는 현재의 산림보호구역과 유사한 보안림만을 대상으로 했던 것인데, 수차례의 법률개정을 거치면서 영림계획에 따라 벌채한 경우까지 확대되었다가 2005년 8월 4일 「산림자원의 조성 및 관리에 관한 법률」이 제정될 때 그 내용이 수용된 후 현재에 이르고 있습니다. 한편 이러한 의무조림명령제도의 연혁과 변천과정은 법제처의 국가법령정보센터(www.law.go.kr)를 참고하기 바랍니다.

임을 고려한다면 환경단체의 이러한 우려는 이유가 있어 보입니다.

특히 현행 「산림자원의 조성 및 관리에 관한 법률」이 벌채지나 훼손지에 조림을 하는 때에는 인공조림에 대한 예외[18]를 규정하고 있음에도 불구하고, 의무조림명령($^{제10조 \, 제2항}_{및 \, 제3항}$)의 경우에는 이를 명시적으로 규정하고 있지 않을 뿐만 아니라, "산불피해지에서 산사태 등 2차 피해가 우려되어 긴급히 산림사업을 하여야 하는 경우"에는 비록 산림소유자의 동의를 받을 시간적 여유가 없는 예외적인 상황이라고는 하나, 산림소유자의 동의 없이 그 비용을 국가나 지방자치단체가 부담하면서 산림조합이나 산림조합중앙회가 위탁이나 대행의 방식으로 산림사업을 시행할 수 있도록 한 것은($^{제23조 \, 제1항 \, 및}_{제4항~제6항}$), 이러한 우려를 가중시키기에 충분해 보입니다.

Ⅲ

그러면 실제로 울진·삼척산불로 인한 산림피해를 복구하기 위한 계획은 어떻게 되었을까요? 이에 대해서는 울진·삼척산불이 발생한 지 1년이 지난 2023년 3월에 산림청이 발표한 「2022년 동해안 보호구역 산불피해지 산림생태복원 기본계획」에 그 내용이 담겨 있는데,[19] 이를 요약하면 "울진·삼척 산림유전자원보호구역

---

18) 「산림자원의 조성 및 관리에 관한 법률」에 따르면 벌채를 하거나 조림지를 훼손한 자는 벌채지나 훼손지에 조림을 해야 하지만, 벌채지 안에 참나무류 등의 어린나무가 있는 것과 같이 자연적으로 산림이 조성되는 경우로서 대통령령으로 정한 경우에는 조림을 하지 않아도 되며, 만일 조림을 하는 경우라도 벌채지의 기후, 토양 및 생태환경 등을 고려해서 자연친화적인 방법으로 하도록 규정하고 있습니다(제10조 제1항 및 제4항과 같은 법 시행령 제5조 및 시행규칙 제6조 제3항).

19) 여기에서 산림청이 사용하고 있는 산림생태복원이란 실제로는 「산림자원의 조성 및 관리에 관한 법률」에 따른 산림복원(제2조 제10호)으로 이해됩니다. 산림청이 이처럼 법적 용어인 산림복원 대신에 산림생태복원으로 표현한 것은 산림생태계에 대한 고려를 우선해서 산림복원을 하겠다는 정책적 의지를

등 보호구역 4,789ha를 대상으로 2023년부터 2027년까지 325억 원을 투입하여 산림생태복원사업을 추진하고, 향후 10년 동안 지속적인 점검(모니터링)을 실시"한다는 것이었습니다.[20]

당시 산림청이 수립한 이러한 계획은 산림 및 생태전문가 등이 수개월에 걸쳐 피해지역을 정밀하게 조사하고 환경단체와 지역주민들의 의견을 반영해 수립한 것으로, 특히 산림복구의 대상인 피해지역을 산불피해도, 인명 및 재산피해 우려, 자연회복력과 같은 현장의 여건을 종합적으로 판단해서 (1) 2차 피해 예방복원, (2) 생활권복원, (3) 비생활권복원, (4) 자연회복과 같은 4가지 유형[21]으로 세분화한 후에 산림을 복구하려는 것이었습니다.

어떻습니까? 지금까지 우리는 산불피해지의 산림복구 방법을 고민하면서 특별히 사회적 관심의 대상이 되었던 울진·삼척산불로 인한 피해지역에 대한 복구계획을 사례로 살펴보았는데, 합리적인 관점에서 보더라도 산림청의 이러한 복구계획은 국가적 재난

담은 것으로 보입니다.

20) 산림청에서 작성한 보도자료("울진·삼척지역 산불피해지 산림생태복원 추진", 2023.3.15.)와 이를 보도한 동아일보의 "울진·삼척 산불피해지 생태복원···2027년까지 325억 투입"(2023.3.14.) 및 한국농어촌방송의 "산림청, 울진·삼척지역 산불피해지 산림생태복원 추진 나선다"(2023.3.15.) 등의 내용을 참고하기 바랍니다. 한편 당시 산림청이 발표한 계획에는 이러한 내용 이외에도 산양서식지에 대한 보호·관리와 소나무재선충병 예방대책도 함께 추진한다는 것과 산불에 대한 경각심을 고취하기 위해 국민 참여를 위한 '기부자의 숲'을 조성한다는 내용도 포함되어 있습니다.

21) 4가지 유형에 따른 복구방향을 정리하면 다음과 같습니다. ① 2차 피해 예방복원: 국민의 안전을 우선적으로 확보하기 위해 인명 및 재산피해가 우려되는 지역을 대상으로 피해목 제거, 토사유출 및 산사태 예방을 위한 친환경 구조물을 조성한다 ② 생활권복원: 산불피해지에 지속적으로 노출된 주민들의 트라우마 극복 및 훼손된 산림경관 등을 개선하기 위해 주요 도로변 600m의 가시권을 중심으로 피해목 제거와 토양안정 및 천연하종갱신을 통해 식생의 조기회복을 추진한다 ③ 비생활권복원: 식생피복도와 움싹[맹아] 발생 등 자연회복력이 미흡한 지역으로 다층구조를 가진 산림식생의 조기복원을 위해 피해목을 최대한 존치한다. ④ 자연회복: 피해가 경미한 지역은 피해지를 그대로 존치하고 모니터링을 통해 최소한의 관리만 수행한다.

이었던 동해안산불의 피해지를 복구한 그동안의 오랜 정책적 경험
이 종합적으로 반영된 것으로 평가될 만하다고 생각합니다.

   이것은 특히 산불피해를 확정하고 복구계획을 수립하기 위한
현장조사에 산림전문가만이 아니라 국립생태원의 생태전문가 등이
공동으로 참여했을 뿐만 아니라, 계획을 수립하는 초기 단계부터
지역주민과 환경단체를 포함한 이해관계자의 의견을 적극적으로
수렴하고, 그 계획의 수립도 조림이나 벌채를 담당하는 부서가 아
니라 산림유전자원보호구역과 같은 보호지역의 생태복원을 담당하
는 부서에서 맡도록 하는 등 이전보다 더 신중하게 복구계획을 수
립한 것으로 보이기 때문입니다.

   그런데 이처럼 구체적인 복원계획을 살펴볼 때 산림유전자원보
호구역과 같은 보호구역을 제외한 지역은 어떻게 복구한다는 것인
지 의문이 들지 않을 수 없습니다. 왜냐하면, 2022년 당시 울진·
삼척산불로 인한 산림의 피해면적은 약 16,302ha에 이르는데, 앞
에서 살펴본 산림청의 「2022년 동해안 보호구역 산불피해지 산림
생태복원 기본계획」은 그중에서 산림유전자원보호구역 등을 중심
으로 한 4,789ha만을 대상으로 하고 있기 때문입니다.

   이처럼 피해면적과 복구계획 사이에 차이가 생긴 것은 산림생
태복원을 추진하고 있는 산불피해지(4,789ha) 외의 지역은 산림청
의 기본계획에 따르지 않고 해당 지방자치단체와 국유림관리소가
자체적으로 복구를 추진하려는 것으로 이해되는데, 이것은 피해가
집중된 울진군의 입장에서는 아무래도 그 피해를 조기에 복구하기
위해 산주나 주민 등과 협의해 인력과 예산 등을 투입하는 일이
계획처럼 쉽지는 않았기 때문으로 추정됩니다. 그 결과 현재 울진
지역의 숲은 산불이 휩쓸고 지나간 지 2년이나 지났지만, 여전히
검게 그을린 모습으로 마치 묘비처럼 서 있는 상태가 되었지만 말
이죠.[22]

IV

우리는 지금까지 울진·삼척산불을 예로 들어 대형산불로 인한 피해지역의 산림을 복구하는 문제에 대하여 살펴보았습니다. 이러한 이해를 바탕으로 산불피해지역의 산림복구와 관련된 쟁점을 정리해 보면, 결국 산불로 피해를 본 숲을 인공적으로 복구할 것인지 아니면 산림이 가진 회복력을 최대한 이용해서 자연복원을 할 것인지에 관한 논쟁으로 요약할 수 있을 것 같습니다. 여기에서 인공복구란 당연히 산불피해지의 나무를 벌채한 뒤에 인공적으로 조림하는 것만이 아니라, 산사태나 토사유출과 같은 2차 피해를 막기 위해 사방댐을 설치하는 사방사업까지를 포함하는 개념이므로 숲에 나무를 심는 인공조림과는 서로 구분해서 이해할 필요가 있지만 말이죠.

사실 우리는 그동안 산불피해지의 복구에 관한 이러한 논란을 마치 숲을 바라보는 관점이나 가치관에 관한 차이에 기반한 것처럼 여겨왔던 것이 아닌가 조심스럽게 생각해 봅니다. 그래서 마치 인공복구를 강조하면 산림을 경제적인 시각에서만 바라보는 편협한 사고의 소유자로 지레짐작하거나, 아니면 그 반대로 숲의 환경적 가치를 지키기 위해 자연복원이 필요하다고 주장하면 극단적인 환경행동가로 속단하는 태도를 보이기까지 했던 것 같습니다.

이러한 편견은 이미 「산림원칙성명」[23]에 따른 '지속가능한 산

---

22) "기후변화에 덩치 커지는 산불…복구보다 피해 최소화가 해답", 경향신문, 2024.3.12. 이에 따르면 경상북도 울진군 북면 나곡리 일대 야산에 새카맣게 탄 나무들이 방치된 채로 서있는 모습이 카메라에 담겨 있습니다.

23) 1992년 유엔환경개발회의[리우회의]에서 채택된 것으로 산림에 관하여 세계 최초로 합의된 성명입니다. 이러한 「산림원칙성명」은 산림이 지속가능한 발전과 불가분의 관계에 있다는 것을 선언한 것으로 지속가능한 산림경영을 위한 이론적 기반이 되었습니다. 한편 당시 유엔환경개발회의에서는 「산림원칙성명」 이외에도 「의제 21(Agenda 21)」, 「기후변화협약(UNFCCC)」 및 「생

림경영'이 산림을 지키고 가꾸는 확고한 기본이념으로 「산림기본법」과 이에 기반한 개별적인 산림법률에 명시되어 있는 것을 생각하면 정말로 안타까운 일입니다. "산림의 생태적 건전성과 산림자원의 장기적인 유지·증진을 통하여 현재 세대뿐만 아니라 미래 세대의 사회적·경제적·생태적·문화적 및 정신적으로 다양한 산림수요를 충족하게 할 수 있도록 산림을 보호하고 경영"(산림기본법 제3조 제1호)한다는 지속가능한 산림경영의 이념을 충실히 따른다면, 도대체 어디에서 숲을 바라보는 관점이나 가치관의 차이가 생겨날 수 있겠습니까? 물론 산림 현장에서 이러한 기본이념을 충실히 실현하기 위해서는 앞으로도 더욱 노력할 필요가 있겠지만 말이죠.

이러한 생각이 전혀 근거가 없는 것이 아니라는 사실은 2022년 전국에서 발생한 대형산불 피해지역의 복구상황에 대한 산림청의 설명으로도 알 수 있는데,[24] 이에 따르면 산림복구가 필요한 지역의 55%는 생태적으로 복원하는 자연복원 방식으로 복구하고 있으며, 그 복원계획도 학계와 환경단체 및 주민 등으로 구성된 산불복원협의회의 종합적인 의견수렴을 거쳐 수립하는 것은 물론 산불피해지의 복구를 산림조합 등에 대행하게 하거나 위탁하는 것도 긴급복구가 필요한 경우 등을 제외하고는 원칙상 경쟁계약으로 추진하겠다고 공언하고 있기 때문입니다.

이런 이유로 저는 산불피해지를 복구하는 문제에 대한 접근방법은 지금까지와는 달라야 한다고 생각합니다. 왜냐하면, 앞에서 살펴본 것처럼 저는 이 문제를 관점이나 가치관의 차이가 아니라 법률 및 예산과 같은 제도적 측면에서 다루어야 한다고 믿기 때문입니다.

물다양성협약」도 함께 채택되었습니다.
24) "산림청 "지난해 대형산불 피해지 55%는 자연복원으로"", 연합뉴스, 2023. 11.29.

이러한 시각에서 가장 먼저 해야 할 것은 산불피해지를 숲으로 되돌리기 위한 법률체계를 새롭게 정비하는 일입니다. 이것은 비록 입법 당시에는 꼭 필요했다고 하더라도 시간이 지나거나 여건이 달라져 구체적인 타당성에 의문이 생긴다면, 법률을 개정하거나 새로 제정하는 것이 합리적이기 때문입니다. 실제로 앞에서 살펴본 것처럼 산불피해지를 복구하기 위한 현재의 규정은 꼭 필요한 내용조차도 흠결되어 있을 뿐만 아니라, 「산림기본법」에 따른 지속가능한 산림경영의 관점에서도 일부 보완할 내용이 있는 것이 사실입니다.

그러므로 이제는 산불피해지의 산림을 복구하기 위한 보다 합리적인 절차와 방법 등을 체계적으로 규정하는 새로운 법적 틀을 마련하는 것이 필요하다고 생각합니다. 이것은 특히 최근에 산불의 모습이 변화하면서 그 피해양상이나 규모가 이전과는 확연히 달라지고 있다는 점을 생각할 때 매우 시급한 일로 보입니다.

이러한 시각에서 산불피해지의 복구와 관련하여 현행 「산림자원의 조성 및 관리에 관한 법률」에 덧붙이거나 개정할 내용을 정리해 보면 다음과 같습니다.

- 산불피해지역을 대상으로 의무조림을 통해 인공복구할 지역과 자연복원을 포함한 산림복원을 추진할 지역을 구분하기 위한 구체적인 기준을 설정하고, 이에 따른 복구 및 복원방법 등을 마련한다.
- 산불피해를 복구하기 위한 긴급한 산림사업의 요건을 제한하고, 복구사업의 위탁이나 대행은 응급복구 범위로 제한한다.
- 산림복구계획을 수립하는 경우 지역주민의 의사를 반영하기 위한 절차와 방법 등을 법제화하고, 산림과 생태·환경 등 다양한 분야의 전문가가 참여하는 방안을 마련한다.
- 이러한 내용을 포함하여 산불과 같은 산림재난으로 인한 피해를 체계적으로 복구할 수 있도록 관련된 내용을 묶어 '산림재난으로 인한 산림피해 복구'에 관한 장 또는 절을 별도로 신설한다.

산불피해지역의 산림복구와 관련해서 법령을 정비하는 일 다음으로 중요한 부분은 바로 예산과 관련된 사항이라고 생각합니다. 사실 어떻게 생각하면 예산 문제야말로 산불피해지의 복구와 관련된 지금까지의 논쟁과 가장 밀접하게 연관된 것으로 보이는데, 특히 산불피해지를 복구하는 과정에서 산림행정기관의 불합리한 관행으로 예산이 낭비되고 있다는 언론보도[25]는 산림복구와 예산이 얼마나 민감한 사항인지를 잘 보여주고 있다고 생각합니다. 어쩌면 산림복구를 위한 예산을 둘러싼 이러한 논쟁이 앞에서 살펴본 대로 울진·삼척산불로 불에 탄 나무가 여전히 숲속에 방치되어 있는 진짜 이유일지도 모를 일입니다.

사실 산불피해지역을 복구하기 위한 예산과 관련된 논의의 핵심은 산불로 인한 피해지역을 복구하는 방법, 즉 인공조림을 통한 인공복구와 자연복원 사이의 오래된 논쟁과도 연계된 것입니다. 앞에서 살펴본 대로 긴급벌채와 인공조림 위주의 산불피해지 복구방식이 2차 생태계피해와 세금낭비를 초래할지도 모른다는 환경단체의 주장처럼 말이죠.

그러면 산불로 인한 피해 규모가 작을 때면 별로 문제가 되지 않을 수도 있겠지만, 최근 더 심해지고 있는 것처럼 대형산불로 인해 대규모의 산림이 불에 탄 경우라면 이를 복구하기 위한 막대한 예산을 확보하는 문제는 어떻게 풀어야 할까요?

이러한 문제를 해결하는 가장 좋은 방법이 산림복구 예산을 꼭 필요한 곳에 필요한 만큼 투입하는 것이라면, 이런 점에서도 산림복구대상지를 인공복구대상지와 자연복원을 포함한 산림복원대상

25) "[시사기획 창] '녹색 카르텔'…"극한산불 뒤, 수천억 산림사업"", KBS, 2023. 11.28. 한편 KBS의 이러한 기획보도에 대하여 산림청은 보도된 내용이 사실과 다르다고 하면서, 이를 바로잡기 위해 언론중재위원회에 정정 및 반론보도를 청구했다고 밝혔습니다("산림청, '녹색카르텔' 보도관련 언론중재위 제소", 헤럴드경제, 2023.12.13.).

지로 정확하게 구분한 후에 사업을 추진해야 한다는 원칙은 매우 중요해 보입니다.[26)]

왜냐하면, 산불로 인해 발생할 수도 있는 산사태나 토양침식 등과 같은 2차 피해를 예방할 필요가 있거나 송이와 같은 임산물 생산지로서 주민의 소득원이 되는 산림이라면 인공조림을 통해 신속하게 산림을 회복시킬 수 있도록 적정한 예산이 지원되어야 하나, 만일 산불피해를 입은 지역이 "산림의 생태계 및 생물다양성이 원래의 상태에 가깝게 유지·증진될"$\left(\text{산림자원의 조성 및 관리에 관한 법률 제2조 제10호}\right)$ 필요가 있어 산림복원을 해야 하는 산림이라면 이에 필요한 예산이 충분하게 지원되어야 하기 때문입니다. 물론 자연회복이 가능한 지역이라면 자연복원을 추진하면서 식생회복력 등을 모니터링할 수 있는 정도의 예산만을 배정하고 말이죠.

이쯤에서 우리는 이러한 예산 문제를 좀 더 잘 이해하기 위해서는 산림복구와 관련된 몇 가지 용어를 좀 더 주의해서 살펴볼 필요가 있다고 생각합니다. 이와 관련하여 인공조림과 인공복구가 서로 다른 개념이라는 것에 대해서는 앞에서 살펴보았지만, 복구와 복원의 개념도 구분해서 사용할 필요가 있다는 점을 강조하고 싶습니다.

---

26) 이러한 관점에서 산불피해지역을 정밀하게 분석하는데 인공위성 자료 등을 활용하는 것은 매우 중요하다고 생각합니다. 특히 대형산불로 인해 대규모 면적의 산림이 피해를 본 경우에는 산불발생 이후 실시간 지형 및 기상정보는 물론이고, 피해지역의 영상을 대규모로 취득할 수 있는 위성영상이 매우 효율적인데, 위성영상을 활용하는 이러한 방법은 산불로 인한 피해지역의 산림변화를 모니터링하는 등 복구 측면에서도 유용한 수단이라고 할 것입니다(박종수 외 4명, 「다종 위성영상을 활용한 재난대응 방안 연구」, 대한원격탐사학회지 39권(5호), 2023, 755~770면; 서영민 외 7명, 「딥러닝과 Landsat 8 영상을 이용한 캘리포니아 산불피해지 탐지」, 대한원격탐사학회지 39권(6호), 2023, 1413~1425면; 채한성·최진무, 「Sentinel-2 위성영상과 U-Net을 이용한 산불피해지 추출방법 연구」, 대한지리학회지 59권(2호), 2024, 283~294면; 김상일 외 2명, 「산불 후 식생회복 모니터링을 위한 Sentinel-2 위성영상의 RGB 합성기술」, 대한원격탐사학회지 37권(5호), 2021, 939~946면).

일반적으로 복구(rehabilitation)란 "원래 상태로 되돌리기 어려운 경우 원래 상태와 유사한 것까지를 목적으로 하는 것으로서 교란된 토지를 유용하게 하는 것"[27]을 말하지만, 복원(restoration)이란 원래의 건강하고 완전한 상태로 되돌리는 것을 의미하기 때문입니다. 특히 현행 「산림자원의 조성 및 관리에 관한 법률」은 산림복원의 개념에 관하여 법률에서 직접 정의하고 있는데, 이에 따르면 산림복원이란 "자연적·인위적으로 훼손된 산림의 생태계 및 생물다양성이 원래의 상태에 가깝게 유지·증진될 수 있도록 그 구조와 기능을 회복시키는 것"($\binom{제2조}{제10조}$)을 의미합니다.

이러한 산림복원은 복원이 필요한 산림을 대상으로 실태조사를 거쳐 그 필요성과 적합성 및 환경성 등과 같은 타당성을 종합적으로 평가한 후 복원계획에 따라 적합한 공법을 사용해 산림을 복원하는 것이므로 숲의 자연회복력을 신뢰하는 자연복원과는 또 다른 개념인 것입니다($\binom{\text{산림자원의 조성 및 관리에 관한}}{\text{법률 제42조의2~제42조의16}}$).[28]

이러한 관점에서 산림복구와 관련된 예산 문제를 다시 짚어보면, 복구의 개념이 강한 인공복구와 산림복원 사업은 서로 다른 개념이므로 예산편성의 기준을 달리해서 소요 예산을 편성하는 것이 바람직해 보입니다. 사실 복구에 드는 비용[복구비]과 복원에

---

27) 김경훈·성현찬·최재용·허영진, 「훼손지 생태복원: 생태복원 실행을 위한 국제표준」, 기문당, 2018, 5면.

28) 「산림자원의 조성 및 관리에 관한 법률」에 따르면 이러한 산림복원은 다음과 같은 기본원칙에 따르도록 하고 있습니다(제42조의2). ① 산림생태계가 모든 국민의 자산으로서 공익에 적합하게 보전·관리되고 지속가능한 이용이 이루어지도록 한다. ② 산림내 생물이 생태적으로 보호되고 산림생물다양성이 유지·증진될 수 있도록 한다. ③ 산림내 서식공간 및 기능이 확보되도록 지형·입지에 적합한 자생식물·자연재료를 사용하여 식생을 복원한다. ④ 산림내 생태계 균형이 파괴되거나 그 가치가 낮아지지 않도록 한다. ⑤ 산림복원시 계획, 모니터링 및 평가의 유기적 연계를 강화한다. 한편 이러한 원칙에 따른 산림복원지에서의 생태복원단계에 대해서는 이승준·오충현의 「산림복원지의 생태복원단계 분석」(한국환경생태학회 학술발표논문집 2023권 1호, 2023), 35~36면을 참고하기 바랍니다.

필요한 비용[복원비]을 구분하는 것은 산림에 관한 법률체계에서 전혀 낯선 것은 아닙니다. 왜냐하면 이미 「민간인 통제선 이북지역의 산지관리에 관한 특별법」에서 생태적 산지전용기준에 적합하게 수립한 산지전용에 관한 실시계획을 시·도지사나 지방산림청장에게 승인받으려는 경우에는 복구비 및 복원비를 예치(제15조 제2항 및 제23조 제1항)하도록 함으로써 법률에서 이미 복구비와 복원비를 분명히 구분하고 있기 때문입니다.

현행 「민간인 통제선 이북지역의 산지관리에 관한 특별법」이 복구비만을 규정하고 있는 「산지관리법」과는 달리 이처럼 복구비와 복원비를 구분해서 규정한 이유는 복구비와 구별되는 복원비의 개념을 특별히 사용함으로써 민북지역 산지의 생태적 전용 및 복원에 대한 정책적 의지를 구체화하기 위한 것으로 이해됩니다.[29]

이처럼 산림복구의 방법에 따라 서로 다른 기준을 적용해서 예산을 편성하는 것은 산불피해지역의 산림을 효율적으로 복구하는 일에 있어서도 매우 중요한 정책수단이 될 수 있다고 생각합니다. 즉 앞으로는 울진·삼척산불과 같은 대형산불로 인해 대규모의 산림피해가 발생하는 경우, 산림보호구역이나 산양서식지 등을 포함한 산림복원대상지는 "자생식물과 흙·돌·나무 등 자연재료"[30]를 사용해서 복원할 수 있도록 충분한 예산을 편성하고, 2차 피해를 예방하기 위해 긴급하게 산림사업을 실행할 필요가 있거나 산림소유주가 인공조림을 원하는 때에는 인공복구에 필요한 적절한 예산을 지원하도록 하면 될 것입니다. 물론 자연회복이 가능한 숲은 최대한 자연복원을 유도하면서 그 복원 현황을 모니터링하는 데 소요되는 예산을 지원하고 말이죠.

---

29) 이규태의 「산림법강의」, 346면.
30) 「산림자원의 조성 및 관리에 관한 법률」 제42조의9 제1항.

V

산림복구와 관련된 쟁점 중 인공복구를 위해 조림을 하는 경우 어떤 나무를 심어야 하는가는 지금까지 살펴본 내용과는 조금 다른 쟁점에 속하는 것입니다.[31] 그러나 나무심기를 위주로 하는 인공복구에 회의적인 입장에서는 조림수종도 복구 방법에 못지않게 중요한 문제로 다루면서 우려를 표시하고 있는데, 이러한 주장에 따르면 가장 심각한 문제는 산불피해지에 인공조림을 하는 수종이 주로 잣나무나 소나무와 같은 침엽수종에 집중되어 있다는 것입니다.

그러면서 이처럼 산불피해지에 침엽수 위주로 인공조림을 실시하는 것에 대해서는, "산림당국은 조림의 기본원칙으로 '적지적수'를 표방해 왔지만 사실상 지역과 관계없이 산불피해지를 잣나무 일색"[32]으로 조림해왔다고 주장하거나, 또는 "산불발생 후 불탄 나무들을 모두 벌목하고 인공조림을 … 눈에 띄는 것은 대부분 소나무였다 … 소나무가 불에 잘 탄다는 것을 잘 알면서도 소나무를 대규모로 심어 또다시 불에 잘 타는 숲을 조성한 것이다"[33]라고

---

31) 이와 관련하여 만일 산불피해지가 인공복구를 추진할 지역이 아니라면 사실상 수종에 관한 것은 문제될 여지가 별로 없다고 생각합니다. 이것은 자연복원의 경우에는 산불피해지에 자생하던 식생이 자연적으로 회복되는 것이므로 수종을 선정할 의미가 없으며, 만일 산림복구를 「산림자원의 조성 및 관리에 관한 법률」에 따른 산림복원(제42조의2~제42조의16) 방식으로 추진하는 경우에는 해당 법률이 정한 절차에 따라 수종선정을 포함해서 타당성평가와 실시계획 및 산림복원계획의 수립 등이 이루어지게 되므로 별도로 수종선정이 문제가 될 가능성은 거의 없기 때문입니다.

32) 정연숙 외 3명의 「동해안 산불피해 생태계의 효과적인 자연복원 기법」중 특히 35면을 참고하기 바랍니다.

33) "전문가도 놀란 동해안산불 현장…국민 모두 속았다", 오마이뉴스, 2022.5.3. 한편 "대형산불 수관화(나무 윗가지까지 타는 불) 지역 대부분은 이른바 숲을 건강하게 한다며 '숲 가꾸기'라는 이름의 간벌사업을 진행한 소나무숲이다. 이번 강릉산불도 어김없이 '숲 가꾸기'를 진행한 곳"이라는 주장도 이러한 입장에 따른 것으로 보입니다("산불피해지에 소나무가 우수? 국립산림과

강조하면서, 조림수종에 관한 논쟁을 자연스럽게 인공복구의 문제와 자연복원의 정당성에까지 연결하는 태도를 보이고 있습니다.

사실 산불피해지를 복구할 때 조림수종을 선정하는 것은 결코 쉬운 일이 아닙니다. 어떤 수종을 어디에 어떻게 심어야 하는가에 관한 문제는 매우 기술적이면서도 동시에 중요한 정책결정의 대상이기도 하기 때문입니다. 더군다나 나무는 한번 심으면 옮겨심기도 어려울 뿐만 아니라, 수십 년간 생장하며 숲의 모습과 특성을 결정하게 된다는 점에서 수종을 선정하는 일이 얼마나 중요한지는 거듭 강조할 필요조차 없을 것입니다. 이것은 예를 들어, 1970년대 이후 국토녹화를 위해 심었던 아까시나무에 대하여 쓸모없는 나무를 조림했다는 의견도 있는 반면에 콩아과(Faboideae) 식물로서 땅을 비옥하게 하는 중요한 역할을 했으며, 특히 밀원식물로 꿀 생산에도 크게 이바지했다는 의견이 대립하고 있는 것으로도 잘 알 수 있습니다.

그러면 인공복구를 실시해야 하는 지역에서 나무를 심는다면 그 수종은 어떻게 결정해야 할까요? 이에 대하여 저는 수종선정의 어려움을 솔직하게 고백하면서 먼저 나무를 심을 장소를 결정한 후에 수종을 결정해야 한다는 원칙에 따라, 여기에서는 산불피해지의 인공조림을 위해 일반적으로 적용할 수 있는 수종선정의 방향에 대해서만 살펴보도록 하겠습니다.

학원의 아전인수", 한겨레, 2023.5.15.). 다만 이러한 주장에 대하여 산림청은 2022년 대형산불피해지를 복구하기 위해 나무를 심은 지역을 대상으로 분석한 결과 그 수종은 소나무 등 침엽수 61%, 활엽수 39%인 것으로 나타났으나, 이전과 비교할 때 활엽수의 비중이 점차 늘고 있다고 하면서 실제로 우리나라의 소나무숲(전체 산림의 25%, 1,580천ha) 중 인위적으로 조성된 숲은 6%에 불과하다고 강조하고 있습니다. 산림청의 이러한 주장에 대해서는 2023년 11월 28일자 KBS 시사기획 창 '녹색 카르텔' 보도에 대하여 사실이 아니라고 주장하며 산림청이 배포한 보도자료(산림청 홈페이지의 행정정보>보도설명·정정자료, 2023.11.30.)를 참고하기 바랍니다.

- 산림소유자의 의사를 우선적으로 반영하되, 산림 및 생태환경전문가 등의 의견을 충분히 수렴할 수 있는 절차를 마련해야 한다.[34]
- 토양 및 지형 등과 같은 지리적 요건은 물론 임업소득을 포함한 사회·경제 및 문화적 여건 등을 반영할 수 있어야 한다.
- 산불에 강한 숲이 되도록 조림하되, 동일한 수종으로 대규모 면적을 조림하지 않도록 한다.[35]

이러한 관점에서 인공조림을 하는 때에는 "사회·경제·생태적 측면을 고려해 수종을 선정해야" 하며, 특히 이를 위해서는 "이해관계자들이 참여한 사회적 논의과정을 통해 해당 산림에 기대되는 다양한 혜택, 지역별 적정 생육수종에 대한 과학적 정보, 지역별 위험요인 평가정보 등을 고려해야 한다"라는 주장[36]은 타당한 것으로 생각됩니다.

특히 동일한 시각에서 목재와 송이를 생산하기 위해 소나무를 육성해야 하는 곳이나, 역사·문화 및 생태적으로 소나무림을 보전하고 유지해야 하는 지역에는 부득이하게 소나무를 다시 조림해야 할 필요가 있다는 주장은 매우 합리적인 것으로 보입니다.

---

34) 예를 들어, 이러한 방법의 하나로는 "산불피해지 복원을 위한 협의기구를 상시적으로 운영"하는 것도 있을 것입니다(박홍엽·홍성만의 「산불재난 복구를 둘러싼 갈등해결 탐색: 산불피해지 복구를 중심으로」, 91~105면). 만일 산림복구와 관련된 협의기구를 초기 단계만이 아니라 해당 사업이 종료될 때까지 실질적으로 운영한다면, 복구 주체들 사이의 갈등관리뿐만 아니라 효율적인 산림복구에도 큰 도움이 될 것이 분명하기 때문입니다.
35) 이러한 입장은 "산불피해지의 효과적이고 신속한 복원을 통해 산불을 예방하고 피해를 저감시킬 수 있는 새로운 숲"을 만들기 위해서는 "산불피해지의 복원을 새로운 예방단계의 구성요소로 고려"해야 한다는 입장과 유사한 것입니다(국회의원 정희용 주최·산림청 주관, 「기후위기 시대 산림재난 대응체계 구축을 위한 토론회: 산림재난 대응역량 강화를 위한 입법 필요성 및 정책과제 논의」 자료집, 국회의원 제1세미나실, 2024.6.24., 42면). 이에 따르면 이창배는 산불피해지를 복원하고 2차 피해를 줄이기 위해 가장 중요한 사항은 산불피해를 받은 토양을 안정시키고, 산림의 생산력을 높일 수 있도록 빠른 회복을 도와주는 토양복원기술을 개발하는 것이라고 강조하고 있습니다.
36) 이창배 외 19명의 「산불 관리의 과학적 관리」, 202~203면.

이런 측면에서 인공조림을 할 때에 어떤 수종을 선정할 것인가라는 문제는 '산불이 난 지역이므로 소나무를 다시 심는 것은 안된다'라는 단순한 관점에서가 아니라, 훨씬 다양하면서도 과학적인 합리성에 근거해서 결정해야 할 것입니다. 만일 그렇지 않다면 어떤 수종을 선정해서 조림하더라도 결국에는 산불피해지의 지역주민과 국민 모두에게서 결코 지지를 얻지 못할 것이기 때문입니다.

VI

이처럼 다양하고 민감한 쟁점을 가진 산불피해지의 복구방법에 대하여 살펴보다 보니 문득 제 개인적인 경험이 생각납니다. 저는 1996년 초겨울 무렵에 운이 좋게도 미국에 있는 옐로스톤 국립공원(Yellowstone National Park)을 방문할 기회를 얻은 적이 있습니다. 1988년 몇 달 동안이나 계속된 산불로 국립공원 면적의 ⅓ 이상이 불에 탄 지 8년이나 지난 후였습니다.

솔직히 그때의 기억이 자세히 남아있지는 않지만, 국립공원 안의 도로를 따라 이동하며 보았던 검게 탄 나무들은 아주 분명히 기억납니다. 그을린 채 가늘게 서있던 나무들과 그 옆에서 새로 자라나던 작은 나무들은 물론 숲속에서 한가롭게 풀을 뜯던 야생 사슴의 무리까지 말이죠.

사실 옐로스톤 국립공원은 대형산불 이후 산불의 그 규모만큼이나 숲의 복원을 둘러싼 논쟁으로도 매우 뜨거운 화제가 되었던 곳입니다. 당시 인공복구를 강조하는 입장과 자연복원을 우선하는 주장 사이의 이러한 논쟁은, 1960년대 이후 산불조차 생태계의 자연현상으로 보아야 한다는 이론에 따라 옐로스톤 국립공원처럼 자연적으로 산불이 발생했을 경우에는 복원도 자연이 하도록 하자는 것으로 정리는 되었지만, 어쨌든 그러한 논쟁의 결과가 제가 찾아

갔던 그 숲이었던 것입니다. 검게 탄 채로 비스듬히 서있는 나무와 그 옆에서 자라나던 작은 나무, 그리고 야생동물이 어우러진 채 말이죠.

그러나 서울특별시와 인천광역시 및 충청북도의 전체 면적을 합한 것과 비슷한 넓이의 방대한 옐로스톤 국립공원의 규모(약 8,933㎢)를 감안한다면, 우리나라의 경우에는 산불조차 생태계의 하나로 보아야 한다는 생각을 그대로 받아들이기는 어려운 것이 사실입니다.

제가 느끼기에는 산불피해지의 복구와 관련해서 오히려 더 중요한 것은 복구하는 방법이 아니라 과학적이면서도 장기적인 모니터링인 것 같습니다. 만일 객관적인 모니터링체계에 따라 산불로 피해를 본 지역을 장기간에 걸쳐 정밀하게 살펴봄으로써 우리가 가진 제한된 이론과 경험을 보완해 줄 수 있는 그런 결과를 얻을 수만 있다면, 굳이 매번 논쟁을 거치지 않고서도 우리 실정에 적합한 복구방법을 찾아낼 수 있다고 믿기 때문입니다.

이런 점에서 국립산림과학원이 중심이 되어 1996년 고성산불의 피해지역을 대상으로 복원유형에 따른 수목 생장의 특징을 살펴보거나, 2000년 동해안산불로 인한 피해지역을 장기적인 연구 장소로 설정해서 생태계복원을 모니터링해 오고 있는 것은 큰 의미가 있다고 생각합니다.[37] 특히 이러한 모니터링의 대상을 인공복구와 자연복원 같은 복구방법에 따른 차이만이 아니라, 산림생물과 토양 및 수자원 등으로 확대함으로써 산불피해 정도에 따른 숲의 변화까지를 모니터링해 온 것은 매우 중요한 성과로 보입니다.[38] 앞

---

37) 임주훈·지동훈·황혜진, 「1996년 고성산불 피해지의 복원유형별 수목생장 특성(Growing Characteristics of Trees by Restoration Patterns on the Forest Fire Site in Goseong, 1996)」, 한국산림과학회 정기학술발표 논문집 (2010권), 2010.3., 152~155면; 산림청의 「2006년도 산림과 임업 동향에 관한 연차보고서」, 318~332면.

으로도 산불피해지에 대한 이러한 과학적인 모니터링, 특히 이제 복구를 시작하는 울진·삼척산불의 피해지역을 포함해 더욱 활발하게 이루어지기를 기대해 봅니다.

결국, 산불로 파괴된 숲을 되돌리는 가장 좋은 방법은 인공적으로 산림을 복구하는 방법만을 고집하거나 무한정 자연회복력에만 기대는 것은 아니라고 생각합니다. 지속가능한 산림경영을 기본이념으로 지금까지 얻어낸 모니터링 결과를 참고해 가면서 구체적인 현장에 맞는 합리적인 복구방법을 찾아내고, 이를 피해지역의 주민을 포함한 모든 국민과 공유해가는 것이야말로 최선의 방법이라고 확신하기 때문입니다. 숲을 더 사랑하고 조심스럽게 다루면서 말이죠.

---

38) 국립산림과학원의 언론기관 브리핑 자료인 「산불피해지 복원, 과학적 진단과 통합적 의사결정으로 산림의 회복력 높인다」(2023.5.8.)를 참고(산림청 홈페이지의 행정정보>산림행정미디어센터>보도자료)하기 바랍니다. 한편, 이 브리핑 자료에서 국립산림과학원은 앞으로 "산불피해지의 유형에 맞게 복원기준을 탄력성있게 개선하고…산불피해지의 생태계 회복과정을 밝히는 100년 장기 관찰(모니터링) 연구를 위성, 드론, 센서네트워킹 등 첨단기술을 활용하여 추진"할 계획이라고 밝히고 있습니다.

제 10강

혁신을 이루는
세가지 길

I

첫 강의를 시작한 것이 얼마 되지 않은 것 같은데 벌써 마지막 내용을 다루게 되었습니다. 그동안 강의에 참여하며 보여주신 관심에 진심으로 깊은 감사를 드립니다. 특히 산불이라는 다소 딱딱한 주제에도 불구하고, 이 마지막 강의에까지 함께 해주시니 솔직히 벅찬 마음을 감출 수가 없습니다.

우리는 지금까지 '산불론'이라는 제목으로 다양한 주제에 대하여 살펴보았습니다. 그동안 다룬 내용은 산불의 개념을 재정립할 필요성을 시작으로 더 효율적으로 산불을 예방하고 진화하기 위한 다양한 정책들과 산불피해지를 복구하는 합리적인 방법 등을 포함한 것이었습니다. 사실 이러한 내용들은 산불을 다룬다면 반드시 짚어보아야 할 과제들임에는 틀림이 없지만, 그렇다고 해서 산불에 관한 모든 내용을 다루었던 것은 아닙니다. 제한된 시간으로 인해 산불에 관한 정책적 고민 전부를 강의 내용에 담을 수는 없었기 때문입니다.

그럼에도 불구하고 지금까지 살펴본 내용들이 더욱 효과적인 산불방지체계를 마련하는 일에 조금이라도 도움이 될 수 있다면 정말로 다행이라고 생각합니다. 산불에 관한 다양한 논점을 신중하게 살펴보면서 현실에 기반한 실천적인 대안을 제시하려고 애쓴 이유는 오직 그것 때문이니까요.

그러나 역시 아쉬움이 남는 것은 피할 수가 없습니다. 어쩔 수 없는 역량의 부족 때문이겠지만, 사실 지금까지 살펴본 내용만으로는 각 과제에 녹아있는 '산불혁신'이라는 지향점이 잘 드러나지 않았기 때문입니다. 따라서 마지막이 될 이번 강의에서는 이러한 아쉬움을 해소하기 위해 산불혁신을 위한 3가지 길에 대하여 살펴보고자 합니다. 기술과 지방자치단체 및 법령의 시각에서 산불을 바라보는 이러한 시도가 산불혁신을 위한 분명한 해답을 찾아가는 단서가 될 수도 있다고 생각하기 때문입니다.

산불을 알아가는 여정의 끝에서 여러분과 함께 나누는 이 시간이 비록 겉으로 드러나지는 않았지만, 첫 강의부터 일관되게 매달려온 산불혁신이라는 과제에 다시 한번 주의를 집중하는 그런 시간이 되기를 진심으로 희망합니다.

II

산불혁신을 위한 첫 번째 길은 산불방지를 위한 기술혁신을 이루는 것입니다. 여기에서 기술혁신이란 새로운 기술을 창의적으로 개발하는 것만이 아니라, 이를 적용하거나 응용하는 것을 포함해 기존의 기술을 개량하는 것과 같은 일체의 기술적 진보를 의미합니다. 이러한 기술혁신은 창조적 파괴(creative destruction)[1]를 통해 경제발전을 가져오는 원동력일 뿐만 아니라, 전체 사회의 질적인 변화까지도 초래하는 핵심 요인이기도 합니다.

실제로 4차 산업혁명이라고 불리는 21세기의 이러한 기술혁신은 경제만이 아니라 여러 분야에서 근본적인 변화를 야기하고 있는데, 예를 들어 인공지능(AI)을 활용한 의료·금융 및 교통혁신이나 로봇이 가져오고 있는 제조업과 서비스산업 및 물류산업 등에서의 변화가 그 대표적인 사례라고 할 수 있을 것입니다.

---

1) 제프 슘페터(이종인 옮김), 「자본주의 사회주의 민주주의」, 북길드, 2016, 123~129면. 여기에서 슘페터는 "국내외 시장의 개발, 직인 조합, 공장, 오늘날의 U.S.스틸 같은 대기업에 이르기까지의 회사조직 발달 등은 산업상의 돌연변이와 동일한 과정을 예증"한다고 하면서, "이 과정은 내부로부터 경제구조를 혁명적으로 꾸준히 변화시키면서, 낡은 것을 파괴하고 새로운 것을 창조한다. 이 창조적 파괴의 과정이 자본주의의 핵심적 사항이다. 이것이 자본주의의 본질이고, 모든 자본주의적 회사들이 명심해야 할 사항이다"라고 강조하고 있습니다.

　이러한 상황에서 기술혁신을 통한 변화를 어떻게 수용할 것인
가에 대한 우리의 태도는 매우 중요하다고 생각합니다. 자율주행
에 기반한 농업용 트랙터라든가 무거운 짐을 운반하는 4족보행 로
봇을 비롯해 인공지능과 로봇·드론 등이 결합한 지능형 전투체계
에 이르기까지, 이미 사회 전반에 걸쳐 진행되고 있는 혁신적 기
술발전은 실로 우리의 상상을 뛰어넘는 것이기 때문입니다. 정보
통신기술(ICT)이 접목된 지능화된 농업시스템인 스마트팜(smart
farm)이 가장 전통적인 농업의 생산구조를 근본적으로 바꾸어가고
있는 것을 포함해서 말이죠.

　이러한 관점에서 기술혁신에 대한 제 입장은 명확합니다. 그것
은 더 이상 미래가 아니라 이미 현실이 되어버린 이러한 변화에
대응하는 최선의 방법은 이를 과감하게 수용함으로써 혁신의 대상
이나 방관자가 아니라 주체가 되어야만 한다는 것입니다. 19세기
초, 산업혁명에 대항해 방직기계를 파괴하던 영국의 러다이트 운
동(Luddite movement)2)을 되풀이할 수는 없기 때문입니다.

　이것은 산불에서도 마찬가지입니다. 산불을 혁신하기 위해서는
무엇보다도 기술혁신을 이루는 것이 가장 중요하기 때문입니다.
기술혁신이야말로 산불을 예방하고 이에 대비하거나 대응하는 것
은 물론 피해지를 복구하는 일에 있어서도 이전과는 완전히 다른
혁신적인 성과를 담보하는 핵심수단인 것입니다. 앞에서 살펴본

---

2) 1811~1817년에 일어난 사회운동으로 당시에 새로 보급되던 방직기계가 결
　국에는 노동자의 고용을 위협할 것이라고 주장하며, 기계를 고의로 고장 내
　거나 파괴했던 활동을 말합니다. 한편, 기계파괴운동이라고도 불리는 이러한
　러다이트 운동은 산업혁명으로 발달해 가던 자본주의에 반대한 최초의 노동
　운동으로 평가받기도 합니다. 이에 대하여 애슈턴은 실제로 "노동자들의 불
　만에는 그만한 이유가 있었다. 토머스 페인과 윌리엄 코빗의 가르침을 받은
　일부 노동자는 정치적 지위를 갖고 있지 못한 것에 분개했고, 다수의 노동자
　는 경험을 통해 결사금지법이 자신들의 협상력에 제한을 가하고 있다는 것
　을 배웠다"라고 설명하고 있습니다[T.S. 애슈턴(김택현 옮김), 「산업혁명
　1760~1830」, 삼천리, 2020, 230~233면].

것처럼 새로운 기술을 개발하는 것만이 아니라 이를 응용하고 기존의 기술을 개량하는 것을 포함해서 말이죠.

사실 산불방지를 위해 첨단기술을 활용하는 것은 낯선 일이 아닙니다. 산림청에서는 이미 2003년부터 산불위험예보시스템을 시작으로 웹 기반의 다양한 산불시스템을 운영해 오고 있기 때문입니다.[3]

현재 산림청과 지방자치단체에서 산불방지를 위해 사용 중인 이러한 시스템 등은 주로 국립산림과학원에서 정보통신기술(ICT)[4] 등을 활용해 개발한 것인데, 이를 각각 산불예방과 산불대응 분야로 구분해서 살펴보면 다음과 같습니다.[5]

- 산불예방: 산불위험예보시스템,[6] 산악기상관측시스템, 스마트 CCTV, 산림드론감시단
- 산불대응: 산불상황관제시스템,[7] 산불현장 영상모니터링시스템, 산림항공지원포털, 산불확산예측시스템,[8] 드론열화상영상에 기반한 화

---

3) 산림청의 「2024년도 전국 산불방지종합대책」, 8~10면.
4) Information and Communication Technology. 정보 및 통신기술의 합성어로 컴퓨터, 인터넷, 통신장비 및 모바일기기 등을 통해 정보를 생성하거나 저장하고 전송·관리 및 통신하는데 사용되는 기술을 통칭하는 말입니다. 이러한 ICT는 현재 인공지능, 빅데이터 및 사물인터넷(IoT) 등의 기술과도 밀접하게 연계되어 활용되고 있습니다.
5) 국회입법조사처, 「대형산불 예방·대응을 위한 최신 기술개발의 현황 및 과제」(연구수행: 한국산불방지기술협회), NARS 정책연구용역보고서, 2022.12.9., 4~38면.
6) 산불위험예보시스템이란 산불위험지수, 산불취약지도, 대형산불위험예보, 소각산불징후예보 및 산불확산위험예보 등으로 구성된 시스템으로 산불위험정보를 종합적으로 제공하는 역할을 하고 있습니다.
7) 산림에 관한 공간정보(GIS)와 위성위치확인시스템(GPS) 및 ICT 등을 기반으로 구축된 시스템으로 산불의 발생부터 확산 및 진화에 이르는 전 과정에 대한 정보를 제공함으로써 진화전략의 수립과 진화자원의 배치 등을 지원하는 산불대응시스템입니다. 이러한 산불상황관제시스템은 산림청에 설치된 중앙산불방지대책본부 상황실(중앙산림재난상황실)에서 운영하고 있습니다.
8) 풍속 및 지형 등 산불의 확산에 영향을 미치는 주요 인자들을 함수화하여 산불이 발생한 경우 시간별로 해당 산불이 확산되는 경로와 속도 및 피해면적 등을 예측할 수 있는 시스템입니다. 이러한 산불확산예측시스템은 지표화

선·잔불탐지기술, 드론기반의 산불진화탄

현재 우리나라에서 운영하고 있는 이러한 시스템은 산불방지에 있어 매우 유용한 기술적 자산임이 분명합니다. 특히 산불위험예보나 산불상황관제 및 산불확산예측을 위한 시스템 등은 산불의 예방과 효율적인 대응에 전략적으로 활용되는 주요 자산으로서 첨단기술을 산불방지에 적용한 좋은 사례라고 생각합니다.

이에 덧붙여 산림청이 앞으로는 이러한 성과를 기반으로 농림위성을 활용해 실시간으로 산불을 탐지하거나, 드론이나 공중라이더(LiDAR) 등 원격탐사(RS)[9] 기술을 이용해 산림 내의 연료 등에 관한 정보를 분석한 다음 이를 산불취약지 관리에 활용하는 기술 등을 중점적으로 연구하려는 계획은 매우 고무적인 일로 생각됩니다.[10]

확산예측모델(이병두, 「GIS를 이용한 지표화 확산예측모델의 개발」, 한국임학회지, 2005, 482~483면)을 시작으로 점차 발전하여, 2018년 웹 형태로 시스템을 구축한 이후 산불현장통합지휘본부 및 KBS 재난방송 등과 실시간으로 정보를 공유하고 있습니다.

9) 원격탐사(RS: Remote Sensing)란 직접 현장을 방문해서 정보를 얻는 것이 아니라 인공위성이나 항공기 등을 활용하여 대상 지역이나 물체의 정보를 얻는 것을 말합니다. 특히 위험하거나 접근이 어려운 지역을 대상으로 활용하며 이전에는 주로 군사·정찰용으로 활용되었으나, 최근에는 인공위성의 발달에 따라 사회·경제분야에서도 많이 사용되고 있습니다. 한편, 라이더(LiDAR: Light Detection and Ranging)란 레이저광을 활용하여 대상 물체까지의 거리는 물론 속도와 방향 및 온도 등을 측정하는 기법으로, 레이저광이 왕복한 시간과 파장의 변화를 이용해 대상 물체의 3차원적인 디지털영상을 얻을 수 있는 기술입니다. 이러한 라이더는 지상 및 공중에서 활용이 가능한 기술로 특히 지상에서 접근하는 것이 어려운 산림 내에서 필요한 정보를 획득하는 데 유용하게 활용될 수 있을 것으로 기대됩니다. 실제로 이러한 기술은 산림탐사에 적극적으로 이용되고 있는데, 영국과 말레이시아의 과학자들은 이를 활용하여 보르네오섬의 말레이시아령에서 열대나무 중 가장 큰 나무로 100.8m에 이르는 '메나라(Menara)'를 발견하기도 했으며("세상에서 가장 큰 나무는?", 아시아경제, 2019.10.22.), 국립산림과학원에서는 경기도 양평에 있는 용문사 은행나무의 나이와 무게를 측정하기도 했습니다("베일 벗은 용문사 은행나무…나이는 1018살, 무게는 약 100t", 서울신문, 2024.3.4.).

10) 산림청의 「2024년도 전국 산불방지종합대책」, 30~31면.

　그러나 이러한 긍정적인 평가에도 불구하고 현재 산불에 활용되고 있는 첨단기술은 여전히 제한적인 것이 사실입니다. 이것은 주로 산불의 예방이나 대응을 위한 정보시스템 중심으로 기술개발이 이루어지면서, 산불진화에 직접 활용되거나 지상진화인력의 역량을 강화하기 위한 분야에서는 첨단기술의 활용이 상대적으로 미흡해 보이기 때문입니다.

　이러한 사실은 산불진화를 위해 편제된 지상진화인력이 보유하고 있는 개인별 진화장비나, 팀별로 운영하는 산불진화기계화시스템이 오랫동안 현장에서 거의 그대로 사용되고 있는 것으로도 알 수 있습니다. 크게 달라지지 않은 갈퀴와 괭이 및 등짐펌프로 무장하고 산불에 맞서는 진화대원의 모습이 어쩌면 이러한 현실을 상징적으로 보여주고 있는 것일지도 모릅니다. 특히 우리나라와는 달리 미국, 영국 및 네덜란드 등 많은 선진국에서는 이미 가상현실(VR)[11]을 활용한 개인별 교육훈련이 이루어지고 있는 현실을 생각한다면, 산불혁신을 이루기 위한 든든한 기반이 될 기술혁신은 여전히 우리에게 중요한 과제로 남아있는 것 같습니다.

　이러한 기술혁신과 관련해서 조금 다른 이야기이지만, 여러분은 혹시 안동에 있는 한국국학진흥원에 가본 적이 있습니까? 1995년에 설립된 한국국학진흥원은 그동안 민간의 기록유산을 수집·관리하고 연구하는 등 전통문화를 창조적으로 계승하기 위해 노력해 오고 있는 기관으로 저는 2014년 가을쯤에 동료들과 함께 방문한 적이 있습니다. 당시 저는 양쪽 숲 사이에 있는 건물들이 아

---

11) 가상현실(VR: Virtual Reality)이란 컴퓨터를 이용하여 설정한 가상의 세계에서 실제와 같은 체험을 할 수 있도록 하는 첨단기술을 말합니다. 이러한 가상현실 기술은 실제로는 구현하기 힘든 산불 상황을 컴퓨터 시뮬레이션으로 조성함으로써 현장감 있는 교육훈련을 안전하게 반복해서 실시할 수 있다는 장점이 있는 것으로 평가되고 있습니다(국회입법조사처의 「대형산불 예방·대응을 위한 최신 기술개발의 현황 및 과제」, 66면).

늑하게 느껴져 느긋한 기분으로 둘러봤던 기억이 생생합니다.

　이러한 한국국학진흥원에는 국보인 징비록을 포함해 진귀한 국가유산이 많이 소장되어 있는데, 특히 장판각이라는 건물에는 약 7만권에 이르는 목판이 보관되어 있습니다. 당시 저는 건물 내에 보관되어 있는 이처럼 엄청난 양의 목판을 보고는 연구자에게 이렇게 질문했던 기억이 있습니다.

　"그런데…조선시대 후기에 제작된 목판이 이렇게 많다면, 우리가 이미 알고 있듯이 글씨체가 아름답기로 유명한 경자자[12]와 같은 금속활자는 많이 사용되지 않았던 것인가요?"

　"네, 안타깝게도…사실 국가에서 책을 편찬할 때는 금속활자가 사용되었지만, 조선시대 후기까지 일반적으로는 손으로 직접 필사를 하거나 목판으로 인쇄해서 책을 내는 것이 보통이었습니다.[13] 아무래도 한 번에 발간하는 책의 양이 많지 않았을 뿐만 아니라 비용도 저렴했으니까요…."

　어때요, 놀랍지 않습니까? 잘 알려져 있듯이 1450년경 독일의 구텐베르크(J. Gutenberg, 1397~1468)가 발명한 금속활자는 이후 전 유럽에서 대량 인쇄물에 기반한 지식혁명과 종교개혁을 이끄는 변화의 원천[14]이 되었음에도 불구하고, 이미 13세기에 세계에서

---

12) 경북대 사학과 한국사교재편찬위원회, 「새로 보는 한국사」, 경북대학교 출판부, 2024, 176면. 이에 따르면 1420년(세종 2년)에 구리로 주조된 동활자인 경자자(庚子字)는 "계미자(癸未字)보다 크기가 작고 글자가 박력 있어서 아름다운 활자로 알려져 있다"라고 평가하고 있습니다.
13) 경북대 사학과 한국사교재편찬위원회의 「새로 보는 한국사」, 178면.
14) 금속활자를 이용해서 구텐베르그가 본격적으로 인쇄한 책은 성경(Bible)이었는데, 당시에 인쇄한 최초의 「구텐베르크 성경」은 현재 유네스코에서 지정한 세계기록유산으로 등재되어 있습니다. 한편 종교개혁가인 루터(M. Luther, 1483~1546)가 로마카톨릭교회의 면죄부 발행을 비판하며, 독일 비텐베르크(Wittenberg) 대학의 교회에 내붙인 「95개조 반박문」이 전 유럽에 퍼짐으로써, 종교개혁의 시작을 알리게 된 것도 의심할 여지 없이 대량인쇄가 가능한 금속활자 인쇄술 때문이었습니다. 이처럼 금속활자 인쇄술은 책을 출판할 때

최초로 금속활자를 만들고 15세기에는 놀라울 정도로 아름다운 활
자체를 사용했던 국가가 거의 19세기 말까지 목판인쇄에 의존하고
있었다니 말이죠.

네, 그렇습니다! 너무나도 안타깝게도 조선에서는 결코 금속활
자에 의한 정보혁명과 같은 혁신은 일어나지 않았던 것입니다.[15]
금속활자가 있었음에도 여전히 목판인쇄가 더 많이 사용되었으니
까요. 도대체 무엇이 문제였을까요?

사실 어떤 혁신적 기술이 영향력을 갖기 위해서는 일정한 조건
이 필요하다는 생각은 합리적인 것 같습니다. 혁신에 대한 갈망과
이를 위한 기반이 갖춰지지 않은 상황에서는 혹시라도 대단한 기
술의 발전이 있더라도 결국에는 사장되어 버릴 가능성이 크기 때
문입니다. 따라서 기술혁신을 통한 성과를 확산하기 위해서는 연
구와 개발은 물론이고, 이를 적용해서 그 성과를 확대할 수 있는
일종의 기술혁신을 위한 생태계를 구축하는 것이 꼭 필요하다고
생각합니다.

이러한 시각에서 볼 때, 그동안 산불분야에서 이루어낸 일정한
성과와 노력은 역시 아무래도 부족해 보이는 것이 사실입니다. 더
군다나 앞에서 살펴본 것처럼 산불혁신을 위해 숙제로 남겨진 많
은 것들이 사실상 산불분야 자체의 노력이나 의지만으로는 달성할
수 없는 과제[16]라는 점을 생각한다면, 기술혁신을 위한 새로운 체

주로 필사에 의존하던 기존의 방식을 대체하면서 급속히 확산되었는데, 그
결과 유럽에서는 1450년부터 1500년까지 불과 50년 동안에 총 3만 종에 이
르는 약 2,000만부의 책이 인쇄되었다고 알려져 있습니다. 어떤 학자에 따르
면, 이러한 규모는 이전 1,000년 동안 출판된 책보다 더 많은 양이라고 합니
다. 결국, 구텐베르크의 금속활자 인쇄술은 중세시대를 넘어 근대시민사회를
세우는 혁신의 가장 강력한 도구였던 것입니다(김종국, 『세계사를 보는 새로
운 눈』, 생각의 창, 2022, 420면; 허버트 조지 웰스(육혜원 옮김), 『인류가
걸어온 모든 역사: 인류의 세계사』, 이화북스, 2024, 252~253면 및 256면).

15) 이재정, 『활자본색』, 도서출판 책과함께, 2022, 68~70면.

16) 사실 이러한 한계는 산불혁신과 산림 전체의 혁신이 서로 밀접히 연계되어

계를 구축하는 것은 더욱 시급한 일로 여겨집니다. 이러한 관점에
서 저는 산불분야에서 기술혁신을 이룰 수 있는 생태계를 구축하
기 위해서는 다음과 같은 방안이 실질적으로 이행되어야 한다고
생각합니다.

- 산불방지를 위한 기술혁신을 산불정책의 핵심가치로 선언하고, 이를
  위한 조직과 예산 및 연구체계를 정비한다.[17]
- 산불 이외 다양한 분야와의 학제적 연구활동을 지원함으로써 융합형
  전문가를 양성하고, 연구성과를 공유할 수 있는 체계를 갖춘다.[18]
- 연대와 협업의 원칙에 따라 산림분야가 아닌 기관과의 정보를 공유
  하고, 협력사업을 확대한다.
- 정보공개와 인증제도 및 기술이전 등을 통해 산불과 연관된 산업을
  활성화함으로써 기술혁신이 확산될 수 있는 기반을 마련한다.

이러한 입장에서 최근 산림청이 '산림과학기술연구개발사업'으
로 행정안전부, 과학기술정보통신부 및 한국연구재단은 물론 민간
기업과도 협력하여 산불진화대원이 착용할 수 있는 스텝업웨어러

있으므로 생겨난 것입니다. 산불과 관련된 기술혁신은 결코 혼자만의 힘으로
이룰 수 있는 것은 아니라고 생각합니다. 이것은 산불의 혁신이 산림혁신의
범주 내에 있을 뿐만 아니라 산불방지를 위한 혁신적 기술의 개발과 적용도
기본적으로는 산림을 기반으로 하는 것이기 때문입니다. 이러한 관점에서 기
술혁신을 위해 여기에서 제안된 내용은 산불만이 아니라 산림분야 전체의
혁신을 위한 정책적 고민에도 그대로 적용될 수 있다고 생각합니다.

17) 이와 관련해서는 특히 첨단기술을 활용한 무기나 군사장비 등을 획득하는
방식에서 특별한 경험을 가진 방위사업청이나, 소방과 관련된 산업을 육성하
기 위해 오랫동안 노력해 온 소방청의 예산구조 등을 참고할 필요가 있다고
생각합니다. 산불도 군이나 소방 등과 마찬가지로 첨단기술을 활용한 장비
등에 대한 수요가 매우 제한적이라는 한계를 공유하고 있기 때문입니다.

18) 이것은 예를 들어 산불전문가라고 하더라도 산림 이외 기계, 화학 및 소방
등은 물론 드론이나 로봇 등에 관한 전문지식이 없으면, 산불을 진화할 수
있는 첨단기술을 개발하거나 적용하는 데 한계가 있을 수밖에는 없기 때문
입니다. 물론 이러한 제약은 관계되는 전문기관과의 협업이나 공동연구 등을
통해서도 어느 정도 극복해 갈 수 있겠지만, 역시 가장 바람직한 것은 특정
한 전공 분야를 기반으로 하는 순혈조직이 아니라, 다양한 전공을 가진 융합
형 전문가로 조직을 구성함으로써 내부에서 자연스럽게 연대와 협업이 이루
어지는 것이라고 확신하기 때문입니다.

블 로봇과[19] 산악지형에서도 운영이 가능한 다목적 중형산불진화차 및 진화역량을 크게 개선한 고중량 산불진화드론과 같이 가시적인 기술혁신의 성과를 이루어낸 것은 큰 의미가 있다고 생각합니다.[20]

만일 이러한 연구성과가 계속 축적되고 이에 더하여 앞에서 살펴본 것처럼 기술혁신을 위한 든든한 생태계도 구축된다면, 우리도 가까운 미래에는 웨어러블 로봇을 착용한 채 훨씬 가볍고 안전한 개인별 진화장비로 무장한 지상진화인력이, 헤드셋(headset)을 통해 산불현장통합지휘본부와 교신하며 새롭게 익힌 공지합동진화전술에 따라, 산불진화헬기나 최신의 드론 및 산불진화차 등과 함께 산불에 대응하는 모습을 볼 수 있을 것으로 기대합니다.

Ⅲ

산불혁신을 위한 두 번째 길은 산불방지를 위한 지방자치단체의 역량을 혁신하는 것입니다. 현행 「산림보호법」에 따르면 지방자치단체는 지역산불관리기관(제29조 제2항)으로서 관할지역 내의 산불방지를 위한 예방·대비 및 대응은 물론 그 피해지의 복구까지 책임을 맡고 있습니다. 더군다나 우리나라는 국유림(26.2%)을 제외한 산림의 대부분이 개인의 소유인 사유림과 지방자치단체 등에 속하는 공유림이라는 사실을 감안한다면,[21] 산불방지에 있어 지방자치

---

19) 스텝업웨어러블 로봇(Step-up wearable robot)이란 사람이 옷처럼 입고 벗을 수 있는 로봇으로, 이를 착용하면 신체능력이 강화되어 무거운 것도 쉽고 안전하게 다룰 수 있게 됩니다. 이러한 웨어러블 로봇기술은 최근 산업 및 의료분야에서 가장 주목하는 기술 중의 하나로 평가받고 있습니다.

20) "웨어러블 로봇 '전술진화차'…산림재난 혁신 연구성과 한눈에: 산림청, 산림재난 혁신 연구개발(R&D) 시제품 현장시연회 개최", 한국농촌경제신문, 2024.4.24.

21) 산림청의 통계에 따르면, 우리나라의 산림면적은 총 6,298천ha인데 이 가운

단체의 역할과 중요성은 아무리 강조해도 부족해 보입니다.

산불방지를 위한 지방자치단체의 이러한 책임은 「산림보호법」에 자세히 규정되어 있는데(제28조~제35조 및 제36조~제44조), 이에 따르면 시·도지사를 포함한 지방자치단체장에게 법적으로 부여된 책임과 권한은 다음과 같습니다.

- 지역산불방지장기대책과 지역산불방지연도별대책을 수립·시행하고, 산불의 효율적인 예방·진화체계를 마련한 후 이에 따라 산불을 예방하고, 만일 산불이 발생한 경우에는 이를 진화해야 한다.
- 산불예방을 위한 행위제한의 위반 여부를 단속하고, 산불예방과 진화에 필요한 인력, 장비 및 예산을 확보하는 등의 조치와 함께 장비 등이 정상적으로 가동될 수 있도록 정기적으로 점검해야 한다.
- 산불조심기간 동안 지역산불방지대책본부를 설치·운영하고, 산불이 발생하면 산불현장통합지휘본부를 설치해서 지휘한다.
- 산불전문예방진화대와 산불재난특수진화대를 구성하고, 산불방지업무 담당자와 산불전문예방진화대에게 산불방지교육을 해야 한다.
- 산불피해지에 대하여 산불원인과 피해현황에 관한 조사를 실시하고, 이를 산림으로 복구하거나 복원계획을 세워 시행한다.

어떻습니까? 이렇게 「산림보호법」에 명시된 것만 살펴봤는데도 산불방지를 위해 지방자치단체가 의무적으로 해야 하는 일들이 정말로 많다는 것을 알 수 있지 않습니까?

그러면 현재 지방자치단체에서는 이러한 역할을 감당할 수 있을 정도로 충분한 역량을 갖추고 있을까요? 사실 어떤 측면에서는 이처럼 당연한 질문이 필요하냐는 생각도 들지만, 산불로부터 우리의 생명과 재산 및 숲을 지키는 일은 너무나도 소중하므로 이를 확인하는 과정은 꼭 필요해 보입니다. 당연히 신뢰해도 좋을 만큼 충분한 인력과 예산 및 장비 등을 갖추고 있다는 답변을 기대하면

데 국유림은 1,653천ha로 26.2%이며, 사유림과 공유림은 각각 4,162천ha(66.1%)와 483천ha(7.7%)에 이릅니다(산림청의 「(개정판) 2020년 산림기본통계」, 14면).

서 말이죠.

그러나 안타깝게도 현실은 반드시 그렇지만은 않은 것 같습니다. 이것은 기초지방자치단체에서 현재 산불업무를 담당하는 조직이 어떻게 구성되어 있는지가 상징적으로 보여주고 있는데, 예를 들어 전형적인 농촌지역 가운데 하나인 전라남도 무안군의 경우에는 산림공원과(4개팀)를 두어 산림과 공원업무를 담당하도록 하면서 산불업무는 팀장을 포함해 4명인 산림보호팀 내에서 주무관 한 명이 다른 업무와 함께 담당하도록 하고 있습니다.[22]

물론 이것이 산불조심기간 전체나 실제로 산불이 발생한 경우에도 상사나 동료의 지원이 없이 산불을 담당하는 공무원 혼자서 무안군 전체의 산불을 책임진다는 의미는 절대 아닙니다. 그러나 어쨌든 사무분장에 따르면 산불방지대책을 수립하고, 산불진화장비를 보급·관리하는 업무를 한 명의 주무관이 담당한다는 것은 사실인 것입니다. 아마도 무안군의 이 산불담당자는 봄철에는 2월 1일부터 5월 15일까지, 그리고 가을철에는 11월 1일부터 12월 15일까지 이어지는 산불조심기간 동안에는 제대로 퇴근조차 못할지도 모릅니다. 비록 본인의 산불업무를 지원하기 위해 산림보호팀과 산림공원과를 중심으로 산불대책본부가 구성되어 운영되겠지만 말이죠.

그러면 이러한 인력배치는 전라남도 무안군이 특히 산림면적이 적고 대형산불의 위험이 낮아서 그런 것일까요? 만일 그렇다면 늘 대형산불의 위협에 시달리는 강원특별자치도 강릉시의 경우에는 어떨까요?

---

22) 무안군 산림공원과는 산림조성팀, 산림휴양팀, 산림보호팀 및 공원녹지팀으로 이루어져 있습니다. 무안군의 이러한 산림조직에 대해서는 무안군 홈페이지 (www.muan.go.kr)에서 무안이야기＞군청안내＞행정조직도를 참고하기 바랍니다.

강릉시는 경제환경국 산하에 산림과(4개팀)를 두면서 팀장을 포함해 5명인 산불예방팀 중 산사태와 관련된 한 명을 제외하고는, 주무관 모두가 산불방지대책부터 산불전문예방진화대 운영 및 산불진화장비의 관리까지 업무를 나누어 담당하고 있습니다.[23] 정말로 다행스럽게도 강릉시는 지난 2023년 강릉산불을 포함해 몇 차례나 대형산불을 경험한 이후에는 인력배치에 있어 이처럼 다른 지방자치단체와는 확연히 다른 모습을 보여주고 있는 것입니다.

그러나 산불로 피해를 보았던 모든 지방자치단체가 강릉시와 같이 산불에 적극적으로 대응할 수 있도록 과감하게 인력을 배치하고 있는 것 같지는 않습니다. 지난 2022년 울진·삼척산불로 가장 큰 피해를 당했던 경상북도 울진군의 경우에는 안전건설국 산하에 산림과(5개팀)를 두면서 산불업무는 여전히 산림보호팀 내의 주무관 한 명과 공무직이 담당하도록 하고 있기 때문입니다.[24] 그마저도 산불업무를 전담하는 것이 아니라 다른 업무도 함께 수행하면서 말이죠.

물론 잠깐 살펴본 일부 지방자치단체의 인력배치 사례만으로 전국의 모든 지방자치단체의 산불대응 역량을 예단할 수 없다는 것은 분명합니다. 산불에 관한 인력이나 예산 및 장비 등의 보유현황과 공무원 및 산불진화인력의 교육훈련 수준 등에 대하여 전 지방자치단체를 대상으로 유·무형의 종합적인 역량을 평가하는 일은 그것만으로도 별도의 조사나 연구가 필요할 정도로 광범위한

---

23) 강릉시 산림과는 산림조성팀, 산지관리팀, 산불예방팀 및 산림소득팀으로 이루어져 있습니다. 강릉시의 이러한 산림조직에 대해서는 강릉시청 홈페이지(www.gn.go.kr)에서 강릉시청 > 강릉소개 > 시청안내 > 조직안내를 참고하기 바랍니다.

24) 울진군 산림과는 산림기획팀, 산림경영팀, 산림보호팀, 정원팀, 산림시설관리팀으로 이루어져 있습니다. 울진군의 이러한 산림조직에 대해서는 울진군 홈페이지(www.uljin.go.kr)에서 울진소개 > 군청안내 > 조직도를 참고하기 바랍니다.

과제이기 때문입니다.

그러나 이러한 한계에도 불구하고, 지방자치단체의 산불담당 공무원이 어떻게 편제되어 배치되어 있는지를 살펴보는 것만으로도 해당 지방자치단체의 산불방지를 위한 관심 수준을 어느 정도는 짐작해 볼 수 있다는 추정은 합리적인 것으로 보입니다. 결국, 지방자치단체장이 가지고 있는 가치관이나 우선순위 및 정책의지 등에 따라 조직과 예산 등이 차등 있게 배분되는 것은 자연스러운 일이니까요.

그렇다면 문제는 일반적으로 볼 때, 산불을 방지하는 일이 지방자치단체장에게 어느 정도로 중요한 일인가 하는 점일 것입니다. 당연한 일이지만, 이러한 질문에 대한 답변을 지방자치단체장에게서 직접 들을 필요까지는 없어 보입니다. 산불과 같은 재난에 관하여 관심이 적다고 말할 정도로 어리석은 지방자치단체장은 없을 테니까 말이죠.

결국, 중요한 것은 말이 아니라 실제로도 행정역량을 집중할 정도로 지방자치단체장이 산불방지에 명확하게 우선순위를 두고 있느냐의 여부일 것입니다. 이것은 매우 중요한 문제입니다. 왜냐하면, 산불을 방지하는 일은 소방을 포함한 다른 재난분야도 비슷하지만, 정치인인 지방자치단체장에게는 짧은 시간 내에 성과를 내어 인기를 끌거나 지지를 확산하는 데 도움이 되는 업무는 아니기 때문입니다. 주민의 생명과 재산을 지키는 일에 실제로 무한책임을 느끼는지와는 상관없이 말이죠. 따라서 재난이 현실화하기 전이라면 아무래도 지방자치단체장은 산불과 같은 재난을 예방하고 대비하는 일에는 어쩌면 소극적일지도 모를 일입니다.

사실 이러한 우려는 지방자치제도가 본격적으로 시행되면서부터 이미 예상했던 것입니다. 이것은 지방자치제도가 시행된 초창기에 작성된 산림행정연구보고서[25]에서 "현재 산불진화 업무는 중앙과 지방정부간 공조체제가 적극 필요한 업무"라고 하면서도, "지자체의 장이···일정 부분 기구를 설치하고 폐지할 수 있어 산림 부서는 여건에 따라 우선순위에서 후순위로 밀리고 있는 것이 현실이다. 현재와 같은 경쟁체제에서는 공장의 유치 등 산업화를 통한 지역개발에 관심이 많은 개발주도형 자치단체장이 재선의 가능성이 높은 것이 일반적이다. 따라서 경제개발 관련 조직은 팽창하는데 비하여 장기적 효과가 있는 산림보존 등에 관한 조직은 축소되는 경향이 있다"라고 정확하게 적시하고 있는 것으로도 잘 알 수 있습니다.

앞에서 살펴본 것처럼 지방자치제도가 본격적으로 실시된 이후부터 지방자치단체를 중심으로 하는 현장의 산불방지 역량이 전반적으로 약화되기 시작했다는 시각[26]은, 아마도 당초의 이러한 염려가 현실이 되어버렸다는 안타까운 심정을 그대로 표현한 것일지도 모르겠습니다.

지방자치제도 아래에서 산불담당 행정조직이 겪는 이러한 어려움은 일반화재를 다루는 소방분야가 처한 현실보다 더욱 어려워 보이기도 합니다. 이것은 소방행정기관의 경우에는 예산부족 때문에 소방관들이 직접 소방용 안전장갑을 구입[27]하고 있다는 사실이 알려지면서 치열한 논쟁을 거쳐 마침내 2020년 4월 1일, 전체 지방직 소방공무원이 국가직으로 전환되는 성과를 거두었지만,[28] 산

---

25) 산림청, 「21C 산림정책과 조직발전에 관한 연구」(연구수행: 서울대학교 행정대학원), 2001, 16면 및 344면.

26) 산림청의 「한국의 산불관리 정책 및 기술: 산림분야 발전경험 모듈화 보고서 1(2020)의 내용을 「산불재난특수진화대 정예화 방안에 관한 연구」, 17면(표 Ⅲ-5)에서 재인용한 것입니다.

27) "소방관, 예산부족에 소방용장갑 직접 구입 "장비부족해 남의 것도 가져가"", 아시아경제, 2014.5.29; "달랑 5명이 소방차 운전, 구급에 화재진압까지···", 머니투데이, 2014.5.30.

28) 이러한 성과에 대해서는 소방직이 국가직으로 전환되면서 비록 인력은 대규모로 충원되었으나, 「지방자치법」상 지역의 화재예방·경계·진압·조사 및

불분야에서는 지방자치단체의 조직과 인력 및 장비 등에 관한 열악한 상황이 아직 사회 전체의 문제로 인식되지도 못하고 있기 때문입니다.

그러나 이러한 상황에도 불구하고, 중앙정부의 역할을 확대함으로써 이를 극복해 보려는 산림청의 노력에는 분명한 한계가 있어 보입니다. 이것은 현행 「산림보호법」이 산림청 소관 외의 국유림과 공유림 및 사유림의 경우에는 산림소재지의 지방자치단체장을 관할 행정청으로 규정하고 있을 뿐만 아니라(제6조), 산불방지를 위한 책임도 원칙적으로는 지방자치단체장을 포함한 지역산불관리기관의 장에게 있다고 명시하고 있기 때문입니다(제33조 제1항 및 제2항).

특히 이러한 「산림보호법」에 따르면 지역산불관리기관의 장은 산불에 대비하여 산불예방과 진화에 필요한 인력과 장비 및 예산을 확보하는 등의 조치를 해야 할 의무(제33조 제3항 전문)가 있으므로, 산불에 대응하기 위한 종합적인 역량을 갖추는 일은 법률상 지역산불관리기관의 장인 지방자치단체장에게 그 책임이 있는 것이 분명합니다. 따라서 산림청장은 지방자치단체가 산불진화헬기와 같은 진화장비를 도입하는 때에는 해당 지방자치단체의 진화역량을 강화하기 위해 그 비용의 일부를 지원할 수는 있지만(제33조 제3항 후문 및 제6항), 이 경우에도 지원하는 진화장비의 종류는 법령에서 정한 범위 내로 한정될 뿐입니다(산림보호법 시행규칙 제27조의2 별표3의3).

이와 관련하여 지방자치단체의 산불업무가 고유한 자치사무인

구조・구급과 같은 지방소방(제13조 제2항 제6호 나목)은 지방자치단체의 사무로 규정하고 있으므로, 인사권과 예산 등에 있어서는 지방자치단체와의 관계에서 여전히 많은 문제를 남겨두고 있다는 비판도 있는 것이 사실입니다. 이와 관련해서는 "소방관들의 예산은 지방자치단체가 아닌 국가가 책임지고 마련해야 한다"라는 소방관들의 주장("순직 소방관 애도하며 소방관 수백 명 궐기대회, SBS 뉴스, 2024.2.26.)과 함께 "'무늬만 국가직' 소방관…중앙정부에 인사・예산권 無・인력 부족 심화"라는 보도내용(이데일리, 2024.3.14.) 등을 참고하기 바랍니다.

지 아니면 법령에 따라 지방자치단체에게 위임된 기관위임사무인
지에 대해서는 논쟁의 여지가 있어 보입니다.[29] 이것은 지방자치
단체의 종류별 사무를 정한 규정(지방자치법 제14조 제1항 / 시행령 제10조 제1항 별표1)에서는 공유림 관
리를 위한 산불예방이나 입산통제구역의 지정·해제 및 입산허가
등에 대해서만 시·군·구의 자치사무로 하고, 그 밖에 공유림이
아닌 산림, 즉 사유림에서의 산불업무에 대해서는 명확하게 규정
하고 있지 않기 때문입니다.[30]

　일반적으로 어떤 사무가 지방자치단체의 자치사무인지 아니면
국가사무를 지방자치단체장에게 위임한 기관위임사무인지를 판단

---

29) 지방자치단체의 사무는 주민의 복리증진을 위한 사무와 같이 지방자치단체
가 그 관할지역 내에서 자기의 책임과 부담 아래 행하는 자치사무와 법령에
의해 지방자치단체에게 위임된 위임사무로 구분할 수 있습니다, 여기에서 위
임사무는 다시 법령에 따라 지방자치단체에 위임된 단체위임사무와 지방자
치단체장에게 위임된 기관위임사무로 구분할 수 있는데, ① 단체위임사무는
"법령에 따라 지방자치단체에 속하는 사무"(지방자치법 제13조 제1항)로서
일단 위임을 받으면 해당 지방자치단체의 자치사무와 같이 지방의회의 관여
아래 처리하게 되지만, ② 기관위임사무의 경우에는 위임한 때도 국가가 여
전히 관리주체로서의 지위를 가지며, 따라서 위임을 받은 해당 지방자치단체
장이 기관위임사무를 처리하는 경우에는 국가기관의 지위를 가지게 된다는
점에서 자치사무나 단체위임사무와는 차이가 있습니다. 한편 이러한 논쟁의
실익은 만일 산불업무가 자치사무라면 해당 지방자치단체에서 그 필요한 경
비의 전액을 부담해야 하지만, 그렇지 않고 위임사무로서 국가와 지방자치단
체 간에 이해관계가 있는 경우에는 원활한 사무처리를 위하여 국가가 부담
하지 않으면 안 되는 경비는 그 전부나 일부를 국가가 부담해야 하기 때문
입니다(「지방재정법」 제20조 및 제21조 제1항).
30) 여기에서 사유림만이 문제가 되는 것은 현행 「지방자치법」에 따르면 국유림
에 관한 사무는 국가하천이나 국립공원과 함께 국가사무로 명시되어 있기
때문입니다(제15조 제4호). 한편, 「지방자치법」 제15조는 국가사무에 대하여
자세하게 규정하고 있는데, 이에 따르면 국가사무란 ① 외교, 국방, 사법 및
국세 등 국가의 존립에 필요한 사무, ② 물가정책 및 금융정책 등 전국적으
로 통일적 처리를 할 필요가 있는 사무, ③ 농림축수산물 및 양곡의 수급조
절과 수출입 등 전국적 규모의 사무, ④ 국가종합경제개발, 국가하천, 국립
공원, 고속국도·일반국도 및 국유림 등과 같이 전국적 규모나 이와 비슷한
규모의 사무 등으로서 법률에 다른 규정이 있는 경우를 제외하고는 지방자
치단체가 처리할 수 없도록 정하고 있습니다.

하는 기준은 "법령의 규정 형식과 취지를 우선 고려하여야 할 것이지만 그 외에도 그 사무의 성질이 전국적으로 통일적인 처리가 요구되는 사무인지 여부나 그에 관한 경비부담과 최종적인 책임귀속의 주체 등도 아울러 고려하여 판단하여야"[31] 할 것입니다.

이러한 입장에서 현행 「산림보호법」에 따른 산불업무의 성격을 살펴보면, 산림청장을 중앙산불방지대책본부의 장으로 하여 전국산불방지장기대책과 전국산불방지연도별대책을 수립·시행하도록 하면서, 이에 따라 시·도지사에게는 지역산불방지장기대책을, 그리고 지역산불관리기관의 장인 지방자치단체장에게는 지역산불방지연도별대책을 수립·시행하도록 하고 있으며(제28조~제29조 및 제30조 제3항), 산불이 2개 이상의 시·도에 걸쳐 발생하면 산림청장이 통합지휘하되 일정한 경우에는 그 권한을 시·도지사나 시장·군수·구청장에게 위임할 수 있도록 하고 있을 뿐만 아니라(제37조 제3항 및 시행령 제25조 제4항), 특히 산림청장에게 산불이 발생한 지역을 대상으로 산불대응에서의 문제점과 개선방안 등을 평가·분석해서 지역산불관리기관의 장에게 그 결과를 알려줄 수 있도록 명문으로 규정하고 있는 점(제45조) 등을 고려할 때, 산불에 관한 사무는 비록 「사방사업법」과 같이 "사방사업은 국가의 사업으로 한다"[32]라는 명확한 규정은 없으나, 기본적으로는 법령에 따라 지방자치단체장에게 위임된 기관위임사무라고 보아야 할 것입니다.[33]

---

31) 대판 2009.6.11. 2008도6530.
32) 「사방사업법」 제5조 제1항.
33) 일반적으로 기관위임사무와 자치사무의 구분에 대해서는 "개별법령의 취지와 내용을 구체적으로 판단하여 해당사무가 주무부장관의 통제하에 적극적 기준에 의하여 처리되어야 할 사무는 국가의 기관위임사무로, 해당사무가 「지방자치법」 제13조 제2항 소정의 지방자치단체 사무로 예시되어 있는 사무 중에 포함되어 있거나 그렇지 않더라도 특히 지역적 특성에 따라 자율적으로 처리되는 것이 바람직한 사무는 자치사무로 보아야 할 것"입니다(김남진·김연태, 「행정법Ⅱ」, 법문사, 2009, 151면; 홍정선, 「기본 행정법」, 박영사,

하지만 이러한 입장을 따르더라도 산불업무는 완전한 국가사무(^{지방자치법}_{제15조})라고 하기보다는 국가와 지방자치단체 간의 긴밀한 협력이 필요한 특별한 사무로 보는 것이 합리적이라고 생각합니다. 이러한 관점에서 현행 「산림보호법」이 산불의 예방과 진화에 대한 일차적인 책임을 산림의 소유자나 관리자에게 부여하면서 그 소유구분에 따라 관할 행정청과 지역산불관리기관을 정하고(^{제6조 및}_{제33조 제1항}), 이에 따라 산불의 예방 및 진화에 대한 포괄적인 권한과 책임을 지역산불관리기관의 장인 지방자치단체장에게 부여(^{제28조~제35조 및}_{제36조~제44조})하고 있는 것은 산불의 이러한 사무특성을 잘 반영한 것으로 보입니다. 따라서 산림청과 지방자치단체의 산림부서는 산불방지를 위해 필요한 인력과 장비 및 예산 등을 확보하는 경우에도 산불업무의 이러한 사무특성을 반영해 국가와 지방자치단체 간에 유기적인 협조체계(^{산림보호법}_{제3조 제4호})를 구축할 수 있도록 그 비용을 분담하는 방식으로 추진해야 할 것입니다.

그렇다면 도대체 어떻게 해야 현장에서 산불을 책임지고 있는 지방자치단체가 필요한 역량을 갖출 수 있도록 지원할 수 있을까요? 생활쓰레기 수거와 같은 주민의 복지증진을 위한 업무를 수행

2023, 543~544면). 한편 이와 동일한 취지에서 대법원은 법령상 지방자치단체의 장이 처리하도록 규정하고 있는 사무가 자치사무인지 또는 기관위임사무에 해당하는지 여부의 판단 기준에 대하여, "건설교통부장관은 산업자원부장관으로부터 통보받은 전국의 골재자원에 관한 기초조사와 골재자원에 관한 실지조사 등을 종합하여…골재수급기본계획을 매 5년마다 수립·시행하는 한편…골재의 수급불균형으로 인하여 국민경제 운용에 중대한 지장이 초래될 우려가 있다고 인정되는 때에는 골재의 집중개발·비축·수출입조정 기타 골재의 수급안정을 위하여 필요한 조치를 할 수 있도록 하고" 있다고 하면서, "골재채취업등록 및 골재채취허가사무는 전국적으로 통일적 처리가 요구되는 중앙행정기관인 건설교통부장관의 고유업무인 국가사무로서 지방자치단체의 장에게 위임된 기관위임사무에 해당한다고 할 것"이라고 판결한 바 있습니다(대판 2004.6.11. 2004추34). 한편 이와 유사한 취지의 판례에 대해서는 대판 2010.12.9. 2008다71575; 대판 2001.11.27. 2001추57; 대판 2003.4.22. 2002두10483 등을 참고하기 바랍니다.

하는 인원조차 부족해 보이는 현재의 여건에서 말이죠. 사실 지역
주민과 지방자치단체장의 특별한 관심이 없다면, 해당 지방자치단
체의 산림부서가 이러한 한계를 스스로 극복해서 산불에 대응하는
인력을 보강하거나 예산을 확대한다는 것은 결코 쉬운 일이 아니
라고 생각합니다. 오랫동안 산불업무를 해오면서 이미 행정적 한
계를 충분히 경험해 온 탓에 조직이나 인력 및 예산상의 제약에는
어쩌면 이미 익숙해져 버렸을 수도 있기 때문입니다.

　이러한 시각에서 저는 산불방지를 위해 꼭 필요한 역량을 지방
자치단체가 갖추도록 하는 가장 효과적인 방법은, 산불의 위험에
따라 진화인력이나 장비 등과 같은 '산불대응력'의 기준을 법률에
규정하는 것이라고 생각합니다.[34] 이것은 지방자치단체가 관할하
는 산림면적이나 산불발생의 빈도 등과 같은 일정한 기준에 따라
산불위험 수준을 정한 후 이에 따라 필요한 인력이나 장비를 의무
적으로 갖추도록 법률로써 강제하는 제도로, 지방자치단체가 산불
방지를 위해 필요한 역량을 확충하는데 있어 획기적인 전환점이
될 것이라고 확신합니다. 여기에서 산불위험의 정도를 평가하는
기준에는 산림면적이나 산불발생의 빈도 이외에도 산불특별관리구
역의 범위나 지방자치단체 관할지역 내의 소방기관 등과 같은 산
불유관기관이 보유하고 있는 인력과 장비는 물론 산불예방에 대한
주민의식 등도 포함될 수 있을 것입니다.

　사실 이처럼 산불이 발생할 위험의 정도에 따라 이에 대응하는
일정한 인력이나 장비 등을 산불대응력으로 규정한 다음 해당 지
방자치단체가 이를 의무적으로 갖추도록 법률에 명시하는 것은 소
방분야의 입법례에 따른 것입니다. 이에 따르면 소방분야에서는
소방기관이 소방업무를 수행하는 데에 필요한 인력과 장비 등을

---

34) 산림청의 「전국산불방지 장기대책 수립을 위한 용역(2023~2027년)」, 79면.

'소방력'이라고 하면서, 그 기준 등에 관한 내용을 「소방기본법」에서 다음과 같이 규정하고 있습니다(제8조 제1항 및 제2항).

- 소방기관이 소방업무를 수행하는 데에 필요한 인력과 장비 등[소방력(消防力)]에 관한 기준은 행정안전부령으로 정한다.
- 시·도지사는 소방력의 기준에 따라 관할구역의 소방력을 확충하기 위해 필요한 계획을 수립하여 시행해야 한다.

이러한 소방력에 관한 보다 구체적인 내용은 「소방기본법」에 따라 행정안전부령인 「소방력 기준에 관한 규칙」(행정안전부령 제361호 2022.12.1.)에서 따로 정하고 있는데, 이에 따르면 소방자동차와 소방서 근무요원의 배치기준 및 소방력 보강계획 등의 수립에 관한 내용이 자세하게 규정되어 있습니다(제3조 제1항 및 별표 1). 여기에서 이 규칙 중 소방기관에 두는 소방자동차의 배치기준을 살펴보면, 우선 소방기관을 소방서와 119안전센터 등으로 구분한 후 소방서에는 소방사다리차(고가사다리차 또는 굴절사다리차), 화학차, 지휘차 및 순찰차 등을 배치하되, 예를 들어 "관할구역에 층수가 11층 이상인 아파트가 20동 이상 있거나 11층 이상 건축물이 20개소 이상 있는 경우에는 고가사다리차를 1대 이상 배치한다"(같은 규칙 별표 1의 1.가.1)라고 명문으로 규정하고 있습니다. 이처럼 소방분야에서는 소방대상물인 아파트나 건축물의 현황에 따라 일정한 소방차를 배치하도록 강제하고 있는 것입니다.

따라서 만일 산불분야에서도 이러한 입법례를 따라, 예를 들어 산림면적이 5만ha 이상[35]이면서 산불발생의 위험이 큰 지방자치단

---

35) 산림청이 전국을 대상으로 관리기관별 산림면적을 조사한 결과에 따르면 5만ha 이상의 산림을 관할하고 있는 기초지방자치단체는 총 22개 시·군에 이르는 것으로 조사되었습니다. 이에 따르면 경상북도가 9개 시·군으로 가장 많았는데, 국유림 비율이 높은 강원특별자치도의 경우에는 지방산림청 국유림관리소의 관할면적이 많은 반면에 기초지방자치단체가 관할하는 산림면적은 적은 것으로 나타났기 때문입니다. 한편 같은 자료에 따르면 3만ha 이

체라면 산불전담 공무원을 3명 이상 배치하도록 하거나, 일정한 규모의 산불진화장비 및 지상진화인력을 의무적으로 보유하도록 법률로 강제한다면, 지방자치단체의 산불대응 역량은 지금과는 다르게 보다 합리적인 기준에 따라 적정하게 배치될 수 있을 것입니다.

물론 이러한 내용을 법률에 새로 규정하는 것은 매우 어려운 일이 될 것입니다. 또한, 만일 입법화에 성공한다고 하더라도 법적 기준에 맞는 산불대응력을 갖추도록 지방자치단체를 예산으로 지원하는 일도 결코 쉬운 일은 아닐 것입니다.

그러나 현재와 같이 산불에 대비하는 조직과 인력 및 장비 등을 개별 지방자치단체에 전적으로 맡기거나 대책본부와 같은 임시조직에 의존하는 것이 아니라, "국가와 지방자치단체 간에 유기적인 산림보호 협조체계"를 만든다는 원칙(산림보호법 제3조 제4호) 아래 산불위험의 정도에 따라 합리적인 기준을 마련한 후 이에 따라 필요한 산불대응력을 갖추도록 법률로 정하고 이를 정책적으로 지원한다면, 산불에 맞서는 지방자치단체의 역량은 이전과는 완전히 다른 모습을 가지게 될 것입니다.

IV

산불혁신을 위한 세 번째 길은 산불에 관한 법령을 혁신적으로 정비하는 일입니다. 현재 산림에 관한 법률 중 산불의 예방과 진화 및 복구와 같은 가장 핵심적인 사항을 규정하고 있는 법률은 「산림보호법」입니다. 이에 따르면 산불에 대한 정의를 포함해 산불방지대책의 수립, 산불경보 발령 및 산불조심기간의 설정, 산불예방을 위한 행위제한, 산불방지교육 및 한국산불방지기술협회의

상의 산림을 담당하고 있는 기초지방자치단체는 68개 시·군인 것으로 조사되었습니다(산림청의 「(개정판) 2020년 산림기본통계」, 274~280면).

설립, 산불진화를 위한 인력과 장비의 확충, 산불현장에서의 통합
지휘 및 산불피해지의 복구 등과 같이 산불방지를 위한 전반적인
내용이 규정되어 있습니다.

이와 함께 산불에 관하여 「산림보호법」에 규정할 수 없는 구체
적인 사항들은 시행령과 시행규칙에 위임해서 정하고 있는데, 예
를 들어 「산림보호법 시행령」이 산불방지대책본부의 운영이나 산
불진화통합지휘의 방식, 산불전문예방진화대와 산불재난특수진화
대의 구성 및 운영 등에 관하여 자세하게 규정하고 있는 것은 그
좋은 예입니다(제20조, 제25조, 제29조 및 제29조의2).

또한, 산불의 경우에는 이러한 「산림보호법」과 그 하위법령 이
외에도 「산불관리통합규정」(산림청훈령 제1575호 2023.1.4.), 「산불진화기관의 임무와
역할에 관한 규정」(산림청예규 제718호 2024.5.28.), 「중앙산불방지대책본부 구성 및 운
영에 관한 규정」(산림청훈령 제1578호 2023.1.6.), 「산불감시원 운영규정」(산림청훈령 제1483호 2021.2.18.),
「산림항공구조대 운영규정」(산림청훈령 제1404호 2019.6.27.) 및 「산불방지 위반사항 신
고포상금 지급에 관한 규정」(산림청고시 제2016-42호) 등 훈령이나 예규 및 고시
와 같은 행정규칙이 광범위하게 제정되어 활용되고 있는데, 특히
이와 관련해서 「산불진화기관의 임무와 역할에 관한 규정」은 산림
청만이 아니라 산불유관기관에 속하는 국방부, 환경부, 기상청, 경
찰청, 소방청 및 국가유산청이 각각 해당 부처의 예규로 정해 운
영하고 있습니다.

물론 산불에 관하여 규정하고 있는 법령은 이것뿐만이 아닙니
다. 그중에서도 특별히 산림에 관한 개별법률의 기본이 되는 「산
림기본법」은 산림을 "국가발전과 생명체의 생존을 위하여 없어서
는 안 될 중요한 자산"(제2조)이라고 선언하면서, "국가 및 지방자치
단체는…산불…등 산림재해의 예방·복구와 산림재해로 인한 피
해를 합리적으로 보전하는데 필요한 시책을 수립·시행하여야 한

다"($_{15조}^{제}$)라고 하여 산림보호를 위한 산불방지 시책의 중요성을 명
문으로 강조하고 있습니다.

이와 함께 「산림자원의 조성 및 관리에 관한 법률」에서는 산불
피해지에 대한 조림명령과 산림사업의 대행 및 산림복원 등에 관
하여 규정하고 있는데($_{및\ 제42조의2\sim제42조의16}^{제10조\ 제2항,\ 제22조\sim제23조,}$), 산불이 아니라 산림에 관
한 일반사항을 정하는 이러한 법률에서 산불에 관한 내용을 적용
하거나 해석하는 경우에는 산불의 재난적 특성이 충분히 고려될
수 있도록 특히 주의해야 할 것입니다.

한편 산림에 관한 이러한 법령 이외에도 다른 중앙행정기관에
속하는 많은 법률이 산불에 관한 사항을 규정하고 있습니다. 그중
에서도 「재난 및 안전관리 기본법」과 「소방기본법」은 산불에 관련
된 중요한 내용을 담고 있으므로 각별한 관심이 필요해 보입니다.

특히 행정안전부 소관 법률로서 자연재난이나 사회재난과 같은
각종 재난에 대하여 예방-대비-대응-복구 측면에서 필요한 사
항을 체계적으로 규정하고 있는 「재난 및 안전관리 기본법」은 산
불과도 매우 밀접한 관련이 있는데, 일반적인 산불을 넘어 인명이
나 재산피해가 매우 크고 재난의 영향이 사회·경제적으로 광범위
한 재난성 산불이라면, 「산림보호법」만이 아니라 「재난 및 안전관
리 기본법」도 적용되기 때문입니다($_{제2항}^{제8조}$). 따라서 대형산불이 발생
한 경우에는 산림청장이 지휘하는 중앙산불방지대책본부와 함께
재난 및 안전관리를 총괄하는 행정안전부장관도 중앙재난안전대책
본부를 함께 운영할 뿐만 아니라, 대규모의 피해가 발생하면 「재
난 및 안전관리 기본법」에 따라 특별재난지역을 선포하게 됩니다
($_{제60조}^{제14조\ 및}$).

이와 함께 「재난 및 안전관리 기본법」은 앞에서 살펴본 것처럼
재난 및 사고유형별로 재난관리주관기관을 정하면서 산불과 산사

태는 산림청이, 화재·위험물사고 및 다중밀집시설 대형화재는 소
방청이 각각 재난관리주관기관을 맡도록 명문화하고 있다는 점에
서도 산불 측면에서는 큰 의미가 있어 보입니다(제3조 제5호의2 및 시행령 제3조의2 별표1의3).

「소방기본법」은 또 다른 관점에서 매우 중요한 의미를 지닙니
다. 화재를 예방하거나 진압하기 위한 소방법률의 기본법으로서
산불방지를 위한 법률정비에 적절한 입법례를 제공할 뿐만 아니
라, 건축 및 구조물 중심의 일반화재와는 다른 산불의 특성과 이
에 따른 차별화된 정책방안에 대한 단서를 제공하기 때문입니다.

「소방기본법」과 관련해서는 소방대상물(제2조 제1호)에 산림이 포함되
어 있으므로 산불도 당연히 소방활동의 대상에 포함되는지에 대하
여 논쟁이 있는데, 일부에서는 소방대상물에 근거해 이를 주장하
기도 하지만 기본적으로 소방대상물이란 소방대에 의한 소화가 가
능한 물건으로서 화재에 대한 법적 범위를 명확히 규정하기 위한
것일 뿐 소방기관의 업무영역을 정하기 위한 것은 아니며, 특히
「소방기본법」에서도 "산불에 대한 예방·진압 등 지원활동"은 소
방활동(제16조)이 아닌 소방지원활동(제16조의2)에 속하는 것으로 명시하고
있다는 점[36]에서 일부의 의견처럼 소방대상물에 관한 규정을 확대
하여 해석하는 것은 바람직해 보이지는 않습니다.

그런데 산불에 관한 이러한 법령체계에 어떤 문제가 있길래 저
는 앞에서 이를 혁신적으로 정비할 필요가 있다고 한 것일까요?
물론 이에 대해서는 여러 가지 의견이 있을 수 있겠지만, 제가 생
각하기에 가장 문제가 되는 것은 무엇보다도 국민의 권리나 의무
에 관한 사항들이 「산림보호법」을 포함한 법률이나 시행령·시행
규칙과 같은 법규명령의 형식이 아니라 훈령이나 예규 등과 같은
행정규칙의 형식으로 규정되어 있다는 점입니다.[37]

---

36) 이규태의 「산림법강의」, 751면.
37) 법규명령이란 국회에서 제정한 법률에서 위임하거나, 또는 법률의 집행에 필

이러한 사례는 산불에 관한 산림청의 여러 행정규칙에서 찾아 볼 수 있는데, 특히 산림청의 훈령인 현행 「산불관리통합규정」은 법규명령이 아님에도 불구하고, (1) 입산통제의 기준과 등산로 폐 쇄구간의 지정범위($\frac{제}{3조}$), (2) 산불취약지역의 선정기준 및 화기물 소지 금지구역의 지정($\frac{제}{5조}$), (3) 산불방지를 위한 안전공간 및 내화 수림대 조성($\frac{제}{9조}$) 등과 같이 국민의 권리와 의무에 밀접한 관련이 있는 사항에 대하여 직접 규정하고 있는 것이 대표적이라고 생각 합니다.

사실 법령에 정해야 할 사항을 이처럼 훈령이나 예규 등과 같 은 행정규칙에서 정하고 있는 것은, 어쩌면 산불정책에 대한 국민 적인 지지를 얻을 기회를 스스로 저버리는 것일지도 모릅니다. 왜 냐하면, 국민의 권리를 제한하거나 새로운 의무를 부과하려면 반 드시 국회가 제정한 법률의 형식을 따라야 한다(법률유보의 원칙) 는 우리 헌법상의 기본원칙[38]을 준수하는 것이야말로, 산불법령에 대한 국민적 신뢰를 확보하는 최선의 길이기 때문입니다. 따라서 만일 혁신적으로 법령을 정비하지 않은 채 현재와 같이 훈령이나

요한 범위 내에서 행정기관이 정립하는 규범으로서 국가와 국민에 대하여 일반적인 구속력을 가지는 것을 말합니다. 이러한 법규명령은 실질적인 의미 에서의 입법활동에 속하는 것으로 위임명령과 집행명령으로 구분되며, 그 제 정권자에 따라서는 대통령령, 총리령 및 부령으로 구분됩니다. 한편 행정규 칙이란 이러한 법규명령과는 달리 행정기관의 내부조직과 활동을 규율하기 위하여 제정하는 명령으로서 훈령・예규・지시 및 일일명령・고시 등의 형 식을 가지는 것을 말합니다.

38) 이를 우리 헌법의 법치주의 원칙이라고 합니다. 일반적으로 법치주의란 "국 가작용이 객관적인 법에 근거를 두고 법에 따라 행하여져야 한다는 원리"로 서 "근대 이래로…법은 의회가 제정한 법률을 의미하였으며, 그런 뜻에서 법 치주의의 핵심적 의미는 국가작용이 의회가 제정한 법률에 근거하고 법률에 따라 행하여져야 한다는 것"을 말합니다(양건, 「헌법강의」, 법문사, 2022, 117면). 이러한 의미에서 법치주의는 "권력분립과 포괄적 위임입법의 금지" 를 그 주요 내용으로 삼고 있는 것으로 이해됩니다(성낙인, 「헌법학」, 법문 사, 2024, 262~271면).

예규에 의존하는 행정행태를 유지한다면, 앞에서 살펴본 입산통제
나 등산로 폐쇄, 또는 산불방지를 위한 안전공간 및 내화수림대
조성과 같은 중요한 시책들이 국민의 자발적인 공감과 지지를 끌
어내는데 있어 한계에 부딪힐지도 모릅니다.

산불에 관하여 현행 법령체계가 가지고 있는 또 다른 문제는
바로 여러 중앙행정기관이나 지방자치단체 등과 밀접하게 관련된
중요한 사항임에도 불구하고, 그 구체적인 내용을 법령의 형식이
아니라 산림청의 훈령이나 예규로 정하고 있는 것이 너무 많다는
점입니다. 산불현장에서 핵심적인 역할을 담당하고 있는 지방자치
단체에 직접 적용될 내용을 포함해서 말이죠.

이러한 문제는 산불에 관한 산림청의 대표적인 훈령과 예규인
「산불관리통합규정」과 「산불진화기관의 임무와 역할에 관한 규
정」을 살펴보면 쉽게 알 수 있는데, 특히 다음과 같은 사항들은
산불방지를 위해 매우 중요한 내용이므로 당연히 훈령이나 예규가
아니라 「산림보호법」과 그 하위법령에 명시적으로 규정되어야 할
것입니다.

■ 「산불관리통합규정」: 산불감시시설의 설치, 산불감시원 및 사회복무
  요원의 배치, 산불예비진화대의 조직 및 훈련, 산불진화훈련의 실시,
  산불방지센터의 설치 및 운영, 산불현장지휘지원단의 운영
■ 「산불진화기관의 임무와 역할에 관한 규정」: 산불진화단계 및 단계별
  조치사항, 산불진화기관에 대한 진화장비의 지원, 진화계획의 수립
  및 진화, 진화상황의 주기적 통보, 주민대피 지원, 야간산불 진화지
  원, 산불진화기관별 임무 및 역할

어떻습니까? 이렇게 살펴보니 정말로 법령에서 정해야 할 중요
한 사항들이 특별한 위임에 관한 권한도 없이 산림청의 훈령이나
예규에 규정되어 있다는 생각이 들지 않습니까?

그러면 실제로는 법령에서 정해야 할 사항을 이처럼 훈령이나

예규 등과 같은 행정규칙으로 정한 경우에는 어떤 문제가 있을까요? 사실 이것은 앞에서 살펴본 것처럼 일반적인 구속력을 가지지 못하는 행정규칙의 본질적인 한계로 인한 것이지만, 훈령이나 예규의 형식으로 어떤 사항을 규정한 경우에는 법령처럼 국민이나 다른 중앙행정기관 등에 포괄적으로 적용되는 것이 아니라, 그 훈령이나 예규를 제정한 행정기관 내부에서만 효력을 가지게 된다는 점입니다. 따라서 산림청의 훈령이나 예규는 본질상 산림청 내부기관의 조직이나 활동만을 규율할 수 있을 뿐, 원칙적으로 일반국민은 물론이고 다른 중앙행정기관이나 지방자치단체 등을 포괄적으로 구속할 수는 없는 것입니다.[39] 국민의 권리와 의무에 관한 사항을 포함해 국가와 국민에 대하여 일반적인 구속력을 가지는

---

39) 박균성, 「행정법론(상)」, 박영사, 2023, 209~210면; 김유환, 「현대 행정법」, 박영사, 2023, 126면 및 130~131면. 이러한 취지에서 행정규칙은 발령기관의 권한이 미치는 범위 내에서만 효력을 가지게 됩니다. 따라서 "법무부장관이 발령한 행정규칙은 법무부와 법무부 소속 공무원에 효력이 미칠 뿐, 국방부와 국방부 소속 공무원 등에 미치는 것은 아닙니다"(홍정선의 「기본 행정법」, 75~77면). 행정규칙의 이러한 효력범위에 대해서는 대법원도 동일한 취지에서 "상급행정기관이 하급행정기관에 대하여 업무처리지침이나 법령의 해석적용에 관한 기준을 정하여 발하는 이른바 행정규칙은 일반적으로 행정조직 내부에서만 효력을 가질 뿐 대외적인 구속력을 갖는 것은 아니다"라는 판결을 일관되게 유지해 오고 있으며(대판 2019.10.17. 2014두3020; 대판 2020.5.28. 2017두66541; 대판 2021.10.14. 2021두39362 등), 또한 헌법재판소도 같은 이유에서 "이른바 행정규칙은 일반적으로 행정조직 내부에서만 효력을 가지는 것이고 대외적인 구속력을 갖는 것이 아니어서 원칙적으로 헌법소원의 대상이 아니다"라고 판결하고 있습니다(2008.7.22. 2008헌마496; 2001.5.31. 99헌마413 등). 하지만 이러한 원칙에도 불구하고, 예를 들어 산림청장이 대체산림자원조성비를 결정·고시(「산지관리법」 제19조 제8항)하거나, 산림병해충 방제방법을 따로 정하는 경우(「산림보호법」 제25조 제3항) 등과 같이 "법령의 규정이 특정 행정기관에 그 법령 내용의 구체적 사항을 정할 수 있는 권한을 부여하면서 그 권한행사의 절차나 방법을 특정하고 있지 아니한 관계로 수임행정기관이 행정규칙의 형식으로 그 법령의 내용이 될 사항을 구체적으로 정하고 있다면 그와 같은 행정규칙은 위에서 본 행정규칙이 갖는 일반적 효력으로서가 아니라, 행정기관에 법령의 구체적 내용을 보충할 권한을 부여한 법령 규정의 효력에 의하여 그 내용을 보충하는 기능을 갖게"되는 것은 물론입니다.

것은, 오직 헌법에 근거한 법률과 이로부터 구체적으로 위임을 받은 시행령 및 시행규칙뿐이기 때문입니다.

이것은 매우 중요한 문제입니다. 특히 여러 중앙행정기관이나 지방자치단체 및 공공조합과 같은 공공단체[40]는 물론이고, 비영리 법인을 포함한 민간단체 등과 관련된 사항을 규율하는 경우에는 법령의 형식을 따르는 것이 원칙이기 때문입니다. 그러므로 현재와 같이 산림청장이 정하는 훈령이나 예규에 의존하는 행정규칙 체계를 유지하는 한, 다른 중앙행정기관이나 그 소속기관 및 공공단체 등의 인력과 예산 및 조직 등에 실질적인 영향력을 미칠 수는 없을 것입니다. 산림청의 훈령이나 예규는 이들을 구속할 수 있는 법규적 성질을 가진 것이 아니기 때문입니다.

또한, 산불에 관한 중요한 사항들을 법령이 아니라 이처럼 행정규칙으로 정하는 것은 효율적인 산불방지 측면에서도 매우 심각한 문제를 초래할 수 있다고 생각합니다. 앞에서 살펴본 것처럼 산불유관기관에 속하는 기관들이 해당 부처의 예규로 「산불진화기관의 임무와 역할에 관한 규정」을 각각 정해서 운영하는 것과 같은 현재의 협력체계로는 전국 단위의 일사불란한 산불방지체계를 구축하는 것이 제한적일 수밖에는 없기 때문입니다.

「산불관리통합규정」에 따른 산불예비진화대의 경우에도 같은 문제를 안고 있는 것으로 보입니다. 여기에서 산불예비진화대란 "지역산불관리기관에 근무하는 공무원 중 지상진화대에 편성되지 아니한 자와 산림조합의 직원 및 영림단 등 산림분야에 종사하거나 고용되어 산불방지 업무에 투입이 가능한 인력과 산불감시원,

---

40) 여기에서 공공조합이란 특정한 행정목적을 위해 일정한 자격을 가진 구성원들의 결합에 법인격을 부여한 것으로서 재개발조합이나 「산림조합법」에 따른 산림조합 또는 산림조합중앙회 등을 말합니다. 한편 이러한 공공조합을 포함하여 지방자치단체와 한국도로공사와 같은 영조물법인 및 공법상재단을 합하여 공공단체라고 부르기도 합니다.

의용소방대, 자원봉사자 또는 지역주민으로 조직된 산불진화대"(^{산불관리통합규정}_{제3조 제6호})를 의미하는데, 현행 「산불관리통합규정」에 따르면 지역산불관리기관의 장은 이러한 산불예비진화대를 대상으로 매년 산불조심기간 전에 1회 이상 산불진화 요령, 진화장비 운용 및 임무, 안전수칙 등에 대하여 종합적인 산불진화훈련과 2일 이내의 교육훈련을 의무적으로 실시하도록 규정하고 있습니다(_{제10조 제3항 및}
_{제22조 제1항 제3호}).

그러나 산불예비진화대에 관한 이러한 규정은 앞에서 살펴본 것처럼 많은 문제점을 가지고 있는 것이 사실입니다. 법률에 명확한 근거도 없이 산림청의 훈령으로 산불예비진화대를 설치한 후 이들을 대상으로 산불진화훈련과 교육훈련을 의무적으로 실시하도록 규정하고 있기 때문입니다. 더군다나 현행 「산불관리통합규정」은 산불예비진화대의 편성대상으로 "산림조합의 직원 및 영림단 등 산림분야에 종사하거나 고용되어 산불방지 업무에 투입이 가능한 인력과 …의용소방대, 자원봉사자 또는 지역주민"을 포함하고 있는데, 이처럼 국민에게 특정한 의무를 부과하는 규정은 산불과 같이 긴급한 경우라고 할지라도 법률의 명확한 근거가 없다면 인정하기 어렵기 때문입니다.

이것은 화재진압 등과 같은 소방업무를 보조하기 위해 지역에 거주하거나 상주하는 주민 가운데 희망하는 사람으로 조직된 의용소방대도 「의용소방대 설치 및 운영에 관한 법률」이라는 별도의 법률에 그 근거를 두고, 이에 따라 엄정하게 운영하는 것으로 잘 알 수 있습니다.

물론 산불을 책임지고 있는 산림청의 입장을 전혀 이해하지 못하는 것은 아닙니다. 특히 현재와 같이 전문화된 지상진화인력이 충분하지 않은 실정에서 산불예비진화대는 매우 든든한 진화자원이 될 수 있기 때문입니다. 그러나 산불방지를 위해 꼭 필요한 진

화자원이라고 하더라도, 일정한 경우에만 제한적으로 소방활동 의
무를 부여하는 「소방기본법」과 같이 법률상 명확한 근거[41]도 없이
산불예비진화대를 편성·운영하는 것은 대상자는 물론이고 국민의
동의를 얻기가 쉽지 않을 것입니다.

이러한 관점에서 앞으로는 산불방지를 위한 중요한 정책과 제
도 등은 당연히 법률에 그 근거를 마련한 후에 시행령과 시행규칙
에서 구체적인 내용을 정하도록 해야 할 것입니다. 당연한 일이지
만, 산불에 관한 이러한 입법 사항들에 대하여 관계된 중앙행정기
관과 협의하거나 국회의 동의를 받는 일은 어쩌면 결코 쉬운 일이
아닐지도 모릅니다. 그러나 그래서 더욱 요건과 절차를 지키는 것
이 필요하다고 생각합니다. 결국 "산불예방 및 진화를 위해 필수
불가결한 것은 효율적인 시스템을 구축하는 일이고, 이는 법률을
통해서 그 실효성이 확보"[42]될 수 있기 때문입니다.

「산림보호법」을 중심으로 하는 현재의 산불 관련 법령체계가
가지는 또 하나의 문제점은, 통상적으로 3대 산림재해라고 하는
산불과 산사태 및 산림병해충 사이에 연계성을 찾을 수 없다는 점
입니다. 이것은 현행 「산림보호법」이 산림을 보호하기 위해 산림
보호구역 및 나무의사 등과 함께 산불, 산사태 및 산림병해충을

---

41) 예를 들어, 「소방기본법」은 소방대상물에 화재 등과 같은 위급한 상황이 발
생한 경우 그 소유자 등과 같은 관계인은 소방대가 현장에 도착할 때까지,
경보를 울리거나 대피를 유도하는 등의 방법으로 사람을 구출하는 조치 또
는 불을 끄거나 불이 번지지 않도록 필요한 조치를 할 의무를 부여하고 있
으며(제20조 제1항), 또한 소방본부장, 소방서장 또는 소방대장은 화재 등과
같은 위급한 상황이 발생한 현장에서 소방활동을 위해 필요할 때에는, 그 관
할구역에 사는 사람이나 그 현장에 있는 사람에게 사람을 구출하는 일 또는
불을 끄거나 불이 번지지 않도록 하는 일을 하게 할 수 있습니다(제24조 제
1항). 그러나 이 경우에도 소방본부장, 소방서장 또는 소방대장은 소방활동
에 필요한 보호장구를 지급하는 등 안전을 위한 조치를 해야 하는 것은 물
론입니다.
42) 산림청, 「산불예방및진화등에관한법률 제정 타당성 검토 연구」(연구수행: 한
국법제연구원), 2005, 11면.

체계적으로 규정하고 있음에도 불구하고, 법률 구조상으로는 각각
병렬적으로 나열함으로써 산림재해 사이의 상호연관성을 충분히
반영하지 못하고 있기 때문입니다.

그러나 이러한 법적 현실과는 달리 실제로 산림재해는 많은 연
구를 통해 상호 간에 밀접하게 연관되어 있는 것으로 알려져 있는
데,[43] 이것은 "산불이 난 산림에서는 지표면이 잿더미로 뒤덮여
강우가 토양층으로 침투되지 못하고, 지표수의 형태로 흘러 계류로
유입…이 과정에서 다량의 토사, 토석, 유목은 뒤이어 발생하는 토
석류나 홍수류에 의해 일시에 하류로 유출"[44]되기 때문입니다.

따라서 산불과 산사태 및 산림병해충의 이러한 상호연관성에
기반해 법적으로나 현장에서 적용되어 온 그동안의 정책을 되돌아
보고, 이를 개선하기 위한 혁신적인 방안을 모색하는 일은 시급하
다고 생각합니다.

이러한 관점에서 산불과 산사태 및 산림병해충을 묶어 산림재
난으로 정의하면서, 이를 통합적으로 관리·운영할 수 있는 새로
운 법적 틀인 '산림재난방지법안'이 최근 국회에서 발의된 것은 매

---

43) 이기환·이창우·유송, 「과거 20년간 국내 산불피해지에서 산사태 발생 경
향 연구」, 한국방재학회논문집 제22권(4호), 2022.8., 47~55면; 오청현·남
동호·김병식, 「강원도 지역의 산불발생이 홍수량 및 토석류 발생에 미치는
영향 평가」, 한국방재학회논문집 제19권(6호), 2019, 75~86면. 특히 오청현
등에 따르면 2019년 4월에 발생했던 강릉·고성 산불피해지역을 대상으로
산불발생이 홍수 및 토사재해에 미치는 영향을 평가한 결과, 산불로 인한 산
림파괴로 인해 홍수량이 크게 증가하는 것으로 나타났는데, 이러한 홍수량의
증가는 토석류의 유동성과 피해범위를 증가시키는 것으로 예상되었습니다.
44) 국회의원 정희용 주최·산림청 주관의 「기후위기 시대 산림재난 대응체계
구축을 위한 토론회: 산림재난 대응역량 강화를 위한 입법 필요성 및 정책과
제 논의」 자료집, 45~46면. 한편, 이 자료집에서 서정일은 산림병해충과 산
사태의 관계에 대해서도 소나무재선충과 같은 산림병해충으로 고사한 소나
무는 잎이 말라 떨어져 강우를 차단하는 우산효과가 감소될 뿐만 아니라, 뿌
리가 토양과 결합하는 지지력인 임목의 뿌리효과와 그물효과를 약화시킴으
로써 결국 산사태로 인한 피해가능성을 증가시킨다고 설명하고 있습니다.

우 고무적인 일이라고 생각합니다.[45)

이러한 '산림재난방지법안'은 특히 그 제안이유에서 밝히고 있
듯이, "최근 기후위기에 따른 기상이변과 지속적인 산림개발로 다
양화·대형화 추세에 있는 산림재난을 효과적으로 예방하고 대응
할 수 있는 체계와 이를 통합적으로 관리·운영할 수 있는 법적
근거가 부재"하므로, 현행 "「산림보호법」의 산림재난방지체계를
새로운 법률에 담아 재정비하는 한편 기존 법에서 누락되었던 내
용을 보완해 산림재난에 체계적·효율적으로 대응하기 위한 법을
제정"하려는 것으로 이해됩니다. 이러한 취지에 따른 '산림재난방
지법안'의 주요 내용은 다음과 같습니다.

- 체계적인 산림재난방지를 위해 산림재난방지 기본계획과 시행계획의
  수립 근거를 마련하고, 산림재난위험에 대한 예측력을 높이기 위해
  산림재난정보시스템을 구축·운영한다.
- 산림재난방지기관의 장은 효율적인 산림재난 피해의 예방과 대응을
  위해 산불전문예방진화대, 산사태현장예방단 및 산림병해충예찰방제
  단 등을 산림재난대응단으로 통합해 구성·운영할 수 있도록 한다.
- 산불·산사태·산림병해충의 특성을 고려해 분야별로 산림재난에 대
  한 예방·대응 및 조사·복구체계를 구축하고, 산림재난방지기반시설
  의 설치, 산악기상관측망 및 산림항공기 등에 관한 사항을 규정한다.
- 산림재난방지를 위한 연구·조사, 교육 및 기술·정보의 국제교류 등
  과 같은 업무를 수행하도록 한국산림재난안전기술공단을 설립한다.

실제로 법안의 이러한 내용은 산림재난에 효율적으로 대응하기
위한 주요 사항을 포괄적으로 담고 있는 것으로 보이는데, 그중에

---

45) 사실 지난 제21대 국회에서도 이와 유사한 취지의 법안이 동일한 제명으로
발의되었으나, 안타깝게도 국회 사정상 제대로 심의조차 못하고 회기가 만료
됨으로써 폐기되었습니다. 최근 다시 발의된 '산림재난방지법안'은 지난 회기
에 폐기된 이러한 법률안을 기초로 하되, 미흡했던 내용을 추가로 보완한 것
으로 보입니다. 한편 제22대 국회에서 발의된 '산림재난방지법안'의 제안이유
및 주요 내용에 대해서는 국회 홈페이지(www.assembly.go.kr)에서 의안정
보시스템＞의안검색＞상세검색을 참고하기 바랍니다.

서도 특히 산림재난방지를 위한 연구·조사와 교육 등과 같은 업무를 체계적으로 수행하도록 한국산림재난안전기술공단을 설립하도록 규정한 것은 특별한 의미가 있다고 생각합니다.

이것은 현재 산불, 산사태 및 산림병해충으로 구분하여 각각 한국산불방지기술협회와 한국치산기술협회 및 한국임업진흥원 산림병해충(소나무재선충병) 모니터링본부에서 수행하던 업무를 통합해 한국산림재난안전기술공단이 수행하도록 함으로써, 비로소 '산림재난통합전담기구'의 설립 근거를 마련했다는 점에서 재난대응력을 획기적으로 높일 수 있는 전환점이 될 것으로 생각합니다. 특히 이러한 한국산림재난안전기술공단과 산림재난방지기관의 장이 통합해서 구성할 수 있는 산림재난대응단이 효과적으로 운영된다면, 산림재난에 대응하는 역량을 단기간 내에 크게 강화할 수 있다고 확신합니다.

한편 한국산림재난안전기술공단은 산림청과 지방자치단체의 산림재난 대응력을 높이는데도 크게 기여할 수 있을 것으로 보입니다. 이것은 한국산림재난안전기술공단이 수행하는 고유업무를 통해서만이 아니라, 예를 들어 산불조심기간과 같이 산림재난이 많이 발생할 것으로 예상되는 기간에는 한국산림재난안전기술공단의 직원을 산불방지대책본부에 파견하는 등 산림청과 지방자치단체의 업무를 직접 지원할 수도 있기 때문입니다.

법은 정책을 만들고 집행·평가하는 과정 전체와 밀접하게 연계되어 있으므로 법과 정책은 따로 떼어 생각할 수 없으며, 따라서 '법은 곧 정책'이라는 것이 제 생각입니다.[46] 이러한 시각에서 만일 정책을 "바람직한 사회 상태를 이룩하려는 정책목표와 이를

---

46) 이규태의 「산림법강의」, 23~25면. 한편 법률과 정책 사이의 이러한 관계에 대한 일반적인 이해를 위해서는 표시열의 「정책과 법: 원리·판례」(박영사, 2014), 3면 등을 참고하기 바랍니다.

달성하기 위해 필요한 정책수단에 대하여 권위 있는 정부기관이 공식적으로 결정할 기본방침"[47]을 의미하는 것으로 이해한다면, 법률은 당연히 정책의 내용과 그 변화를 온전히 담아낼 수 있어야 할 것입니다.

이러한 관점에서 산불혁신을 이루기 위해서는 무엇보다도 우선하여 현행 법령을 정비하면서 동시에 혁신적인 산불방지 정책을 '산림재난방지법안'과 같은 새로운 법률의 틀 안에 담아가도록 더욱 노력해야 할 것입니다. 결국, 산불혁신을 이루어내고 이를 제도화하는 가장 분명한 방법은 흔들리지 않는 확고한 법적 기반을 만들어 가는 것이기 때문입니다.

우리는 지금까지 산불혁신을 이루기 위한 3가지 길에 대하여 살펴보았습니다. 물론 산불에 대응하는 역량을 혁신적으로 강화하는 방법이 어떻게 이것뿐이겠습니까? 따라서 앞에서 살펴본 기술혁신이나 지방자치단체의 역량강화 및 법령정비 등과 같은 방법들을 뛰어넘는, 더욱 혁신적인 다른 대안을 찾는 노력을 잠시라도 멈추지 말아야 할 것입니다.

사실 혁신을 이루기 위해 가장 중요한 것은 혁신을 위한 꿈과 열정을 공유하는 일이라고 생각합니다. 혁신을 이끄는 리더와 그의 동료들이 함께 꿈을 꾼다면 넘지 못할 산은 없다고 믿기 때문입니다. 이것은 산불을 혁신하는 일에서도 마찬가지라고 생각합니다.

이제 저는 이러한 혁신과 관련하여 제가 좋아하는 이야기를 마지막으로 전해드리면서, 지금까지 이어온 모든 강의를 마치려고 합니다. 제2차 포에니전쟁[48] 당시 로마와 싸운 한니발(Hannibal,

---

47) 정정길 외 4명, 「정책학원론」, 대명출판사, 2020, 35면.
48) 포에니전쟁(the Punic Wars)이란 기원전 218년~202년까지 로마(Rome)와 카르타고(Carthage)가 지중해의 패권을 둘러싸고 3차례에 걸쳐 벌인 전쟁을 말합니다. 여기에서 포에니란 라틴어로 페니키아인을 의미하는데, 시칠리아를 무대로 한 제1차 포에니전쟁과는 달리 한니발 전쟁이라고도 하는 제2차

B.C. 247~B.C. 183)에 관한 이야기입니다. 기원전 218년, 앞서 벌어진 로마와의 전쟁에서 패한 카르타고의 한니발은 이를 설욕하기 위해 로마정벌에 나섭니다. 당시 한니발은 지금의 스페인을 떠나 로마를 목표로 진군하던 중, 많은 부하의 반대에도 불구하고 알프스(Alps)를 넘어가기로 결심합니다.

그러자 주로 용병이었던 병사들은 눈앞에 솟아있는 압도적인 알프스산맥을 보고 두려움에 절망하기 시작했습니다. 이때 알프스 너머 이탈리아 북부에 있던 원주민 부족이 보낸 사절단을 만난 한니발은 겁에 질린 병사들에게 이렇게 말했습니다.

"산의 높이가 어떻든 사람이 극복하지 못할 것은 없다 …… 제군이 보고 있는 사절단은 날개로 하늘을 날아 산맥을 넘어온 것이 아니다 …… 그들은 자주 알프스산맥을 안전하게 건너다녔다. 여자와 아이까지 데리고 모든 민족이 움직였다. 그렇다면 군용장비를 갖춘 병사들로 이루어진 군대가 지나가지 못할 정도로 거친 황무지가 어디에 있으며, 오르지 못할 높은 산이 어디에 있단 말인가?"[49]

그리고 나서는 부하들과 함께 혹독한 알프스산맥을 넘어 로마로 진군해 들어갑니다. 당시 알프스를 넘어 이탈리아 땅을 밟았을 때, 한니발은 처음 스페인에서 출발한 병사의 절반 정도를 잃었다고 전해집니다. 그러나 이처럼 적은 수의 병사들만으로 한니발은

포에니전쟁은 한니발이 로마를 침범함으로써 이탈리아반도에서 전쟁이 치러지게 됩니다. 한편 마지막인 제3차 포에니전쟁은 로마가 카르타고를 포위하여 점령한 전쟁으로 이로써 카르타고는 로마에 굴복해 속주가 됩니다. 이처럼 200년 이상 3차례에 걸쳐 치러진 포에니전쟁은 로마가 지중해의 패권을 장악하고 이후 세계제국으로 발돋움하는 전환점이 된 것으로 평가되고 있습니다.

49) 티투스 리비우스(이종인 옮김), 『리비우스 로마사3: 한니발 전쟁기(제21권 한니발의 등장, 알프스 횡단)』, 현대지성, 2020, 52~54면.

로마와의 거듭된 전투에서 큰 승리를 거두며, 오랫동안 이탈리아 전체를 공포에 떨게 합니다.[50]

우리는 전쟁에서 숫자만이 중요한 것은 아니라는 사실을 잘 알고 있습니다. 실제로 한니발이 열악한 상황에서도 적지인 이탈리아에서 로마와 싸워 이길 수 있었던 것은, 그의 탁월한 전략만이 아니라 알프스를 함께 넘어온 병사들이 있었기 때문일 것입니다. 한니발은 어쩌면 알프스를 넘을 때부터 이것을 알고 있었을지도 모릅니다.

나폴레옹(Napoleon Bonaparte, 1769~1821)도 그랬던 것 같습니다. 한니발이 그의 병사들과 함께 알프스를 넘은 지 약 2000년이 지난 1800년 5월, 나폴레옹은 그의 병사들과 함께 알프스를 넘어 절대왕정 시대를 무너뜨리는 싸움을 시작했기 때문입니다.

당시 주로 용병으로 이루어져 있던 유럽의 절대왕정 국가들과는 달리 나폴레옹의 군대는 주로 농민들로 이루어져 있었는데, 이들은 비록 프랑스 대혁명(1789년)의 열정으로 가득 차 있기는 했지만, 전투 경험은 매우 부족했던 군대였습니다. 그런데 나폴레옹은 이들을 이끌고 알프스를 넘었던 것입니다. 그리고 한마음으로 알프스를 넘은 이들은 이제 그냥 군대가 아니라, 자유·평등·박애라는 프랑스 대혁명의 이념을 가슴에 담은 나폴레옹의 군대가 되었던 것입니다.[51]

그들에게 있어 알프스는 분명히 넘을 수 없는 어떤 한계를 시

---

50) 시오노 나나미(김석희 옮김), 「로마인 이야기2: 한니발 전쟁」, 한길사, 2006, 138~143면; 플루타르코스(신복룡 옮김), 「플루타르코스 영웅전」, 을유문화사, 2021, 570~571면; 한종수, 「페니키아 카르타고 이야기: 전설로 사라진 역사, 그리스—로마 문명의 라이벌」, 미지북스, 2023, 280~286면.

51) "그들을 다른 세계와 차단하던, 넘기 어려운 경계처럼 보였던 거대한 장벽을 마술처럼 넘을 수 있었다…이날부터 병사들은 '보나파르트'에게 진심으로 충성하게 된다"라는 설명은 이를 잘 보여줍니다[에밀 루트비히(이형석 옮김), 「나폴레옹」, 비타민북, 2024, 94~95면].

험하는 장소였던 것입니다. 그러나 거대한 시험대였던 알프스를 넘어서자, 그들은 비로소 한니발과 나폴레옹의 군대가 되었던 것입니다.

어쩌면 혁신을 이루어가는 과정도 비슷할지 모르겠습니다. 그런 의미에서 여러분과 함께한 이 강의가, 산불로부터 우리 국민과 숲을 지키는 꿈을 공유하는 모든 이들에게 진정한 혁신을 위한 나침반이 되기를 희망합니다. 감사합니다.

▮ 참고문헌 ▮

[단행본 / 보고서]

경북대 사학과 한국사교재편찬위원회, 새로 보는 한국사, 경북대학교 출판부, 2024.

국가위기관리학회(정찬권 외 19명), 재난관리론, 윤성사, 2020.

국립산림과학원, 산불지도 작성 알고리즘 개발 및 제작기법 연구, 2015.

_____, 대형산불 기작 구명 및 맞춤형 피해저감 관리기술 개발: 주요 시설물 주변 산불환경 분석 및 취약요인 구명, 2019.

국회의원 정희용 주최·산림청 주관, 기후위기 시대 산림재난 대응체계 구축을 위한 토론회: 산림재난 대응역량 강화를 위한 입법 필요성 및 정책과제 논의 자료집, 국회의원 제1세미나실, 2024.6.24.

국회입법조사처, 대형산불 예방·대응을 위한 최신 기술개발의 현황 및 과제(연구수행: 한국산불방지기술협회), NARS정책연구용역 보고서, 2022.12.

김경훈·성현찬·최재용·허영진, 훼손지 생태복원: 생태복원 실행을 위한 국제표준, 기문당, 2018.

김남진·김연태, 행정법Ⅱ, 법문사, 2009.

김유환, 현대 행정법, 박영사, 2023.

김종국, 세계사를 보는 새로운 눈, 생각의 창, 2022.

농촌진흥청 농촌인적자원개발센터, 2021 농업·농촌 미래를 주도할 핵심인력 양성(농촌진흥공무원 교육교재: 중간관리자), 2021.11.

레이 몽크(남기창 옮김), 비트겐슈타인 평전, 필로소픽, 2012.

마이클 만·톰 톨스(정태영 옮김), 누가 왜 기후변화를 부정하는가, 미래인, 2017.

박균성, 행정법론(상), 박영사, 2023.

배종대, 형법총론, 홍문사, 2020.

브렌다 필립스(안재현·김태웅·홍현숙 옮김), 재난복구론, 북코리아, 2018.

사카이야 다이치(김순호 역), 조직의 성쇠, 위즈덤하우스, 2002.

산림청, 임정에 관한 연차보고서(2001), 2001; 산림과 임업 동향에 관한 연차보고서(2002), 2002; 산림과 임업 동향에 관한 연차보고서 (2006), 2006; 산림과 임업 동향에 관한 연차보고서(2021), 2022; 산림과 임업 동향에 관한 연차보고서(2022), 2023; 산림과 임업 동향에 관한 연차보고서(2023), 2023.

산림청, 산림기본계획 모음집: 1차~3차(1973~1997), 2013; 제4차 산림기본계획(1998~2007), 1997.

산림청, 산림기본통계(2020, 개정판), 2021.9.

산림청, 산불통계 연보(2022), 2023; 산불통계 연보(2023), 2024.

산림청, 산림청 50년사, 2017.

_____, 21C 산림정책과 조직발전에 관한 연구(연구수행: 서울대학교 행정대학원), 2001.12.

_____, 산불예방및진화등에관한법률 제정 타당성 검토 연구(연구수행: 한국법제연구원), 2005.12.

_____, 산불재난 임업적 대응사업지 조성 및 관리방안 연구보고서(연구수행: (사)한국산림기술사협회 산림기술연구소), 2019.

_____, 산불재난특수진화대 정예화 방안에 관한 연구(연구수행: 한국산불방지기술협회), 2022.

_____, 산불진화 역량 강화를 위한 공중진화대원의 효율적 운영방안에 관한 연구(연구수행: 한국산불방지기술협회), 2023.

_____, 전국 산불방지 장기대책(2023~2027), 2022.

_____, 전국산불방지 장기대책(2023~2027) 수립을 위한 용역(연구수행: 한국산불방지기술협회), 2022.

_____, K-산불방지 종합대책(2022), 2022; 전국 산불방지 종합대책(2023), 2023; 전국 산불방지종합대책(2024), 2024.

산림청 산림항공본부, 산림항공본부 50년사, 2021.

산림청, 세계 산의 해 결과보고서(2002), 2003.

성낙인, 헌법학, 법문사, 2024.

시오노 나나미(김석희 옮김), 로마인 이야기2: 한니발 전쟁, 한길사, 2006.

양건, 헌법강의, 법문사, 2022.

양기근, 재난관리학, 윤성사, 2024.

애슈턴(김택현 옮김), 산업혁명 1760~1830, 삼천리, 2020.

이규태, 산림법강의, 법문사, 2021.

_____, 지속가능한 발전을 위한 녹색전략, 도서출판 심지, 2006.

이동규, 한국재난관리론, 윤성사, 2024.

이시영, 산불방재학, 도서출판 동화기술, 2024.

이재정, 활자본색, 도서출판 책과함께, 2022.

이종열 외 12명, 행정학강의, 윤성사, 2023.

이창배 외 19명, 산불 관리의 과학적 관리, 지을, 2023.

임현우, 재난관리론: 이론과 실제, 박영사, 2019.

정정길 외 7명, 정책학개론, 대명출판사, 2022.

제프 슘페터(이종인 옮김), 자본주의 사회주의 민주주의, 북길드, 2016.

조지프 슘페터(변상진 옮김), 자본주의 사회주의 민주주의, 한길사, 2011.

철학 아카데미, 처음 읽는 영미 현대철학: 비트겐슈타인부터 제임슨까지, 우리 눈으로 그린 철학지도, 2016.

클라우제비츠(허문순 옮김), 전쟁론 I, 동서문화사, 2016.

티투스 리비우스(이종인 옮김), 리비우스 로마사3: 한니발 전쟁기(제21권 한니발의 등장, 알프스 횡단), 현대지성, 2020.

표시열, 정책과 법: 원리·판례, 박영사, 2014.

플루타르코스(신복룡 옮김), 플루타르코스 영웅전, 을유문화사, 2021.

한국산불방지기술협회, 산불방지 기초과정(교육교재), 2023.

한종수, 페니키아 카르타고 이야기: 전설로 사라진 역사, 그리스-로마 문명의 라이벌, 미지북스, 2023.

행정안전부, 제4차 국가안전관리기본계획(2020~2024), 2020.

허버트 조지 웰스(육혜원 옮김), 인류가 걸어온 모든 역사: 인류의 세계사, 이화북스, 2024, 252~253면 및 256면.

홍정선, 기본 행정법, 박영사, 2023.

[주요 논문]

강영호 외 3명, 산불 예방을 위한 방화선 및 내화수림대 조성에 관한 역사적 고찰: 조선시대부터 일제강점기를 중심으로, 한국산림과학회지 93(7) 통권 157호, 2004.12.

강희지 외 4명, 산불피해자의 삶의 질에 영향을 미치는 요인: 울진·삼척 산불을 중심으로, 한국산림과학회지 112권(1호), 2023.

구교상 외 2명, 산불피해 저감을 위한 내화수림대 조성, 수목보호 14, 2009.

김령희, 바이든 행정부의 산불대응전략: 미연방 산불관리의 패러다임 전환, 국회도서관 2022-12호(통권 제38호), 2022.6.23.

김미겸, 한국 산불재해에 대한 종합적 고찰, 관동대학교 국토방재대학원 석사학위논문, 2008.

김상일 외 2명, 산불 후 식생회복 모니터링을 위한 Sentinel-2 위성영상의 RGB 합성기술, 대한원격탐사학회지 37권(5호), 2021.

김유안 외 2명, 폐기물처리 비용을 고려한 국내 영농부산물 자원화 방안의 경제성과 환경성 분석, 한국농공학회논문집 제65권 제4호, 2023.

김진근, 서울특별시 대도시권 산림-도시 인접지역(WUI: Wildland-Urban Interface) 도시형 산불대응체계 개선방안, 소방학교, 2021.

류주열 외 2명, 산불발생 및 피해위험 저감에 관한 연구: 처방화입 사례를 중심으로, 문화방재학회 논문집 7(1), 2022.4.

박종수 외 4명, 다종 위성영상을 활용한 재난대응 방안 연구, 대한원격탐사학회지 39권(5호), 2023.

박홍엽·홍성만, 산불재난 복구를 둘러싼 갈등 해결 탐색: 산불피해지 복구를 중심으로, 문화재방재학회 논문집 7권(2호), 2022.

서영민 외 7명, 딥러닝과 Landsat 8 영상을 이용한 캘리포니아 산불피해지 탐지, 대한원격탐사학회지 39권(6호), 2023.

여은태, 산불 피해지역 회복에 관한 공법적 과제와 전망, 공법학연구 vol. 24, no. 4, 2023.

염찬호, 산림인접 시설물들의 산불방지에 관한 연구, 강원대학교 방재전
문대학원 공학박사학위논문, 2019. 2.

오청현・남동호・김병식, 강원도 지역의 산불발생이 홍수량 및 토석류
발생에 미치는 영향 평가, 한국방재학회논문집 제19권(6호),
2019.

이기환・이창우・유송, 과거 20년간 국내 산불피해지에서 산사태 발생
경향 연구, 한국방재학회논문집 제22권(4호), 2022.8.

이명보, 대형 산불발생의 원인과 대응전략, 국토연구원, 2011.

이병두, GIS를 이용한 지표화 확산예측모델의 개발, 한국임학회지, 2005.

이승준・오충현, 산림복원지의 생태복원단계 분석, 한국환경생태학회 학
술발표논문집 2023권 1호, 2023.

임주훈, 산불피해를 줄일 수 있는 조림방안: 내화수림대 조성, 한국기술
사회 38(3), 2005.

임주훈・지동훈・황혜진, 1996년 고성 산불피해지의 복원 유형별 수목생
장 특성, 한국산림과학회 정기학술발표논문집(2010권), 2010.3.

정연숙 외 3명, 동해안 산불피해 생태계의 효과적인 자연복원 기법, 자
연보존 110, 2000.6.

채한성・최진무, Sentinel-2 위성영상과 U-Net을 이용한 산불피해지
추출방법 연구, 대한지리학회지 59권(2호), 2024.

홍석환 외 2명, 산림 내 도로의 확대는 대형산불을 막을 수 있는가?, 한
국환경생태학회지 37권(6호), 2023.

David M. Theobald and William H. Romme, *Expansion of the US
wildland-urban interface*, Landscape and Urban Planning
vol. 83, Issue4, 2007.12.7., p.340~354.

Margaret A. Reams, Terry K. Haines, Cheryl R. Renner et al.,
*Goals, obstacles and effective strategies of wildfire
mitigation programs in the Wildland-Urban Interface*,
Forest Policy and Economics 7, 2005, p.818~826.

Stephanie A. Grayzeck-Souter, Kristen C. Nelson, Rachel F.
Brummel et al., *Interpreting federal policy at the local*

level: the wildland-urban interface concept in wildfire protection planning in the eastern United States, International Journal of Wildland Fire 18(3), 2009, p.278~ 289.

Stewert SI, Radeloff VC, Hammer RB., *Characteristics and location of the wildland-urban interface in the United States,* 2nd International Wildland, Fire Ecology and Fire Management Congress, 2003.11.19.

찾아보기

저자 약력

고려대학교 법과대학 법학과 졸업
한양대학교 법과대학원(헌법전공) 수료
영국 글래스고대학(University of Glasgow) 환경과 지속가능한 발
  전 석사
제35회 행정고등고시(일반행정) 합격
산림청 임업정책과장, 소나무재선충병방제팀장, 창의혁신담당관, 산
  림휴양정책과장, 국제협력추진단장, 산림보호국장, 기획조정관
초당대학교 소방행정학과 초빙교수
충남대학교 농업과학연구소 연구교수
현재, 한국산불방지기술협회 회장(1216ktajy@gmail.com)

[주요 저서]
지속가능한 발전을 위한 녹색전략(도서출판 심지, 2006)
조문별 소방관계법규 강의(U&I 문화정보, 2018)
핵심강의 소방관계법규(하움출판사, 2019)
나의 주 My Lord(하움출판사, 2019)
산림법강의(법문사, 2021)

산불론강의

2024년 10월 10일 초판 인쇄
2024년 10월 15일 초판 1쇄 발행

저 자 이   규   태
발행인 배   효   선

발행처 도서
        출판 法 文 社

주 소 10881 경기도 파주시 회동길 37-29
등 록 1957년 12월 12일/제2-76호(윤)
전 화 (031)955-6500~6 FAX (031)955-6525
E-mail (영업) bms@bobmunsa.co.kr
        (편집) edit66@bobmunsa.co.kr
홈페이지 http://www.bobmunsa.co.kr
조 판 법 문 사 전 산 실

정가 28,000원   ISBN 978-89-18-91555-5